Balthasar Sprenger

Die erste Handelsreise der Welser und Fugger nach Indien 1505/06

Balthasar Sprenger

Die erste Handelsreise der Welser und Fugger nach Indien 1505/06

ISBN/EAN: 9783954271085

Erscheinungsjahr: 2012

Erscheinungsort: Bremen, Deutschland

www.maritimepress.de | office@maritimepress.de

Bei diesem Titel handelt es sich um den Nachdruck eines historischen, lange vergriffenen Buches. Da elektronische Druckvorlagen für diese Titel nicht existieren, musste auf alte Vorlagen zurückgegriffen werden. Hieraus zwangsläufig resultierende Qualitätsverluste bitten wir zu entschuldigen.

Balthasar Sprenger

Die erste Handelsreise der Welser und Fugger nach Indien 1505/06

Vorwort.

Die vorliegende Arbeit behandelt ein wagemutiges kaufmännisches Unternehmen der Welser, Fugger und anderer Augsburger sowie Nürnberger Häuser. Es ist die erste Handelsfahrt deutscher Kaufleute nach Indien, ein paar Jahre nach Entdeckung des Seewegs dorthin; es ist aber auch während der ganzen Dauer der portugiesischen Kolonialherrschaft im Osten das einzige deutsche Unternehmen dieser Art: als seit dem zweiten Jahrzehnt des 16. Jahrhunderts der Indienhandel und die Ausfuhr der Gewürze nach ihren neuen europäischen Stapelplätzen, Lissabon und Antwerpen, portugiesisches Kronmonopol wurde, ergab sich für die Kaufleute der Reichsstädte die Möglichkeit mit beträchtlich geringerem Risiko dort einzukaufen. Schon das gibt der Reise von 1505/06 ein gewisses Interesse. Sie ist nun aber nicht etwa auf eigene Hand und selbständig von den deutschen Handelshäusern in die Wege geleitet worden, sondern die drei Schiffe, die sie im Verein mit einer Gruppe italienischer Kaufleute nach den Gewürzländern schickten, waren anscheinend alle in Portugal gechartert und fuhren als Teil einer portugiesischen Armada, die den ersten Vizekönig von Indien nach dem Osten trug, waren von Portugiesen geführt und mit Portugiesen bemannt, dem Oberkommando des Vizekönigs während der Reise bedingungslos unterstellt und für deren Dauer zur Beteiligung auch an kriegerischen Handlungen verpflichtet. So haben sie an all dem teilgehabt, was auf der ereignisreichen Fahrt zur Begründung und Sicherung der portugiesischen Handelsherrschaft im Indischen Ozean unternommen worden und selbst dem Agenten der deutschen Kaufherrn, Balthasar Sprenger, der die Reise mitgemacht und 1509 einen ausführlichen Bericht hat drucken lassen, weit wichtiger und interessanter erschienen ist als Mitteilungen über die äußerst bescheidene Rolle, die er in Erledigung sogar der kaufmännischen Angelegenheiten seiner Auftraggeber zu spielen in der

Lage war. Berücksichtigt man dazu noch, daß in den portugiesischen Quellen von der Teilnahme der Deutschen gar nicht die Rede ist, so wird es verständlich erscheinen, wenn in der Darstellung der Ereignisse die Portugiesen im Vordergrund stehen. Anderseits ist aber auch nur durch Einblick in das gesamte Triebwerk einer portugiesischen Indienfahrt im beginnenden 16. Jahrhundert eine klare Vorstellung von dem Erleben der zwei Deutschen, deren Teilnahme an der Fahrt bezeugt ist, überhaupt zu gewinnen. Und für kaum eine andere Indienfahrt dieser Zeit fließen nun die Quellen erster Hand so reich und ungetrübt wie für die des Vizekönigs Francisco d'Almeida, von keiner läßt sich ein so farbiges und lebensvolles Bild aus Berichten von Teilnehmern, darunter Männern in führender Stellung, gewinnen. So schien eine Monographie lohnend, die das deutsche Unternehmen auf einem reicheren Hintergrund zur Darstellung brächte. Eine solche gibt es bisher nicht. Soweit das deutsche Handelsunternehmen als solches in Betracht kommt, sind die entscheidenden Tatsachen auf Grund des hier leider nur spärlichen Materials von Konrad Haebler ermittelt und in dem Werke »Die überseeischen Unternehmungen der Welser und ihrer Gesellschafter«, Leipzig 1903, S. 7—26 einwandfrei dargestellt. Das in kommerzieller Beziehung dort gewonnene Bild konnte um Einzelzüge bereichert werden, in allem Wesentlichen war es abschließend. Anders, was den Verlauf der Fahrt betrifft. Hier war im Rahmen von Haeblers Buch nur für das Allerwichtigste Raum. Für die ausführlichere Darstellung Friedrich Kunstmanns in der Akademie-Abhandlung »Die Fahrt der ersten Deutschen nach dem portugiesischen Indien«, München 1861, stand das einschlägige reiche Material des portugiesischen Nationalarchivs der Torre do Tombo, wie es heute in den sechs bisher erschienenen Bänden der Lissaboner Akademie-Ausgabe der »Cartas de Affonso de Albuquerque« und in der Urkundensammlung »Alguns Documentos do Archivo Nacional da Torre do Tombo« vorliegt, noch nicht zur Verfügung; im übrigen ist sie vergriffen.

Die kritischen Grundlagen der vorliegenden Monographie sind, soweit sie auf die zwei echten, deutschen Berichte Balthasar Sprengers und einen ebenfalls deutschen Geschäftsbrief aus Lissabon, geschrieben nach dem 22. Mai und vor 3. Juni 1506, bzw. auf eine durch deutsche Vermittlung auf uns gekommene portugiesische Quelle erster Hand gegründet werden muß, von mir selbst in einer größeren Arbeit gelegt, die unter dem Titel »Quellen und Untersuchungen zur Fahrt der ersten Deutschen nach dem portugiesischen Indien 1505/06« in den Abhandlungen der Bayerischen Akademie der Wissenschaften, philosophisch-philologische und historische Klasse, XXX. Bd., München 1918, als dritte Abhandlung

(153 S. 4°) erschienen ist. Sie enthält außer Untersuchungen über die genannten Reiseberichte, besonders die Sprengers, revidierte, mit fortlaufendem Kommentar versehene Texte derselben — zu dem portugiesischen Bericht auch Übersetzung — und ist im folgenden in der Abkürzung Q. U. vielfach zitiert. Die Überlieferung der Reise bei den portugiesischen Historikern des 16. Jahrhunderts ist in ausgedehntem Maße schon dort in den Erläuterungen herangezogen und kritisch beleuchtet. Seitdem hat das Kriegsende mir ermöglicht alte Beziehungen zu Portugal wieder aufzunehmen und neue zu knüpfen und so für die darstellende Behandlung des Stoffes archivalisches Material heranzuziehen, das mir während der Kriegsjahre unzugänglich war, vor allem eine Reihe Dokumente aus den »Cartas de Affonso de Albuquerque« und einen in der Torre do Tombo in Lissabon erhaltenen, noch unveröffentlichten Bericht Almeidas vom 16. Dezember 1505 aus Cochin. Aus diesen neuen Quellen ergaben sich nicht nur Berichtigungen der Darstellung der Chronisten in dieser und jener Einzelheit, nicht nur neue Tatsachen konnten daraus gewonnen werden, wertvoller war, daß die Fülle des Stoffes sich zu einem Gesamtbilde zusammenschloß, das neben dem Besonderen, nur dieser Reise Eigenen die typischen Züge einer portugiesischen Indienfahrt des beginnenden 16. Jahrhunderts mit dem Hintergrunde der geographischen und kulturellen Verhältnisse der auf der Fahrt berührten Gebiete aufwies.

In einem etwas wesentlicheren Punkte hat die erneute Durcharbeitung des gesamten Stoffes mich gegenüber der früheren Abhandlung zu einer anderen Auffassung geführt. Ich glaube nicht mehr mit Schmeller, daß der in der Valentin-Ferdinand-Handschrift der Bayerischen Staatsbibliothek in München erhaltene portugiesische Reisebericht von dem Schiffe »Rafael« den in der Überschrift genannten Deutschen Hans Mayr zum Verfasser hatte (Näheres darüber s. Kapitel IX); wenn trotzdem im folgenden der Bericht an einzelnen Stellen nach ihm genannt wird, so mag das Bedürfnis der Kürze im Ausdruck es entschuldigen; übrigens hat Hans Mayr das Exemplar des Berichtes, das Valentin Ferdinand vorlag, vermutlich wenigstens geschrieben, wenn er auch nicht der Verfasser war.

Beim Abschluß des Buches ist es mir ein Bedürfnis, aufrichtigen Dank noch allen denen auszusprechen, die zu seinem Zustandekommen beigetragen haben, vor allem der Bayerischen Akademie der Wissenschaften, die mir früher die Veröffentlichung der »Quellen und Untersuchungen« durch Aufnahme in ihre Abhandlungen ermöglicht und nun auch die Drucklegung der gegenwärtigen Arbeit durch einen Zuschuß zu den Druckkosten gefördert hat; insbesondere bin ich hier Herrn Geheimrat Professor Dr. Geiger zu Dank verpflichtet für das freundliche Interesse, das er meiner

Arbeit entgegengebracht hat. Dankbar gedenke ich auch der jederzeit hilfsbereiten Freunde in Portugal, der Professoren an der Universität Coimbra Frau Dr. Carolina Michaelis de Vasconcellos und Herrn Dr. Luciano Pereira da Silva, sowie des Herrn Pedro de Azevedo, Archivars der Torre do Tombo in Lissabon, dessen Liebenswürdigkeit ich die Abschrift des Berichtes des Vizekönigs vom Dezember 1505 verdanke.

I. Der Indienhandel vor Entdeckung des Seewegs ums Kap .

Der Handelsverkehr zwischen der Mittelmeerwelt und den süd- und südostasiatischen Ursprungsländern der Gewürze und Drogen, der Perlen und edeln Steine beginnt früh. Begünstigt haben ihn einerseits die zwei großen parallelen Erdspalten, die sich, ihm die Wege weisend, in der Richtung Südost gegen Nordwest vom Indischen Ozean durch den Persischen Meerbusen nach dem Quellgebiet des Euphrat und Tigris und durchs Rote Meer zur Landenge von Sues hinziehen, anderseits, insofern er Seehandel war, die atmosphärischen Erscheinungen der im Indischen Ozean zwischen Äquator und Südküsten Asiens halbjährlich wechselnden Monsunwinde, die einen ozeanischen Völkerverkehr schon zu Zeiten ermöglichten, wo die Seefahrer ihr Leben und ihre Ladung noch gebrechlichen und unbehilflichen Fahrzeugen anvertrauen mußten.

Auf welcher der zwei natürlichen Verkehrsstraßen sich im Altertum und Mittelalter jeweils der indisch-europäische Handel vorzugsweise bewegte, das hing zum großen Teil von den inneren Zuständen und politischen Machtverhältnissen der Reiche Mesopotamiens und des Nillands ab. War er bis in die hellenistische Zeit ganz überwiegend auf dem Euphratweg gegangen, so hat seit dem zweiten vorchristlichen Jahrhundert das Vordringen der Parther ihn von dort mehr nach dem Roten Meer und dem Ptolemäerreich hinübergedrängt. Der gewaltige Siegeszug der Araber im siebenten Jahrhundert brachte beide Straßen des Weltverkehrs in deren Hände, machte sie für lange Jahrhunderte zu den Vermittlern zwischen Morgen- und Abendland. Solange nun Bagdad unter der Herrschaft der Abbasiden als erste Industrie- und Handelsstadt des Weltreichs und Sammelplatz aller wertvollen Erzeugnisse Asiens blühte, war der Weg durchs Zweistromland, wie es scheint, der belebtere, gingen die Waren Indiens von dort über Damaskus oder Haleb (Aleppo) zur syrischen Küste, durch

[1] Vgl. hierzu bes. O. Peschel, Die Handelsgeschichte des Roten Meeres, Deutsche Vierteljahrs-Schrift, 3. Heft 1855, S. 157—228 und W. Heyd, Geschichte des Levantehandels im Mittelalter, 2 Bde., Stuttgart 1879.

Armenien über Trapezunt und das Schwarze Meer oder durch Kleinasien auf dem Karawanenweg nach Konstantinopel. Die Gründung der Kreuzfahrerstaaten an der syrischen Küste seit 1100 gab dem Levantehandel der Abendländer mächtige Antriebe, führte zu einem ungeahnten Aufschwung der kaufmännischen Beziehungen zwischen der östlichen und westlichen Welt. Hatten schon an der Eroberung der Hafenplätze Syriens neben den Kreuzfahrerheeren die Flotten der aufstrebenden italienischen Handelsrepubliken und ihr streitbares Bürgertum keinen geringen Anteil gehabt, so konnte hier von jetzt an unter dem Zepter stammverwandter Fürsten, inmitten einer vorwiegend romanischen Bevölkerung der venezianische, genuesische, pisanische Kaufmann, geschützt durch Vorrechte und Verleihungen, sicheres Unterkommen für seine Person und seine Waren finden, sich in einem seiner Vaterstadt vertragsmäßig zu eigen gegebenen Quartier unter landsmännischer Obrigkeit, Rechtspflege und Seelsorge sicher niederlassen und an Ort und Stelle, bald auch in den nahen Stapelplätzen des Binnenlandes, besonders Damaskus und Haleb, seinen Bedarf an allen asiatischen Waren decken. Der Untergang der syrischen Kreuzfahrerstaaten in der zweiten Hälfte des 13. Jahrhunderts verschüttete eine Zeitlang diese Handelswege. Den Verkehr mit dem seit 1171 von Sultan Saladin und seinem Hause, den Ejubiden, seit 1254 von den Mameluken beherrschten Ägypten, schränkten, zumal nach dem Fall Akkons (1291), für länger päpstliche Handelsverbote ein. Inzwischen aber hatten die Reichsgründungen der Mongolen den Abendländern neue Wege für den Bezug der Erzeugnisse Indiens und Chinas eröffnet. Seit Dschingiskhans Enkel Hulagu 1258 dem Kalifat von Bagdad ein Ende gemacht und den Schwerpunkt des politischen Lebens von Vorderasien aus dem Zweistromland nach dem nördlichen Iran verlegt hatte, waren Bagdad und Basra in den Hintergrund getreten gegenüber seiner Hauptstadt Tauris (Täbris), die im 14. Jahrhundert einen großen Teil des indisch-europäischen Warenverkehrs an sich zog und einen Strom davon über Lajazzo im christlichen Kleinarmenien und über das gleichfalls christliche Cypern, den andern über Trapezunt und den Pontus oder über Asterabad am Kaspischen Meer, dann Astrachan und Tana (Asow) im Kiptschakreich der Tataren, über das genuesische Kaffa in der Krim der abendländischen Welt zuleitete.

Während all dieser Wandlungen im Völkerleben und in den staatlichen Verhältnissen der östlichen Welt und all der Verschiebungen in den nördlicheren Verkehrswegen zwischen Morgen- und Abendland lag indes auch das Rote Meer nie öde; bot es doch für den Warenzug, der aus Indien nach dem südlichen Europa ging, nicht nur den kürzesten Weg dar, sondern beschränkte auch den kostspieligen und beschwerlichen Landtransport auf das geringste mögliche Maß. Daraus erklärt sich die Bedeutung, die Ägypten als Durchgangsland der begehrtesten Waren des Welthandels in Altertum und Mittelalter immer gehabt hat. Daß es auch in der Blütezeit Bagdads diese Bedeutung nicht verloren hatte, lehrt eine Notiz in dem zwischen 854 und 874 geschriebenen Routenbuch des arabischen Oberpostmeisters Abul Kasim Ibn Kordadbeh: danach ging einer der Wege, auf denen jüdische Großkaufleute damals ihre Welthandelsfahrten betrieben, von dem Frankenlande zu Schiff nach Farama, dem alten Pelusium, dazumal noch einer reichen und ansehnlichen Hafenstadt, von dort in fünf Tagen über die Landenge von Sues nach Kolsum, dem alten Klisma, und weiter zur See über Dschidda nach Indien, ja darüber hinaus bis China. Was sie dem Osten brachten, waren besonders Eunuchen und Sklaven, Säbel und Pelzwerk; was sie dem Westen zuführten, Gewürze, Drogen und Wohlgerüche. Eine großartige Blüte Ägyptens beginnt, nach dem Sturz der morschen Fatimidenherrschaft, unter der kraftvollen Regierung des Sultans Saladin. Die Eroberung des seldschukischen Syrien und des Königreichs Jerusalem (1187) durch ihn selbst und der kleinen Kreuzfahrerstaaten durch sein Geschlecht vergrößerte den Machtbereich der ägyptischen Herrscher und sicherte das Nilland nach seiner stärkstgefährdeten Seite. Als dann nach der Entthronung des letzten Ejubiden die neuen Herren des Landes, die Mameluken, um die Mitte des 13. Jahrhunderts den Mongolensturm von Syrien abgewehrt hatten, ihr Reich die Vormacht der islamitischen Welt, seine Hauptstadt Kairo, von den Kopten Babylon genannt, der Sitz des Kalifates geworden war, stieg von neuem die Bedeutung des Roten Meeres für den Weltverkehr, wurde das schon im 12. Jahrhundert wieder große und reiche Alexandrien Welthafen, über den die größeren Massen der für Europa bestimmten indischen Spezereien, besonders die mehr ins Gewicht gehenden Sorten, wie Pfeffer, ihren Weg nahmen.

Den Wechsel der Monsune hatten schon seit dem ersten Jahrhundert der römischen Kaiserzeit griechische Seefahrer zu regelmäßigen Handelsfahrten von Ägypten nach Indien benutzt: mit dem von April bis Oktober wehenden Südwestmonsun durchquerten ihre Segler in 40 Tagen den Indischen Ozean vom Bab el Mandeb nach Malabar, und heimwärts trug sie der Nordostmonsun, der vom Oktober bis April in jenen Breiten herrscht. Der »bequemen Pendelschwingung« dieser Jahreswinde vertraute seine Schiffe auch das große See- und Handelsvolk des Indischen Ozeans im Mittelalter, die Araber, an. Das Rote Meer liegt nun freilich nicht mehr in dem Bereich der Monsune, aber es hat gleichfalls zwei wechselnde Windrichtungen, durch deren Kenntnis seine Handelsgeschichte erst verständlich wird: von Mai bis November weht, wie in seiner nördlichen Hälfte das ganze Jahr, von Sues bis zum Bab el Mandeb der Nordwind, von da ab in dem Teil vom Bab el Mandeb bis Dschidda ein oft stürmischer Südwind. Eine Schiffahrt von Dschidda nach Norden ist für Segelfahrzeuge nur dadurch möglich, daß zu Zeiten der Nordwind sich legt und die Schiffe dann mit Benutzung des nachts einsetzenden Landwindes sich langsam in höhere Breiten und nach Sues hinaufarbeiten. Auch europäische Segelschiffe brauchten noch im vorigen Jahrhundert mindestens 30 Tage für die Fahrt vom Bab el Mandeb nach Sues, während sie südwärts die Reise in 7—8 Tagen machten. So erklärt es sich, daß in Altertum und Mittelalter die für das Abendland bestimmten indischen Waren meist nicht zu Schiffe bis nach Sues gingen, sondern in beträchtlich südlicheren afrikanischen Häfen ausgeladen, auf Kamelsrücken durch die Wüste an den Nil gebracht und von dort mit Lastkähnen nach Alexandrien verschifft wurden. Seit der zweiten Hälfte des 14. Jahrhunderts allerdings wurde Stapelplatz und ägyptische Zollstätte für die Handelsgüter des Ostens vorwiegend der Hafen von Tor auf der Sinaihalbinsel, nicht weit vom St. Katharinenkloster; von hier gingen die Waren auf dem Karawanenweg nach Kairo und von dort weiter nach Alexandrien.

Der Welthandel von heute dient dem Massenaustausch der großen Lebensbedürfnisse der Völker, wie Kohlen und Erze, Holz und Getreide, wie die Rohstoffe der Industrie es sind; der des Altertums und Mittelalters vermochte bei der geringen Tragfähigkeit der Schiffe nur Güter zu befördern, bei denen im Verhältnis zu ihrem Werte die Frachtkosten nicht ins Gewicht fielen: er diente dem Sinnenreiz und der Üppigkeit der Großen oder der übermütigen Verschwendung des reichen Bürgertums in den großen Handelsstädten des späteren Mittelalters. Perlen und Edelsteine, kostbare Seidengewebe, Gewürze, Drogen und Wohlgerüche sind die Waren, die der indische Osten damals hauptsächlich dem Abendland lieferte, und unter ihnen hat der Pfeffer als Handelsartikel für das mittelalterliche Alexandrien nach einem Wort Oskar Peschels verhältnismäßig dieselbe Bedeutung gehabt wie um die Mitte des 19. Jahrhunderts für Großbritannien Tee und Baumwolle, für Spanien und Cuba Zucker und Tabak zusammengenommen. Mochten von den anderen Gewürzen zu jeder Zeit gewisse Mengen über die syrischen Küstenplätze oder den Pontus dem Verbrauch des Abendlandes zugeführt werden, für den Pfeffer, den weitaus wichtigsten Artikel des Indienhandels, besaß Alexandrien nahezu das Monopol. In der Blütezeit des Mamelukenreiches, die uns hier vor allem interessiert, gingen die Waren bis zum Nilland durch ägyptische und arabische Hände; von Alexandrien nach Europa verfrachtet wurden sie alsdann durch die Handelsschiffe der im Verlauf der Kreuzzüge groß gewordenen italienischen Seestädte, besonders Genuas und Venedigs, ferner des katalanischen Barcelona und Südfrankreichs. Jede der regelmäßig hier verkehrenden fremden Nationen hatte in der Welthafenstadt ihr eigenes Quartier mit Magazinen und Märkten, ihren Konsul und ihre Konsulargerichtsbarkeit, ihren Handelsvertrag. Die Zeit von der Mitte des 13. bis zu der des 15. Jahrhunderts bedeutet einen Höhepunkt in der Geschichte Ägyptens wie in der des Indienhandels. Seine Bevölkerung muß damals wie in den Tagen des Pyramidenbaus und wie heute wieder nach Millionen gezählt haben, ihr Wohlstand blühend, das Land ein sorgsam gepflegter Garten, Kairo eine Großstadt von imponierender Ausdehnung gewesen sein. Die unvergleichlich günstige Lage des Nillandes als Durchgangsgebiet für die am meisten verlangten Waren des Welthandels ließ hohe Gewinne in die Taschen der ägyptischen Zwischenhändler fließen, leitete in die Kassen der Mamelukensultane von »Babylon« den Goldstrom der Zölle, die sie, wie es scheint, von den gleichen Waren an mehreren Stellen, zu Ende des 15. Jahrhunderts in Tor, Kairo und Alexandrien, erhoben, vielleicht auch, soweit ein Umladen der Waren in kleinere Schiffe stattfand, schon in Dschidda, das wie die »Mutter der Städte«, das heilige Mekka, seit den zwanziger Jahren des 15. Jahrhunderts im Besitz der Mamelukensultane war, und in Rosette an der westlichen Nilmündung.

Diese Gewinne des arabisch-ägyptischen Zwischenhandels, die Zölle der Sultane und dazu oft noch Erpressung ihrer Zollbeamten, die beispielsweise statt der 10 %, welche die meistbegünstigten Nationen vom Werte der Waren vertragsmäßig bei der Ausfuhr zu zahlen hatten, deren 15 forderten, trieben die Preise der Gewürze und Drogen, bis sie in Alexandrien in die Hände der abendländischen Kaufherren gelangten, auf das Doppelte dessen, was sie in den indischen Ursprungsländern kosteten. Nun war aber von jeher — das läßt sich bereits im Altertum nachweisen — das Verlangen nach Erzeugnissen der europäischen Gewerbe in Indien gering gewesen, und was es dem Abendland lieferte, mußte in der Hauptsache mit edeln Metallen, besonders Silber, sowie mit Kupfer bezahlt werden, an denen dies Land, das im Westen für das metallreichste der Welt galt, immer arm gewesen ist. Das starke Abströmen der hochwertigen Metalle nach dem Osten hat schon zu Tiberius' und Plinius' Zeit ernste Bedenken hervorgerufen und dieser wirtschaftliche Gesichtspunkt neben den spät erst aufgegebenen Kreuzzugsabsichten der Päpste und den politischen Besorgnissen der christlichen Mittelmeerstaaten vor der muhamedanischen Großmacht am Nil bei den Blockadeplänen bestimmend mitgewirkt, die gegen das Mamelukenreich im 14. und 15. Jahrhundert wiederholt erwogen wurden. Trotzdem hat der ägyptische Handel bis zur Mitte des 15. Jahrhunderts nicht nur weiter geblüht, sondern sich immer aufwärts entwickelt. Dem materiellen Geist, der mit dem Emporkommen der Demokratie und dem steigenden Wohlstand in den italienischen und deutschen Städten Einzug gehalten hatte, schienen eben die Genuß- und Luxusartikel des Ostens unentbehrlich. Dazu kam ein weiteres: die nördlicheren Wege, auf denen man eine Zeitlang beträchtliche Mengen der indischen Gewürze bezogen hatte, wurden im Lauf des 14. und 15. Jahrhunderts mehr oder minder ungangbar, ihre Stapelplätze am Meer verödeten oder wurden den abendländischen Handelsmächten verschlossen, zum mindesten die Sicherheit des Verkehrs mit ihnen stark beeinträchtigt. Lajazzo fiel 1347 in die Hände der Mameluken, womit seine kurze Handelsblüte vorüber war, und 1375 wurde der ganze kleinarmenische Christenstaat dem ägyptischen Reich einverleibt. Dem indischen Warenzug durch Persien über Tauris nach dem Kaisertum Trapezunt waren die Wirren, die gegen die Mitte des 14. Jahrhunderts zur Auflösung des von Hulagu gegründeten mongolischen Westreichs der Ilkhane führten, wenig günstig, und die Überflutung und Eroberung Irans durch die Mongolen- und Türkenmassen Timurs des Lahmen verschüttete, so scheint es, diesen Weg auf lange Zeit hinaus, wie seine verheerenden Einfälle in das Kiptschakreich und die Zerstörung der tatarischen Residenzstadt Sarai an der Wolga sowie Astrachans zur Verödung des vielbegangenen Karawanenweges nach Tana führten. Zum Verhängnis aber wurde für den Levantehandel gerade der zwei größten Handelsnationen des Mittelmeers, der Genuesen und Venezianer, das unaufhaltsame Vordringen der Türken auf der Balkanhalbinsel, am Pontus und im griechischen Archipel. Hatten die Byzantiner, die selber besondere Neigung für den Handel, zumal den Seehandel, nicht besaßen, der kommerziellen Energie der abendländischen Handelsnationen freie Bahn zur Betätigung und die Möglichkeit gegeben, aus dem fernen Süden und Osten Asiens die Waren des Welthandels beizuschaffen und von dem Schwarzen Meer und Konstantinopel weiterzuführen, so fehlte dem noch rohen Kriegervolk der Osmanen nicht nur der Sinn für friedliche Handelstätigkeit, ihre ständigen Eroberungskriege ließen auch die für größere kaufmännische Unternehmungen notwendige Stetigkeit der Verhältnisse nicht aufkommen und verhinderten eine regelmäßige Zufuhr von Spezereien auf dem Landweg nach den pontischen Gestaden; ihre gewalttätige Barbarenart aber führte zu unaufhörlichen Zusammenstößen auch mit den abendländischen Handelsnationen, zur Zerstörung und Verödung der Hauptstätten ihrer Tätigkeit und zur Vernichtung der Freiheiten und Vorrechte, die die Voraussetzung ihrer Handelserfolge gewesen waren; die Eroberung endlich der meisten Flottenstationen, die sich in den Händen der Venezianer und Genuesen befunden hatten, und die Aufrichtung der osmanischen an Stelle der venezianischen Seeherrschaft im Ägäischen Meer, die für den abendländischen Handel viel mehr Unsicherheit als Sicherheit schuf, wies im 15. Jahrhundert den Levantehandel, soweit sein Gegenstand Erzeugnisse Indiens waren, immer ausschließlicher auf Ägypten an. Erst in der zweiten Hälfte des Jahrhunderts setzt auch hier ein dann freilich rascher kommerzieller Verfall ein, den die Anknüpfung unmittelbarer Seeverbindungen mit Indien durch die Portugiesen an seinem Ausgang nur vollendet, nicht herbeigeführt hat.

Seine Gründe lagen in den innerpolitischen Zuständen des sinkenden Reiches am Nil. Die Prätorianerwirtschaft der Mameluken, die ständigen Thronwirren, die Mißregierung der Sultane und der Steuerdruck auf die Untertanen, endlich die mit dem Verfall der staatlichen Machtmittel überhandnehmenden Räubereien der Beduinen haben das blühende Land entvölkert und zugrunde gerichtet. In Alexandrien fand Petrus Martyr von Angleria, der 1501 als spanischer Gesandter dahin kam, überall Trümmer und Verödung, Unsicherheit und Mutlosigkeit. Die Stadt, die nach seiner Schätzung 100000 Gebäude in der Zeit ihrer höchsten Blüte gehabt hatte, besaß damals nur noch etwa 4000 Feuerstellen, und Tauben nisteten in ihren Ruinen. Die einheimischen Kaufleute, von einem Sultan wie dem andern ausgeplündert und ausgepreßt, lebten in ständiger Angst um Hab und Gut, die den Unternehmungsgeist und die Kraft lähmte. Der Nil, einst von Schiffen belebt, von Gärten und reichen Dörfern umsäumt, war verödet, der Landweg von Rosette nach Kairo durch schweifende Beduinenstämme gesperrt. Der Umsatz des venezianisch-alexandrinischen Handels, der einige Jahrzehnte vorher noch 600000 Dukaten betragen hatte, ergab mit Einschluß des syrischen Handels nur noch ein Drittel dieser Summe und war 1512 schon wieder beträchtlich weiter gesunken.

Das ist die Lage des indisch-mittelmeerischen Handels zu der Zeit, als der Portugiese Vasco da Gama 1497/98 den direkten Seeweg nach den Gewürzländern ums Kap der guten Hoffnung entdeckte. Seine Auffindung war zu einer Art geschichtlicher Notwendigkeit geworden: zwei Jahrzehnte später saßen, wie seit 1453 am Bosporus und früher schon an den Dardanellen, die Osmanen als Zöllner auch am Nil und an der Landenge von Sues. Und »so wie der eiserne Griff der Türken diese wichtigen kosmischen Organe packte (die Meerengen und Ägypten), erstarb der lebendige Odem der mediterraneischen Welt. Die Lähmung trifft zuerst den Don, schleicht an den anatolischen Küsten hinab, verdammt den Pontus wieder zu seiner Ungastlichkeit, verödet Syrien, würgt das letzte Leben in Alexandrien, um das Rote Meer einer mehr als 300jährigen Vergessenheit zu überliefern. Waren bisher die Ufer des Mittelmeers die beglänzte Hälfte des Abendlandes gewesen, so unterbricht das Zwischentreten der Osmanen gleichsam die Quelle des Lichtes, und wir beobachten bekümmert das allmähliche Erlöschen der letzten beleuchteten Gipfel, während das Leben nach der frostigen Peripherie unseres Weltteiles entweicht. Die Entdeckung neuer Welten im Westen und freier Verkehrswege nach dem tropischen Morgenlande hat allerdings den ozeanischen Ufern Europas einen neuen, ungeahnten Wert verliehen, daß aber zugleich mit der Verwitterung der kleinasiatischen und pontischen Kultur das Mittelmeer still und stiller werden mußte, das war das freiwillige Verdienst der Osmanen[1].«

II. Aufnahme der Verbindungen süddeutscher Handelshäuser mit Lissabon[2].

Was von den Erzeugnissen Indiens und des fernen Ostens im späteren Mittelalter auf die deutschen Märkte kam, wie Spezereien, Farbwaren, Wohlgerüche, Seidengewebe, Perlen und Edelsteine, war fast alles aus der Levante zunächst auf venezianischen oder genuesischen Schiffen nach Italien und von dort entweder durch die Galeeren der zwei großen Seestädte nach Brügge und Antwerpen gebracht und durch die Hansen dem Verbrauch besonders des nördlichen Deutschland zugeführt oder in zahllosen Ballen von den Kaufherren der süddeutschen Handelsstädte an der Donau und am Ober- und Mittelrhein auf dem Landweg über die Alpen herübergeholt und über Süddeutschland verteilt worden, während Mitteldeutschland teils von Norden teils von Süden her damit versorgt wurde. Konstanzer und Ulmer, Augsburger, Regensburger und Nürnberger waren neben rheinischen Handelshäusern

[1] Peschel, Geschichte des Zeitalters der Entdeckungen, 2. Aufl., Stuttgart 1877, S. 28 f.

[2] Vgl. K. Haebler, Die überseeischen Unternehmungen der Welser, Leipzig 1903, S. 8 ff.

und -gesellschaften an dem Geschäfte beteiligt. Die Bedingungen freilich, unter denen in Venedig, dem weitaus bedeutenderen der zwei italienischen Stapelplätze, der Einkauf der orientalischen Waren vor sich gehen mußte, für die man mit deutschen Gewerbe- und besonders Bergbauerzeugnissen zahlte, wurden von den Handelsherren, und nicht bloß von den deutschen, als beengender Zwang nur unmutig ertragen. Erlaubte doch die Markus-Republik keinem der vielen fremden Kaufleute direkten Warenaustausch mit anderen in der Stadt anwesenden Fremden oder unmittelbaren Handelsverkehr mit den Ursprungsländern der Waren; nichts durfte den Hafen verlassen, was nicht durch die Hände eines einheimischen Kaufmanns gegangen war. Einkauf von Waren mußte in Begleitung und unter Vermittlung des dem fremden Kaufmann zugeteilten Maklers vorgenommen werden, und besonders zahlreichen Einschränkungen war der Pfefferhandel unterworfen, der wichtigste Geschäftszweig des mittelalterlichen Venedig. Solange sich nun die Republik mit der Hohen Pforte im Friedenszustande befunden und ungestört ihre Handelsvorrechte in der Levante genossen hatte, war jeder Versuch aussichtslos gewesen, dies Verhältnis, das im 15. Jahrhundert einem Handelsmonopol Venedigs für die orientalischen Waren nahekam, zu ändern; als aber 1499 der Krieg zwischen Sultan Bajesid II. und der Republik ausbrach und deren Levantehandel auf ein paar Jahre lahmlegte, wandten sich die deutschen Kaufleute in rascher und tatkräftiger Ausnutzung der Gelegenheit, um ihren Bedarf an indischen Waren zu decken, nach Genua, das im 15. Jahrhundert, wenn es auch politisch mit der Republik von S. Marco längst nicht mehr rivalisieren konnte, kommerziell doch noch einmal kräftig aufgeblüht war, jetzt vorübergehend Hauptstapelplatz für die Erzeugnisse des Ostens wurde und ihnen schon in früheren Handelsverträgen wesentlich günstigere Bedingungen eingeräumt hatte als Venedig. Eine Stelle in den Tagebüchern des Venezianers Marino Sanuto[1] läßt deutlich erkennen, daß 1501 unter Führung der Fugger vier deutsche Handelsgesellschaften sich sogar zusammengetan hatten um von Genua aus unmittelbare Beziehungen mit der Levante anzuknüpfen.

Es ist nicht dazu gekommen. Denn inzwischen hatte Portugal begonnen aus der Entdeckung des Seewegs um das Kap der Guten Hoffnung (1497/98) die kaufmännischen Folgerungen zu ziehen: im März 1500 war Pedralvares Cabral mit 13, im März 1501 João da Nova mit 4 Fahrzeugen aus der Tejomündung nach dem Osten ausgelaufen; und wenn auch das erste Unternehmen nur mit beträchtlichen Verlusten an Schiffen durchgeführt

---

[1] Diarii, Bd. IV, Sp. 28; dazu Haebler a. a. O., S. 6 f.

wurde und der kaufmännische Erfolg dadurch hinter den Erwartungen zurückbleiben mußte, so kehrten doch von dem zweiten alle Schiffe unversehrt und mit Ladung zurück, und in den ersten Monaten des Jahres 1502 ging unter dem Admiral Vasco da Gama eine Flotte von 20 Schiffen nach den Gewürzländern in See, von der ein Geschwader unter Vicente Sodré Befehl hatte, im Indischen Ozean kreuzend den arabischen Handel vom und zum Roten Meer nach Kräften zu behindern; man begann damit die Verwirklichung des kühnen, weitausschauenden Planes, den Zwischenhandel der arabischen Kaufleute nach Ägypten und Syrien zu vernichten und den Gewürz- und Drogenhandel nach dem Westen ganz in portugiesische Hände zu bringen, Lissabon an Stelle Venedigs zu seinem Stapelplatz für Europa zu machen. Gelang der Versuch — und bei dem Verfall der Mamelukenmacht schien das nicht unmöglich —, so war für den Indienhandel eine völlig neue Sachlage gegeben. Es zeugt von dem Weitblick und Unternehmungsgeist der süddeutschen Kaufleute, daß sie das alsbald erkannt und ihre Maßnahmen danach getroffen haben. Wurde der Gewürzstapel nach Lissabon verlegt, dann mußten sie künftig dort ihren Bedarf decken, und je eher sie sich dazu entschlossen, um so mehr Aussicht hatten sie, günstige Bedingungen für ihre Geschäfte und einen Vorsprung vor den Konkurrenten aus anderen Ländern zu erlangen. So hören wir nichts weiter von ihrem Plan, selbst über Genua mit der Levante in Verbindung zu treten, dagegen bringt bereits am 13. Februar[1] 1503 als Vertreter des Anton Welser (in Augsburg), Konrad Vöhlin (von Memmingen) und ihrer Gesellschafter deren Agent Simon Seitz in Lissabon einen Privilegienvertrag mit König Manuel dem Glücklichen von Portugal zum Abschluß, wonach der Welser-Gesellschaft und dem deutschen Kaufmann im allgemeinen auf 15 Jahre die Zollvergünstigungen, die dem deutschen Handel durch einzelne Förderungsbriefe schon früher in Portugal eingeräumt worden waren, von neuem zugesichert, mit bestimmten Vorbehalten aber auch auf die Handelsartikel ausgedehnt wurden, die aus den neuentdeckten Ländern kämen, und ihnen unter gewissen Bedingungen für die Zukunft unmittelbare Beteiligung an dem überseeischen Handel in Aussicht gestellt war. Die in dem Vertrag zugestandenen Rechte sollten allen deutschen Handelshäusern zugute kommen, die in Lissabon Niederlagen einzurichten wünschten und sich an dem Handel nach Portugal mit einem Kapital von mindestens 10000 Dukaten beteiligen würden. Die vorbereitenden Verhandlungen mit dem König hatte vermutlich, da Simon Seitz auf der Reise nach

---

[1] Haebler a. a. O., S. 9 f.

Portugal, in Begleitung von Lukas Rem und Scipio Löwenstein, am 7. Januar 1503 erst bis Saragossa gekommen war[1], also die portugiesische Hauptstadt vor Ende des Monats schwerlich erreicht haben kann, ein in Lissabon ansässiger, auch bei Hofe angesehener Deutscher geführt, Valentim Fernandez aus Mähren. Einer der frühesten Buchdrucker in Portugal, war er zugleich ein Mann von geistigen Interessen und gelehrter Bildung, und so finden wir ihn in den folgenden Jahren in Briefwechsel mit dem bekannten Augsburger Humanisten Konrad Peutinger, in dessen Besitz später auch eine von Valentim Fernandez herrührende und heute nach ihm benannte, überaus wertvolle Handschrift übergegangen ist, die sich in der Bayerischen Staatsbibliothek zu München befindet und Darstellungen vor allem dessen enthält, was Valentim Fernandez über die Westküste Afrikas bis zur Sierra Leone und einzelne Inselgruppen im Atlantischen Ozean sowie über die Entdeckung dieser Erdräume durch die Portugiesen im 15. Jahrhundert hatte erfahren können. Als Übersetzer hat er ferner die Reiseberichte des Marco Polo, Niccoló dei Conti und Geronimo da Santo Stefano ins Portugiesische übertragen und 1502 in Lissabon gedruckt. Daß er sich um das Zustandekommen des Privilegienvertrags vom 13. Februar Verdienste erworben hatte, dafür spricht, daß Simon Seitz acht Tage danach für ihn vom König das Amt eines Maklers der deutschen Kaufleute erbittet und erlangt. Später hat er auch mit den Fugger und Imhof Beziehungen unterhalten[2]. Das gleiche Privileg wie den Welsern, einschließlich einer diesen im besondern zugestandenen Zollermäßigung, wurde noch in demselben Jahr dem Ulrich Fugger und seinen Brüdern ausgestellt, und die Gossenprott und Höchstetter von Augsburg sowie die Nürnberger Häuser Imhof und Hirschvogel scheinen sehr bald nachgefolgt zu sein. Wenn in dem Vertrag vom Februar 1503 den Deutschen das Recht eingeräumt wird, eigene Schiffe, die sie in Portugal bauen ließen, mit allen Privilegien und Freiheiten der eigenen Untertanen des Königs für das Schiff wie für die Güter, die es führe, in allen Häfen und Flüssen des Landes wie zum Handel nach auswärts zu benutzen[3], so zeigt das in Verbindung mit den andern Zugeständnissen, welchen Wert Manuel auf Anknüpfung engerer Beziehungen zu den deutschen Kaufleuten legte. Und das hatte seine guten Gründe.

---

[1] Tagebuch des Lukas Rem ed. B. Greiff, Augsburg 1861, S. 7.

[2] Haebler, a. a. O., S. 10.

[3] Cassel, Privilegia und Handlungsfreiheiten, welche die Könige von Portugal ehedem den deutschen Kaufleuten zu Lissabon erteilet haben, Bremen 1771, S. 8.

Das kleine Portugal besaß keinen Überfluß an natürlichen Hilfsquellen. Die Aufbringung der Geldmittel für immer neue Indienflotten stellte an die königlichen Kassen, von denen sie hauptsächlich bestritten wurde, außerordentliche Anforderungen; und Seeverluste, wie sie die Flotte Cabrals gehabt hatte (1500/01) — von zehn nach Indien bestimmten Schiffen kamen nur fünf mit Ladung zurück, ebenso viele gingen unter — ließen es dem König und seinen Beratern zu Zeiten zweifelhaft erscheinen, ob mit Staatsmitteln allein ein regelmäßiger Verkehr mit den Gewürzländern aufrecht erhalten werden könne. Einen großen Teil ihres Bedarfes an Holz, Teer und anderen Materialien des Schiffsbaus hatte den Portugiesen immer der deutsche Norden geliefert und auch manche hansische Hulk war, wenn sie in Lissabon ihre Ladung gelöscht hatte, vom Schiffsherrn mit Nutzen an einen portugiesischen Reeder verkauft worden. Masten, Pech und Teer werden denn auch in dem Vertrag vom 13. Februar 1503 ausdrücklich unter den Waren genannt, deren Einfuhr durch einen Zollsatz von nicht über 10 % begünstigt sein sollte. Der Bedarf an seetüchtigen, tragfähigen Schiffen war nun in den ersten Jahren nach Anknüpfung der unmittelbaren Verbindungen mit Indien ein ungewöhnlich hoher, der Bau im Land aber bei der starken Entwaldung desselben sehr erschwert. Die verhältnismäßig bedeutendsten Werften waren am Anfang des 16. Jahrhunderts die der Ribeira zu Lissabon, nicht mehr wie im Beginn des 15. die Werften von Porto; die Mehrzahl der für die Indienfahrt benutzten Schiffe aber war biskayischer oder flandrischer Herkunft[1]. Manuel mochte hoffen, daß die kapitalkräftigen deutschen Handelshäuser ihm, zumal bei ihren Verbindungen mit den Niederlanden, geeignete Fahrzeuge erstellen könnten. Auch sonst mußte die engere Fühlung mit ihnen, vor allem mit den Fugger, ihm wertvoll sein, weil die indischen Waren am vorteilhaftesten in Silber[2] oder Kupfer bezahlt wurden, beides aber um 1500 fast nur vom deutschen Kaufmann bezogen werden konnte. Deutschland allein besaß damals große Silberfundstätten, wie es überhaupt im Bergbau vorbildlich war. Schon von der Mitte des 15. Jahrhunderts

---

[1] Ca Masser in Archivio Storico Italiano, Appendice, t. II (1845), S. 46 und 47. Vgl. auch Lunardo Nardi in Diarii di Marino Sanuto, Bd. IV, Sp. 547, ferner Cartas de Affonso de Albuquerque, Bd. III, Lisboa 1903, S. 18 f.

[2] »argenti in massa« nennt als Gegenstand der portugiesischen Einfuhr in Indien der Bericht des Vincenzo Quirini an die Signoria von Venedig vom Jahr 1506 in Albèri, Relazioni degli ambasciatori Veneti, Appendice, Firenze 1863, S. 6.

an hatten große oberdeutsche Handelshäuser sich an dem Kupfer- und Silberbergbau in Tirol, Kärnten und Sachsen, später auch in Ungarn, Schlesien und Böhmen beteiligt, ihn z. T. wohl auch mit ihrer Kapitalkraft erst zu seiner vollen Blüte gebracht. Den Anteil der Landesherren an der Ausbeute solcher Bergwerke nahmen sie mit Vorliebe als Pfand für Darlehen, die sie den immer Geldbedürftigen gewährten, oder ließen ihn sich gegen Vorauszahlung des Kaufpreises gleich für mehrere Jahre verschreiben. So war der Handel mit den beiden Metallen fast ausschließlich in deutschen Händen. Von den oben genannten Häusern sind in hervorragendem Maße die Fugger, aber auch Anton Welser, Konrad Vöhlin und Gesellschafter und die Höchstetter, im ersten Jahrzehnt des 16. Jahrhunderts nächst diesen beiden das bedeutendste Handelshaus in Oberdeutschland, am Handel mit Silber beteiligt gewesen, und im Kupferhandel nahm vermöge seines Bergwerks- und Hüttenbesitzes in Deutschland und Ungarn das Haus Fugger die unbestritten führende Stellung ein; man kann hier fast von einem Monopol sprechen. Die Gossenprott finden wir 1498 mit ihnen sowie mit den Herwart in Augsburg und Hans Paumgartner aus Nürnberg an dem großen Syndikat für den Verkauf von Kupfer in Venedig beteiligt.

Daß 1504, vermutlich doch für die Zwecke der Handelsfahrt, Silber von den genannten Häusern nach Portugal gesandt werden sollte, zeigt ein Geschäftsbrief Anton Welsers, datiert von Augsburg 11. Dezember d. J. an seinen Schwager Konrad Peutinger, dem Abschrift eines Briefes aus dem Kontor der Welser-Kompanie in Antwerpen vom 18. November 1504 beigegeben ist[1]. Die Verschiffung von Antwerpen war auf Schwierigkeiten gestoßen, weil im Lande ein Ausfuhrverbot für Silber bestand. Seit nun aus einer Hulk ein Posten des edeln Metalls geraubt worden war, war das Land voll davon, »die Teutschen fieren nichtz dann Silber«; verdächtige deutsche Kaufmannsgüter wurden, besonders in Zierikzee, geöffnet und durchsucht und allem dabei gefundenen Silber drohte die Beschlagnahme. Peutinger soll daher den Kaiser Maximilian, an dessen Hoflager er gerade weilt, zu Vorstellungen an seinen Sohn, den Regenten der Niederlande, Herzog Philipp (den Schönen), veranlassen, daß der Welser-Gesellschaft freier und sicherer Paß für ihre Silbersendungen nach Lissabon durch Seiner Gnaden Gebiet zu Lande und zu Wasser gewährt würde; denn erstens werde das Silber nicht in den Niederlanden aufgekauft, sondern aus Oberdeutschland dorthin gesandt; zweitens werde es in Lissabon gegen Spezerei und sonstige Waren ausgetauscht, die

[1] Tagebuch des Lukas Rem ed. B. Greiff, Augsburg 1861, S. 163ff.

dann von der Gesellschaft wieder in Seiner Gnaden Häfen, Ländern und Städten eingeführt und gehandelt würden, was durch die Zollerträge und auch sonst den Niederlanden zugute komme; drittens aber werde nicht nur Silber in und durch das Land geführt, sondern auch viel im Lande erzeugten »gwands«[1] gekauft und ausgeführt, was demselben wiederum Nutzen bringe. Vlämische Tücher hebt in der Tat Lukas Rem als besonders wichtigen Artikel, mit dem er in Portugal 1503—1508 gehandelt habe, im Tagebuch hervor (S. 9). Dem Kaiser soll Peutinger vorstellen, daß, wenn es bei der Sperrung bleibe, ein Preissturz des Silbers unvermeidlich sei und Königlicher Majestät an ihren Tiroler Silbern zu nicht geringem Schaden ausschlagen müsse. Im übrigen würden die Kaufleute bei Fortdauer der Sperre genötigt sein sich nach französischen oder spanischen Häfen oder nach Genua zu wenden und Handel und Gewerbe der Niederlande dadurch geschädigt werden. Die Bemühungen der Gesellschaft sind auf die Dauer jedenfalls von Erfolg gewesen; denn wir hören, daß 1507 an der galizischen Küste ein Schiff, das in Zeeland auf Rechnung der Welser, Vöhlin und Gesellschafter, der Fugger, Höchstetter, Imhof und Rehlinger von Augsburg für Lissabon bestimmtes Kupfer und Silber geladen hatte, gekapert worden ist[2]. Kupfer nennt neben Blei, Zinnober und Quecksilber unter den Artikeln, die er in Lissabon verkauft habe, das Tagebuch des Lukas Rem (S. 9); »Messinck, Kupfer, Zinober, Quicksilber« zählt der Privilegienbrief der Welser-Kompanie vom 13. Februar 1503 unter den Einfuhrwaren auf, und Kupfer bildet bei den portugiesischen Indienflotten der Jahre 1504—1506 den weitaus größten Teil der mitgenommenen Waren, die wir aus dem Berichte Ca Massers an die Signoria von Venedig vom Jahre 1506 kennen; auch Blei, Zinnober und Quecksilber fehlen dort nicht; aus den Rechnungsnachweisen des Fugger-Archivs aber ergibt sich[3], daß die Fugger in den Jahren 1510—1513 in Danzig aus dem gemeinsamen Handel mit den ungarischen Thurzo 77 734 Zentner Kupfer zur Verfrachtung nach Antwerpen, Amsterdam und Lissabon behufs Wiederverkaufes übernommen haben. Ein großer Teil des in Portugal von ihnen eingeführten Kupfers ist zweifellos nach dem Osten gegangen. Von den indischen Häfen erwies sich 1505 Cananor als besonders aufnahmefähig dafür: Almeida berichtet unter dem 16. Dezember d. J. dem König, daß hier allein fast

---

[1] Die »Kugeln«, die in dem Vertrag von 1503 bei Cassel a. a. O., S. 6, neben den »Peltereyen« (Pelzwerk) genannt sind.

[2] Jansen, Jakob Fugger der Reiche, Leipzig 1910, S. 147.

[3] Jansen a. a. O., S. 157.

mehr Kupfer werde abzusetzen sein als in den andern von den Portugiesen besuchten Häfen zusammengenommen[1]; viel davon ging jedenfalls nach dem großen Binnenreich von Vijayanagar[2]. Dabei galt doch für den Pfeffereinkauf in Cochin seit der Reise des Admirals in den Jahren 1502/03 die Vereinbarung, daß $^1/_4$ der Gewürzmasse in Kupfer, das Quintal zu 12 Cruzados, $^3/_4$ in barem Geld bezahlt werden sollten[3]; es müssen also schon dort beträchtliche Mengen davon umgesetzt worden sein.

Was aber die deutschen Kaufherren in erster Linie nach Portugal geführt hatte, war die Beteiligung am Gewürzhandel in Lissabon. In der Tat hatte der König ihnen das Recht zollfreier Ausfuhr der in seinem Lande gekauften Spezereien, Farbhölzer und anderen Waren, die von Indien und den neu aufgefundenen Inseln (Brasilien) kämen, vertraglich zugesichert. Aber diese Vergünstigung sollte für die Waren, die von den Indienflotten der Jahre 1502 (unter dem Admiral Vasco da Gama) und 1503 (unter den beiden Albuquerque) heimgebracht, und für die brasilianischen Waren, die sie von Fernando de Noronha bis 1505 kaufen würden, wo dessen Monopol für den Handel mit Brasilien ablaufe, keine Gültigkeit haben; hier sollten sie vielmehr 5% Ausfuhrzoll zahlen: es ist sehr möglich, daß infolge dieser Vorbehalte die ihnen gewährten Vergünstigungen tatsächlich nie in vollem Umfang wirksam geworden sind, weil in den folgenden Jahren der Gewürzhandel mehrfach durch neue Verordnungen geregelt und schließlich Kronmonopol wurde[4]. Allein die Absichten der Deutschen waren auch von vornherein weiter gegangen als auf bloßen Einkauf der indischen Waren an ihrem neuen, westeuropäischen Stapelplatz: sie dachten die Zulassung zu den Gewürzländern selber vom König zu erlangen.

Teilnahme von in Lissabon ansässigen fremden Geschäftshäusern an den indischen Handelsunternehmungen Manuels hatte auch bisher schon stattgefunden; es bedurfte dazu freilich in jedem einzelnen Fall, wie für die eigenen Untertanen des Königs, einer besonderen Ermächtigung, die unter bald günstigeren bald ungünstigeren Bedingungen in den ersten Jahren erteilt worden war. So hatten sich seit 1500 mit Kapital wie mit Schiffen der reiche und angesehene Florentiner Bartolomeo Marchione und sein Landsmann Girolamo Sernigi, die geldmächtigen Gualterotti und Frescobaldi, gleichfalls von Florenz, die ihr Hauptgeschäft in Brügge hatten,

---

[1] Torre do Tombo, gav. 20, maço 10, n. 33.
[2] Duarte Barbosa in Collecção de Noticias, Bd. II, S. 343.
[3] Ca Masser a. a. O., S. 20.
[4] Haebler a. a. O., S. 13.

auch Giovanni Francesco Affaitato von Cremona an Fahrten nach Indien beteiligt. Die gleiche Vergünstigung hofften nun die Welser, die zuerst von den Deutschen in Lissabon festen Fuß gefaßt hatten — schon am 8. Mai war dort zur Errichtung einer Niederlage für den Warenhandel des Hauses Lukas Rem eingetroffen — ihrer Handelsgesellschaft bereits für 1504 zu erwirken, wo eine stattliche Flotte unter Lopo Suarez nach Indien abgehen sollte. Mit Empfehlungsbriefen Kaiser Maximilians und seines Sohnes Philipps des Schönen an den portugiesischen König und mit der stattlichen Summe von 20000 Dukaten, die teils bar teils in Waren an das Unternehmen gewendet werden sollten, kamen im März 1504 über Antwerpen ihre Agenten nach Lissabon, begleitet von zwei jungen Handlungsdienern, die mit der Flotte nach Indien gehen sollten[1]. Fürs erste indes sah die Gesellschaft sich in ihrer Erwartung getäuscht; Manuel lehnte diesmal mit einer einzigen Ausnahme, zu der ein im vorhergehenden Jahre gegebenes Versprechen ihn nötigte, jede Beteiligung fremder Kaufleute ab: er gedenke den Handel mit Indien künftig sich selber vorzubehalten. Es war eine jener Schwankungen des Entschlusses, wie sie die Wechselfälle des Glückes in den ersten Jahren nach der Entdeckung wiederholt bei ihm bewirkt haben. Im Hochgefühl eines schönen Erfolges glaubte er aus eigener Kraft das indische Unternehmen bestreiten zu können, in einem Augenblick der Entmutigung konnte er (Anfang 1502 nach den schweren Verlusten der Cabralschen Flotte) gegenüber dem venezianischen Gesandten äußern, daß er es vielleicht ganz aufgeben werde[2]. Beides entsprang vorübergehenden Stimmungen; nüchterne Erwägung der Kosten und des verfügbaren Schiffsraumes machte ihn doch den Wünschen der Kaufherren wieder zugänglich. Es dauerte auch diesmal nicht lange und er wurde anderer Meinung. So konnte denn am 1. August 1504 Lukas Rem im Namen des aus den oben genannten Augsburger und Nürnberger Häusern bestehenden Handelskonsortiums mit ihm den Vertrag zum Abschluß bringen[3], kraft dessen die erste deutsche Handelsfahrt nach den neuentdeckten Ländern im Osten zustande gekommen ist.

Drei Schiffe sollten die beteiligten Häuser mit der Flotte des Jahres 1505 nach Indien senden und durch eigene Agenten Spezereien dort einkaufen dürfen. Die Gestellung dieser Schiffe und

---

[1] Diarii di Marino Sanuto, Bd. VI, Sp. 28. Der Name der Welser wird nicht genannt, aber die Beziehung ist zweifellos.

[2] Document inédit concernant Vasco da Gama, ed. Harrisse, Paris 1889, S. 26.

[3] Tagebuch, S. 8.

die Aufbringung des erforderlichen Kapitals war übrigens nicht ausschließlich deutsches, sondern gemeinsames Unternehmen deutscher und italienischer Kaufleute, und wir erfahren aus einem eingelegten Blatte der »Cronica alter und newer geschichten« von dem Augsburger Wilhelm Rem auch die Summen, die dabei auf die einzelnen entfielen[1]. Von dem Gesamtkapital von 65400 Cruzados schossen florentinische, darunter Bartolomeo Marchione, und genuesische Kaufleute 29400 Cruzados ein, während von den für die Deutschen verbleibenden 36000 die Welser als Hauptbeteiligte allein 20000 (nach Lukas Rem »ob 21000«) Cruzados in dem Unternehmen anlegten, die Fugger und Höchstetter je 4000, die Imhof und Gossenprott je 3000 und die Hirschvogel 2000. Aus anderen Quellen haben die Bedingungen sich erschließen lassen, an welche die Zulassung zur Fahrt für die deutschen Kaufleute geknüpft war[2]. Danach hatten sie erstens die Schiffe zu stellen und den Unterhalt für deren Bemannung auf 18 Monate zu bestreiten[3]. Kapitäne und Mannschaft mußten Portugiesen sein oder den fremden Kolonieen in Lissabon angehören und standen für die Dauer der Fahrt unter der unbedingten Befehlsgewalt des portugiesischen Flottenkommandanten. Auch bezüglich ihrer Handelsgeschäfte war ihnen nicht unbeschränkte Freiheit eingeräumt. Den Tauschwert der vom König zur Einfuhr zugelassenen europäischen Handelsgegenstände setzten ebenso wie den der Gewürze die königlichen Faktoren fest und an ihn waren die Kaufleute gebunden. Was dagegen die Menge der einzukaufenden indischen Waren betraf, so war sie nur durch die Höhe des Angebots auf den malabarischen Märkten und durch die Kaufkraft der Handelsherren sowie die Tragfähigkeit der Schiffe begrenzt. Von dem, was sie nach Lissabon brachten, hatten sie als Abgabe an den König ein Viertel und ein Zwanzigstel, zusammen also 30 % der eingeführten Gewürze, zu zahlen. Das übrige sollten die Kaufleute ohne jede weitere Beschränkung oder Abgabe auf beliebigen Schiffen von Lissabon ausführen dürfen.

Die deutschen Kaufleute hatten damit ihr nächstes Ziel erreicht und den berechtigten Stolz der Augsburger, auf einer von keinem deutschen Handelsherrn noch betretenen Bahn die ersten zu sein, lassen die Worte Konrad Peutingers in dem bekannten Brief an den kaiserlichen Sekretär Blasius Hölzl vom 3. Januar 1505 erkennen:

> »Meins Schwehers Brief wollet auch vertigen, dan die Schiff zu Portengal schier gen India faren werden, und uns

[1] Chroniken deutscher Städte, Bd. 25, S. 277 ff.

[2] K. Haebler a. a. O., S. 17.

[3] Ca Masser a. a. O., S. 29.

Augspurgern ains groß Lob ist, als für die Ersten Deutschen, die India suechen. Und K. Maj. zu eren hab ich in die Brief gesetzt, wie er als der erst römisch kunig die schicke, dan solchs von kainem röm. Kn. vor nie geschechen ist. Mocht auch wol leiden das in den briefen stand, das anwalt des kunigs von Portengal in India, die teutschen Kn. Maj. zugehörig, den indianischen Kunigen von wegen seiner Kn. Maj. anzaiget etc.[1]«

III. Die Vorbereitungen zur Indienfahrt.

Die portugiesische Indienfahrt des Jahres 1505 zeigt gegenüber den Unternehmungen der vorausgegangenen Jahre einen besonderen Charakter. Die ersten Geschwader, die König Manuel nach der Entdeckung des Seewegs ums Kap nach dem Osten gesandt hatte, waren bewaffnete Kauffahrteiflotten gewesen. An eigentliche Eroberung eines so stark bevölkerten alten Kulturlandes wie Indien konnte er mit den beschränkten Mitteln seines kleinen Landes von Anfang an nicht denken; sein Ziel konnte im wesentlichen nur sein, den Handel, besonders den mit Gewürzen und Drogen, der bisher über Ägypten und die Levante gegangen war, in portugiesische Hände zu bringen. Dazu schien fürs erste die Anlage von Faktoreien in den wichtigsten Häfen von Malabar unter dem Schutze befreundeter Rajas ausreichend. Nun führte aber der zähe und leidenschaftliche Widerstand, den die bisherigen Vermittler des Gewürzhandels nach dem Westen, die arabischen Kaufleute, einer Festsetzung der unbequemen neuen Konkurrenten entgegensetzten, alsbald zu fast ununterbrochenem Kriegszustand mit dem mächtigsten Herrscher der Malabarküste, dem Samorin von Calicut, und damit zum Ausschluß der Portugiesen von diesem Hauptstapelplatz für alle Erzeugnisse der östlichen Welt. Wohl verschaffte die Feindschaft mit dem mächtigen Samorin ihnen günstige Aufnahme in dem südlicher liegenden Cochin, dessen Raja sich mit ihrer Hilfe der lästigen Oberherrschaft von Calicut zu entledigen hoffte, wie auch in dem nördlich von Calicut gelegenen Cananor; aber waren sie imstande die Gebiete dieser Bundesgenossen sowie die im Lande zurückgelassenen portugiesischen Handelsagenten und ihr Personal samt Waren vor der dauernden Bedrohung durch den Samorin und die streitbaren Muhamedaner von Malabar zu schützen, wenn mit dem Nordostmonsun die jährliche Flotte nach der Heimat in See gegangen

[1] Tagebuch des Lukas Rem, Anhang, S. 171.

und erst nach mehr als sechs Monaten, mit dem Monsunwechsel, die nächste zu erwarten war? Gewiß, die portugiesischen Schiffe hatten sich an Schnelligkeit und Manövrierfähigkeit den schwerfälligen, nur in der Richtung des Windes segelnden Fahrzeugen der östlichen Meere ebenso überlegen erwiesen wie die Bewaffnung der portugiesischen Edelleute und Soldaten, Beschaffenheit und Verwendung ihres Geschützes den Kampfmitteln der nackten malabarischen Streiter; den todverachtenden Heldenmut, mit dem in wenigen Jahrzehnten die portugiesische Kolonialmacht im Osten aufgerichtet worden ist, hatte gleich anfangs bei der Verteidigung von Cochin gegen den Samorin (1504) Duarte Pacheco mit seiner kleinen Schar glänzend bewährt und den Ruf der europäischen Waffen in Indien begründet; aber eine irgendwie nennenswerte, dauernd im Osten stationierte See- oder Landstreitmacht, einen stärker befestigten Stützpunkt besaßen die Portugiesen bisher in Malabar so wenig wie an der ostafrikanischen Küste; denn das kleine Holzkastell, das die beiden Albuquerque 1503/04, und die ebenfalls hölzerne Furtsperre, die Duarte Pacheco während der Kämpfe mit dem Samorin bei Cochin angelegt, die paar schwach bemannten kleinen Fahrzeuge, die ihm außer dem Häuflein von 50 tapfern Soldaten[1] die Albuquerques zurückgelassen hatten, konnten als solche doch nicht gelten. Der arabische Gewürzhandel nach Alexandrien hatte zwar empfindliche Störungen durch die Verfolgung von seiten der Portugiesen erlitten — am 8. Juni 1504 schreibt der venezianische Konsul in Damaskus, daß laut Nachricht vom Sultan in Kairo der Ertrag der letzten Indienfahrt, dank der portugieschen Karavellen[2], ganz dürftig sei — aber ihn wirklich lahmzulegen hatte mit den bisher aufgewandten Mitteln nicht gelingen können; dagegen mußte man erwarten, daß der durch die portugiesische Piraterie geschädigte, von den muhamedanischen Herrschern Indiens um Hilfe angerufene und von Venedig heimlich gestachelte Mamelukensultan früher oder später eine große maritime Kraftanstrengung und den Versuch zur Vertreibung der Portugiesen aus Indien machen werde. Eine größere dauernde Machtentfaltung im Osten war für Portugal notwendig geworden und für ihre Durchführung ersah Manuel sich mit glücklichem Blick einen der tatkräftigsten und glänzendsten Helden dieser an heroischem Aufschwung so reichen Zeit aus, Dom Francisco d'Almeida, Sohn des Dom Lopo d'Almeida, des ersten Grafen von Abrantes.

---

[1] Goes, Chron. p. I, c. 80; Barros, Dec. I, l. VII, c. 3; Castanheda, l. I, c. 62; Tageb. des Lukas Rem, Anhang S. 156 f.

[2] Diarii di Marino Sanuto, VI, Sp. 68.

Es war eine stattliche Flotte, mit der er im März 1505 die Fahrt nach Indien antreten sollte. Ihre Hauptmasse bildeten 15 »Schiffe« (náos und navios[1]), von denen die größten 1400, 1000 und 800, die Mehrzahl zwischen 500 und 300 Tonnen[2] Raumgehalt hatten, und zu ihnen gesellten sich sechs der flinken, seetüchtigen Karavellen, jenes von den Portugiesen selbst anscheinend ausgebildeten Typs kleiner Segler bis zu höchstens 200 Tonnen, mit dem ihre kühnen Seeleute im 15. Jahrhundert die Schrecken des unbekannten Ozeans überwunden und die Westküste Afrikas entschleiert hatten[3]. Fertig bearbeitet war ferner das

[1] Wie wir die charakteristischen Einzelheiten des Baus überhaupt bei nur wenigen vor dem 17. Jahrhundert gebrauchten Schiffstypen kennen, so auch hier. Möglich, daß die »náo« als eigentliches Last- und Transportschiff sich von dem »navio« nur durch größere Ausmaße unterschied. Beides scheinen Segelschiffe mit Vorder- und Hinterkastell und drei bis vier Masten gewesen zu sein, von denen der große und der Vordermast an rechtwinkelig mit beiden sich kreuzenden Rahen befestigte Viereckssegel und Mastkorb trugen, während der Mast des Hinterschiffs — manchmal waren es auch zwei — dreieckiges lateinisches Segel an schief hängender Segelstange trug und dann keinen Mastkorb hatte oder auch nach Art des Vordermastes getakelt war. Während im 16. Jahrhundert der Dreidecker von 500—600 Tonnen Regel für die portugiesischen Indienfahrer wird, ist im 15. noch der Zweidecker die herrschende Form der »náo« bzw. des »navio«, und in der Flotte von 1505/06 werden vermutlich beide Typen vertreten gewesen sein. Vgl. Henrique Lopez de Mendonça, Estudos sobre navios portuguezes nos seculos XV e XVI, Lisboa 1892, p. 5ff. Zur Zahl der Schiffe vgl. Q. U., S. 40 und 136 Anm. 11.

[2] Ca Masser a. a. O., S. 20 und Diarii di Marino Sanuto, VI, Sp. 87. Klare Begriffe von dem Rauminhalt können wir aus diesen Zahlen freilich nicht gewinnen, weil unsicher ist, welche Tonne der Berechnung zugrunde liegt und ob die Angabe sich auf den Rauminhalt des gesamten Schiffes oder nur des unter dem ersten, d. h. untersten Deck liegenden Raumes bezieht, nach dem in einem portugiesischen Gesetz von 1474 der Tonnengehalt von Fahrzeugen bezeichnet wird (náos de cem toneis »sob o primeiro tilhado«). Lopez de Mendonça (a. a. O., S. 7) ist der Meinung, daß man sich von der Wirklichkeit nicht weit entfernt, wenn man, um den Tonnengehalt portugiesischer Schiffe des 15. und 16. Jahrhunderts modern auszudrücken, die bei den Chronisten angegebenen Zahlen verdoppelt.

[3] Die für große Fahrt um 1500 in Betracht kommenden Karavellen waren Eindecker und hatten wie alle Karavellen kein Vorderkastell. Mit den andern Segelschiffen verglichen, waren sie anscheinend im Verhältnis zur Breite etwas länger, ihr Raum dadurch schmäler. Die Masten des ursprünglichen portugiesischen Typs, der hinsichtlich der Takelung im ausgehenden 15. Jahrhundert allerdings wandelbar wird, meist drei an Zahl, zuweilen auch vier, trugen dreieckige lateinische Segel an schräg hängenden Segelstangen und hatten keinen Mastkorb. Leicht, beweglich

gesamte Material für zwei Galeeren und drei Brigantinen[1] verladen, die erst an ihrem Bestimmungsort im Osten zusammengesetzt werden sollten. Indes erlitt die Flotte noch im Heimathafen einen Verlust: die »Annunciada«, das Schiff des Pero d'Anhaya, das größte von allen, ging ein paar Tage vor der Ausreise im Tejo unter[2].

---

und von geringem Tiefgang, eigneten sich die Karavellen besonders gut für Entdeckung, Aufklärung und Nachrichtendienst; sie konnten im Bedarfsfall auch als Ruderschiffe verwendet werden. Vgl. Lopez de Mendonça a. a. O., S. 40ff. und Osorius, De rebus Emmanuelis, Coloniae Agrippinae 1581, l. II. f. 64 r u. v.

[1] Als sehr schmale Fahrzeuge von geringer Bordhöhe und wenig entwickeltem Takelwerk eigneten diese für das Mittelmeer charakteristischen Schiffe sich nicht zu langen Fahrten auf offenem Ozean; sie waren in unserem Fall zur Bewachung der indischen Küste bestimmt. Galeeren wie Brigantinen waren Ruderschiffe; die Ruderbänke befanden sich an Deck. Die Brigantine, der kleinere Typ, scheint in Portugal im 16. Jahrhundert nicht mehr als 16 Bänke auf jeder Seite, mit je einem Ruder, die portugiesische Galeere etwa 22 mit je drei oder 24 Bänke mit je vier Rudern gehabt zu haben, so daß die Gesamtzahl der Ruderknechte einer Galeere, da die letzte Bank in dem schmäler werdenden Vorderschiff einen Ruderer weniger hatte, im ersten Fall 130, im zweiten 190 ausmachte. (Lopez de Mendonça a. a. O., S. 31 ff.)

[2] »Nuncià« nennt es Ca Masser a. a. O., S. 19, was offenbar portugiesischem »Annunciada« entspricht; so heißt auch ein spanisches Schiff in Alguns Documentos do Archivo Nacional da Torre do Tombo, Lisboa 1892, S. 488. Offenbar ist die »Nuncià« des Ca Masser die »nave Nontiata«, die nach einem in Lissabon geschriebenen Brief des italienischen Kaufmanns Giovanni Francesco Affaitato (Diarii di Marino Sanuto, Bd. V, Sp. 134) im September 1503 von Genua dort erwartet wurde — ein Fahrzeug von 1400 Tonnen — und von der er meint, daß sie im Frühjahr 1504 mit nach Indien gehen werde. Tatsächlich war das nicht der Fall: vgl. den Bericht des Alvaro Vaz aus Cochin vom 24. Dezember 1504: „e aimda que anuçiada viera, podera partir, tam bem carregada como cada huuma destas, per todo janeiro" „und selbst wenn »Annunciada« käme, könnte sie so wohl geladen abfahren wie jedes dieser Schiffe, in jedem Januar" (Cartas de Affonso de Albuquerque, Bd. III, Lisboa 1903, S. 257f.). Daß eine der Galeeren mit der »Annunciada« gesunken wäre, scheint ein Irrtum Ca Massers zu sein: die vor dem Untergang der »Annunciada« verfaßte Instruktion Almeidas in der Akademie-Ausgabe der Cartas de Affonso de Albuquerque, Bd. II, S. 294f. spricht im ganzen nur von zweien und davon ist eine auf Anjediva, die andere in Cochin tatsächlich zusammengesetzt worden; dagegen heißt es in der Instruktion, daß von den Brigantinen, die nach Indien gingen, eine („hum bragatym dos que vaão pera a Imdia", S. 292) in Quiloa bleiben, eine andere in Anjediva gebaut werden solle (S. 295); eine dritte war für Cochin bestimmt und diese ist mit dem Schiff des Lopo Sanches untergegangen (S. 295 und Barros, Asia, Dec. I, l. VIII, c. 9; wenn sie der

Die Bestimmung der einzelnen Fahrzeuge war verschieden; von den »Schiffen« sollten die größten und tragfähigsten in den indischen Häfen Ladung einnehmen und spätestens Ende Januar, um den Nordostmonsun noch auszunutzen, die Rückreise antreten, andere, die nur zum Transport von Truppen, Schiffs- und Kriegsbedarf nach dem Osten der Flotte beigegeben waren, anscheinend ältere Fahrzeuge, sollten, wenn nicht mehr brauchbar, abgebrochen, andernfalls in Indien verwendet oder nach Bedarf und Möglichkeit ebenfalls mit Ladung heimgeschickt werden[1], ein dritter Teil der »Schiffe« aber, zusammen mit den Karavellen und den erst zu bauenden Galeeren und Brigantinen im Indischen Ozean stationiert bleiben und für die Unterdrückung des arabischen Seehandels und eine Expedition nach dem Roten Meer Almeida zur Verfügung stehen. Zur ersten dieser drei Gruppen gehörten die Schiffe des deutsch-italienischen Handelskonsortiums, »S. Jeronimo«, »Rafael« und »Lionarda«[2]. Auf der »Lionarda« fuhr als Beauftragter der an der Handelsfahrt beteiligten deutschen Häuser Balthasar Sprenger von Vils am Lech, dem wir einen deutschen Bericht über die Reise verdanken; er erschien ohne Angabe des Druckortes 1509 unter dem Titel »Die Merfart unn erfarung nüwer Schiffung und Wege zuo viln onerkanten Inseln und Künigreichen« usw. Außerdem hat er den großen Augsburger Künstler Hans Burgkmair d. Ä. zu einer Reihe prächtiger Holzschnitte angeregt, die Darstellungen zu seiner Reise enthalten, und dafür einen größtenteils erhaltenen Text geliefert[3]. Sprenger hatte sich am 15. Januar in Antwerpen eingeschifft. Da er unter seinen Auftraggebern — als solche bezeichnet er außer den Gossenprott alle oben genannten deutschen Häuser mit Namen — die Welser an erster Stelle nennt und diese bei dem indischen Unternehmen auch die Hauptbeteiligten waren, so liegt die Vermutung nahe, daß er Angestellter ihrer Handlung gewesen ist.

Noch ein zweiter Deutscher hat an der Handelsfahrt des deutsch-italienischen Konsortiums von 1505/06 teilgenommen. In der Münchener Valentim Fernandez-Handschrift ist ein portugiesisch geschriebener Bericht über die Reise enthalten, in dessen Überschrift sein Name, Hans Mayr, genannt wird; freilich vermag man

---

letztere als Galeere bezeichnet, so ist das nur eine belanglose Lässigkeit des Ausdrucks; von einer Brigantine und einer Galeere zusammen spricht auch die Instruktion S. 294 als von »galees«).

[1] Instruktion a. a. O., S. 321 f.

[2] Die Angaben Ca Massers a. a. O., S. 23 sind ungenau: Flaggschiff des Fernão Suares war »Rafael«, die den Kaufleuten gehörte; »Conceição« und »Botafogo« (d. h. »Feuerspeier«) waren königliche Schiffe.

[3] Q. U., S. 4–65.

aus dem Wortlaut der Überschrift nicht zu entnehmen, daß der Bericht von ihm herrührt. Dieser Hans Mayr scheint sich, bevor er nach Lissabon kam, was jedenfalls vor 1502 gewesen ist, also gleich nach Entdeckung des Seewegs, in der Levante aufgehalten zu haben und zwar in Beirut. Er wird in der Handschrift als Faktoreischreiber (scrivam da feytoria) des Schiffes »Rafael« bezeichnet und ist somit königlicher Beamter, nicht Angestellter der Kaufleute gewesen. Da Kapitäne und Mannschaft aller drei Schiffe der Gesellschaft Portugiesen waren und alles genau wie auf den königlichen Schiffen geordnet, so befand sich auch ein Handelsagent (feitor) des Königs mit einem Schreiber an Bord, und das Amt des letzteren hat Hans Mayr bekleidet. Der Faktoreischreiber hatte die Mannschafts- und Soldlisten zu führen; mit dem Faktor zusammen die vom König nach dem Osten eingeführten Waren aus der Casa das Indias e de Guiné, dem königlichen Indien- und Guineahaus, unter Nachprüfung von Zahl, Maß oder Gewicht an Bord zu nehmen und das Ausladen zu überwachen wie von den königlichen Handelsagenten in Indien die Ladung zu übernehmen und sie in die Bücher einzutragen sowie andere Pflichten. Es war ein Amt, mit dem beträchtliche Verantwortung verbunden war. Wenn der Reisebericht der Münchener Handschrift von Hans Mayr verfaßt sein sollte, so hat dieser eine sehr gute Beobachtungsgabe besessen; er steht in dieser Beziehung dann entschieden über Sprenger.

Von den drei Schiffen der Kaufleute war »Rafael« in Porto beheimatet[1]; von »Jeronimo« und »Lionarda« kennen wir den Heimathafen nicht, doch ist die letztere allem Anscheine nach ein portugiesisches Schiff gewesen, nicht in Antwerpen von den deutschen Kaufleuten gechartert; denn auch an der Indienfahrt des Admirals Vasco da Gama 1502/03 hat eine »nave Leonarda« — so nennen alle Quellen unser Schiff, nur Sprenger sagt »Leonhard« — teilgenommen[2], die als eines der großen Fahrzeuge bezeichnet wird — auch »Gabriel« und »Flor de la mar« von unserer Flotte werden dort genannt — und eine »náo Lionarda« begegnet neben andern Schiffen der letzteren, »Botafogo«, »Magdalena« und »Judia«, in der Armada, die Jorge d'Aguiar im Jahre 1508 nach dem Osten führte[3]. Es ist sehr möglich, daß das Schiff, nach seiner Rückkehr von Indien im Oktober 1503, zu Fahrten nach Antwerpen verwendet worden war und dort, außer dem Agenten der Handelsgesellschaft, auch die Waren an Bord genommen hat, die sie

[1] Bericht von der »Rafael« f. 3r in Q. U., S. 127.

[2] Bericht des Thomé Lopez bei Ramusio, Navig. et Viaggi, Venetia, 1550, f. 148r, 150r, 155r, 144v, 147r.

[3] Alguns Documentos do Archivo Nacional da Torre do Tombo, Lisboa 1892, S. 197 ff.

nach Indien schicken wollte. Was seine Größe betrifft, so trug es zum mindesten 3000 Zentner Pfeffer, wahrscheinlich aber mehr; »Jeronimo« und »Rafael« scheinen die zwei größten Fahrzeuge der Flotte gewesen zu sein[1]. Art und Menge der Waren, die die letztere für Indien geladen hatte, erfahren wir durch den Venezianer Leonardo da Ca Masser, der sich im geheimen Auftrag der Signoria von Venedig vom 3. Oktober 1504 bis zum Herbst 1506 in Lissabon aufgehalten hat, um sich über alle Fragen des portugiesischen Indienhandels durch eigene Anschauung unauffällig zu unterrichten, und auf Grund seiner zweijährigen Wahrnehmungen und Erkundigungen einen von scharfer und klarer Beobachtung zeugenden Bericht darüber an den Rat der Zehn erstattet hat. Danach wurden an Waren 3500—4000 Ztr. Kupfer, 150—200 Ztr. Blei, etwa 60 Ztr. Zinnober, 50 Ztr. Quecksilber, 42 Ztr. Korallen und kleine Posten anderer Waren mitgeführt, dazu etwa 80 000 Dukaten (Cruzados) in bar; die gesamten Kosten der Armada aber beliefen sich schätzungsweise auf 250 000 Dukaten[2]. Die Menschenzahl an Bord

---

[1] Ca Masser a. a. O., S. 23 und oben S. 22, Anm. 2. In einer von Konr. Haebler benutzten Urkunde der Torre do Tombo vom 16. Juni 1507 wird auf Grund einer Abrechnung, die zwischen Bartolomeo Marchione und dem königlichen Schatzamt stattgefunden hatte, über eine lange Reihe von geschäftlichen Unternehmungen (Gewürzkäufe, Benutzung königlicher Schiffe beim Indienhandel) Generalquittung erteilt. In diesem Zusammenhang findet sich ein Posten von 5 938 944 reis (den Cruzado zu 390 reis gerechnet = 15 228 Cruzados) für Ausrüstung und Verproviantierung der Schiffe »Jeronimo«, »Rafael« und »Lionarda«. Vermutlich bezieht sich das auf die Indienfahrt von 1505/06. Die Gesamtkosten für die zwanzig- bzw. vierzehnmonatige Indienststellung der drei Schiffe können aber die 15 228 Cruzados nicht sein; denn Quirini (Relazioni degli ambasciatori Veneti ed. Albèri, Appendice, Firenze 1863, S. 5 f) schätzt 1506 die Ausgaben König Manuels für eine Indienflotte von 12—14 Schiffen zwischen 250 und 1000 Tonnen bei fünfzehnmonatiger Indienststellung — den Schiffskörper, den Sold für die Besatzung sowie die Versorgung mit Lebensmitteln und Kriegsbedarf zusammengenommen — auf 120 000 Dukaten (Cruzados), was ganz wohl zu Ca Massers Schätzungen (a. a. O., S. 20 und 22) stimmt. Die durchschnittliche Ausgabe für ein Schiff betrug also ungefähr 10 000 Cruzados. Nun sind aber »Jeronimo« und »Rafael« die zwei größten und »Lionarda« eines der größeren Schiffe der Indienflotte von 1505/06 gewesen, so daß die Kosten bei der durchschnittlich immerhin doch sechzehnmonatigen Indienststellung — die »Lionarda« war fast 20 Monate unterwegs, die zwei andern 14 — höher anzuschlagen sind. Es scheint, daß die 15 228 Cruzados der Anteil des Bartolomeo Marchione, vielleicht auch der italienischen Kaufleute überhaupt an der Ausrüstung der drei Schiffe waren.

[2] Ca Masser a. a. O., S. 20. Was bei Ca Masser mit »cantaro (K.), oben mit Zentner bezeichnet wird, ist das portugiesische »quintal

gibt Ca Masser[1] auf »2500 und mehr« an und das ist sicher nicht zu hoch, eher zu niedrig gegriffen; denn wir erfahren, daß allein an 1500 Soldaten mit der Flotte nach dem Osten gingen[2], darunter viele Edelleute, die Pensionen im Hofdienst bezogen. Dazu kamen nach Correa[3] noch 200 Artilleristen, eine Zahl, die bei den 105 schweren und 100 leichten Geschützen, die nach Ca Masser die Flotte mitführte, durchaus möglich erscheint, ferner überzählige, für den Dienst im Osten bestimmte Seeleute und die ordnungsmäßige Bemannung der Schiffe nebst vielen Zimmerleuten, Kalfaterern, Schmieden und Seilern, deren man für den Bau der Ruderfahrzeuge wie für die Instandsetzung aller Schiffe nach der langen Seefahrt in Indien notwendig bedurfte. Ihre Zahl hat sich trotzdem als zu gering erwiesen, und Almeida bittet in Berichten an den König vom Dezember 1505 und Januar 1506, außer um Materialien, wie Werg und Teer, dringend ihm solcher Schiffshandwerker mehr zu schicken: es gebe kein Land in der Welt, das besser als Indien geeignet wäre jede Art von »Schiffen« groß und klein, sowie Ruderfahrzeuge zu bauen, wenn man nur erst Kalfaterer und Schiffszimmerleute, Werg und Unschlitt und Ruder für Fusten und Brigantinen und Galeeren habe. Aber es scheint, was ja zu Ca Massers Angaben über den portugiesischen Schiffbau zu Beginn des 16. Jahrhunderts stimmt, daß auch die Ribeira von Lissabon damals keinen Überfluß an dieser Art Handwerkern hatte; wenigstens schreibt Almeida: »Ew. Hoheit wendet Haufen von Gold an Ihre Flotten, und Schiffe und Ladung gehen Euch

---

und zwar das »quintal novo« (Ca Masser a. a. O., S. 29). Unter König Manuel war nämlich kurz vor 1500 eine einheitliche neue Maß- und Gewichtsordnung in Portugal geschaffen worden, die bis zur Einführung des heutigen metrischen Systems gegolten hat. Das damals eingeführte »neue Quintal« bestand wie das »quintal velho«, das »alte Quintal«, aus 128 portugiesischen Pfund (arrátel), aber jedes Pfund zu 16 Unzen (onça) oder 459 g, während das alte Pfund nur 14 Unzen oder 401,625 g gehabt hatte, sodaß das alte (Pfund und) Quintal sich zum neuen wie 7:8 verhielt, das eine 51,408, das andere 58,752 kg hatte. Spezereien und Drogen, und was sonst aus Indien kam, wurde in Portugal 1506 nach dem alten Gewicht, alles andere nach dem neuen gewogen und verkauft (Duarte Barbosa a. a. O., S. 494 und Teixeira de Aragão, Descripção geral e historica das moedas de Portugal, tom. I, Lisboa 1874, S. 38 ff.), offenbar, weil das alte Quintal mit dem in Indien gebräuchlichen Bahar besser übereinstimmte.

[1] a. a. O., S. 20.

[2] Goes, Chron., p. II, c. 1; Barros, Asia, Dec. I, l. VIII, c. 3.

[3] Lendas da India, Bd. I, Lisboa 1858, S. 530.

zugrunde, weil nicht 4000 Reis[1] mehr für Kalfaterer und Zimmerleute ausgegeben werden«. »Nach dem, was ich auf dieser Reise gesehen habe, würde ich nicht mehr wagen, mich einem Schiff anzuvertrauen, wo durchgehends von Euren Beamten so vorgesorgt wird«[2]. Wie sich in dieser Beziehung Almeida von der Ausrüstung wenig befriedigt zeigt, so auch in bezug auf die Feldschere und Ärzte, die der Flotte beigegeben waren. »Ebenso, Herr«, schreibt er, »gebt Ihr Feldscheren und Ärzten große Besoldungen und Freigüter, und es wäre besser, sie kämen nicht her; denn sie verstehen nichts. Ich werde Ew. Hoheit die Hand küssen, wenn Sie uns einen der besten schickt; andernfalls empfiehlt es sich, kein Geld dafür auszugeben«[3].

Die hier gerügten Mängel bestätigen indes nur, daß, an den Mitteln des kleinen Landes gemessen, der Kraftaufwand für das Unternehmen sehr erheblich war; aber es galt nunmehr durch militärische und maritime Machtentfaltung ein portugiesisches Monopol für den Gewürz-, besonders Pfefferhandel aufzurichten, den Arabern die Wege nach Ägypten und Syrien zu sperren und den jährlich verkehrenden Flotten der Portugiesen Stützpunkte zum Zweck der Verproviantierung und Instandsetzung ihrer Schiffe und der sicheren Lagerung ihrer Waren zu schaffen. Die Verwirklichung dieser Absichten stellte Almeida vor schwierige Aufgaben, sowohl während der Fahrt als nach der Ankunft in Indien. Die erste derselben wäre gemäß seiner vom 5. März 1505 datierten Instruktion[4] der Bau einer Festung in Sofala und die Monopolisierung des bisher von den Arabern dort betriebenen blühenden Goldhandels in den Händen des portugiesischen Königs gewesen. Ihrer Durchführung enthob ihn freilich noch vor der Ausreise ein Zufall, der Untergang der »Annunciada«. Der Kapitän des Schiffes, Pero d'Anhaya, war von Manuel bereits zum Befehlshaber dieser Festung ernannt gewesen und erhielt nun den Auftrag, an der Spitze eines alsbald auszurüstenden besonderen Geschwaders den Festungsbau selbständig in die Wege zu leiten; er ist in der Tat zwei Monate später mit sechs Schiffen ausgelaufen und hat noch vor Ende des Jahres den Bau ausgeführt, ist aber dann dem Klima erlegen. Der zweite Auftrag Almeidas ging dahin, den arabischen Herrscher der Inselstadt Quiloa (Kilwa Kisiwani) zur Bezahlung des ihm von Vasco da Gama 1502 auferlegten, in den

---

[1] Nach Strandes, Die Portugiesenzeit von Deutsch- und Englisch-Ostafrika, Berlin 1899, S. 327, hatten 1000 rs um 1500 einen Goldwert von 25,33 Mark.

[2] Torre do Tombo, gaveta 20, maço 10, n. 33.

[3] ebd.

[4] Cartas de Affonso de Albuquerque, Bd. II, S. 272–334.

letzten Jahren aber verweigerten Tributes durch Güte oder Gewalt zu veranlassen; wenn er sich gutwillig füge, ihn als Freund zu behandeln, bei jedem Versuch eines Widerstandes dagegen die Stadt zu nehmen und zu plündern; im einen wie im andern Fall aber eine starke Festung hier anzulegen und eine Karavelle sowie eine Brigantine mit der nötigen Bemannung zur Verfügung des Festungskommandanten zurückzulassen. Eine weitere Feste sollte gleich nach der Ankunft in Indien auf dem Hauptinselchen der Anjediva-Gruppe errichtet und zum Hauptwaffenplatz an der indischen Küste gemacht, hier auch die beiden in Stücken mitgenommenen Galeeren und die zweite der Brigantinen erbaut, zwei Karavellen zur Sicherung der Feste und für den Nachrichtendienst zurückgelassen, das Material für die dritte Brigantine aber auf dem Schiff des Lopo Sanchez nach Cochin mitgenommen werden, wohin Almeida, ohne das befreundete Cananor anzulaufen, so bald als möglich in See gehen soll. Mit größtmöglicher Beschleunigung soll hier die Einnahme der Gewürzfrachten in die Wege geleitet, ein Teil der Schiffe zu gleichem Zweck nach dem südlicheren Coulão (Kollam) geschickt werden. Eindringlich wird Almeida gemahnt dafür zu sorgen, daß bis spätestens Ende Januar der Winde wegen alle nach Portugal bestimmten Fahrzeuge die Heimreise angetreten hätten. Nach ihrer Abfertigung sowie nach umsichtiger Sicherung und Versorgung der Festen in Anjediva und Cochin soll er dann, falls es ihm richtig und zweckmäßig scheint, mit den verfügbaren Schiffen unter Zurücklassung nur der nötigen Fahrzeuge für die Küstenbewachung nach dem Arabischen Meerbusen aufbrechen und, wenn die Verhältnisse dem günstig sind, im Bab el Mandeb oder in seiner Nähe eine Festung bauen, die es ermöglicht, dem Lande des Mamelukensultans jede Gewürzzufuhr zu sperren, den Indern den Wahn benimmt, daß sie fürderhin noch mit andern als den Portugiesen Handel treiben könnten, und es gestattet mit dem »Erzpriester Johannes«, dem christlichen Herrscher von Abessynien, in Verbindung zu treten, »zum Segen seiner Christenheit und zur Förderung des königlichen Handelsunternehmens wie der etwaigen portugiesischen Kriegsführung«. Auch hier sollen gegebenenfalls ein paar Schiffe stationiert werden. Nach der Rückkehr vom Bab el Mandeb oder statt der Expedition dorthin wird als weitere Aufgabe der Bau einer Festung in Coulão empfohlen. Bis nach Ormuz sollen die portugiesischen Schiffe alsdann kreuzen und den Herren der Küstengebiete auf ihren Wunsch gegen Zahlung mäßiger Tribute Friede bewilligt werden, dem Samorin von Calicut jedoch nur gegen weitgehende Sicherheiten und unter der Bedingung, daß alle Kaufleute von Mekka die Stadt verließen.

Der Größe der ihm gestellten Aufgaben entsprachen die Vollmachten[1] sowie der Rang und Gehalt Almeidas. Übertragen war ihm für die Dauer seiner Amtsführung im Osten die gesamte Befehlsgewalt zu Land und zur See sowie die Zivil- und Strafgerichtsbarkeit des Königs über alle Personen sowohl der Flotte, die er nach Indien führte, wie der Geschwader, die unter anderem Kommando vom König nach dem Osten geschickt werden würden, über alle Personen in den Festungen, die Manuel dort zu bauen befehle, über alle Untertanen des Königs in den neuen Ländern, ohne jede Ausnahme, Portugiesen und Orientalen, sowie das Recht, seine Urteile, auch die über Leben und Tod, vollstrecken zu lassen, ohne irgend eine Berufung; unbeschränkte Macht in allen Handels- und Finanzfragen innerhalb des ihm unterstellten Gebietes, Recht der Verleihung und Entziehung aller Offiziersstellen und Ämter in den Festungen und Faktoreien wie auf den Kriegs- und Handelsgeschwadern, selbst wenn der König anders über die Stelle verfügt hat; unbeschränkte Vollmacht zum Abschluß von Freundschaftsverträgen, zu Krieg und Frieden mit indischen Fürsten. Seine Amtszeit war auf drei Jahre bemessen, eine Befristung, die auch für alle übrigen Beamten sowie die Offiziere und Soldaten der Armada von 1505 gelten sollte: Portugal geht damit zu seinem auch für die Folgezeit im wesentlichen beibehaltenen Verfahren der Kolonialverwaltung über. Bis zu seiner Ankunft im Osten sollte Almeida den Titel eines »capitão mór« (Oberbefehlshaber) führen, nach Anlage der ersten den indischen Besitz sichernden neuen Festungen daselbst den eines Vizekönigs annehmen; eine Leibwache von 100 Hellebardieren, Hauskapelle und andere Merkmale eines fürstlichen Hofhaltes sollten den Indern gegenüber von seiner Würde Zeugnis ablegen[2]. Als Gehalt waren ihm vom Tage der Ausfahrt aus dem Tejo bis zu dem der Heimkehr jährlich 30 000 Cruzados[3] in Geld, dazu weitere 20 000 für den Tafelaufwand, ferner das Recht bewilligt 1500 Quintal Pfeffer jährlich auf eigene Rechnung gegen die übliche Abgabe von 1/4 für den König und 1/20 für U. L. Frau von Bethlehem (Belem) mit der Indienflotte frachtfrei zum Verkauf nach Portugal zu schicken, die

---

[1] Poder do capitam moor vom 27. Februar 1505 in Cartas de Affonso de Albuquerque, Bd. II, S. 269 ff.

[2] Castanheda, Hist. do descobr., l. II, c. 1. Nach Castanheda a. a. O. und Goes, Chron. p. I, c. 5 sollte die Annahme des Titels Vizekönig erst nach Anlage von Festungen in Cananor, Cochin und Coulão erfolgen; nach Correa, Lendas, Bd. I, S. 527, wenn er die erste Festung jenseits des Kaps erbaut habe.

[3] Damals Goldmünze im Wert von 9,88 Mk. (Strandes a. a. O.), ungefähr gleich einem Dukaten.

sogenannten quintaladas (Freigüter), sowie 200 Quintal Kupfer von der königlichen Einfuhr zu dem dafür festgesetzten Preis zwecks Weiterverkaufes in Indien jedes Jahr für sich zu nehmen, dazu Anspruch auf einen beträchtlichen Anteil an jeder Beute[1]. Kapitäne, Burgvögte (alcaides móres), Handelsagenten (feitores), Schreiber, die sonstigen Beamten und die Seeleute hatten außer ihren Gehältern ebenfalls das Recht auf Freigüter in bestimmter Höhe, abgestuft nach dem Rang ihrer Ämter und Dienste. Der Soldat erhielt an Bord 800 Reis im Monat und freie Verpflegung, nach der Ankunft in Indien traten, solange er an Land war, an die Stelle der Verpflegung monatlich 400 Reis; außer seinem Sold hatte er das Anrecht auf Freigut und zwar 2½ Quintal Pfeffer jährlich; die Hälfte davon ging freilich bei der Ankunft in Lissabon als Abgabe an den König, aber es konnten immerhin noch 5000 Reis an der verbleibenden Hälfte gewonnen werden[2].

Im Laufe des März wurde die Ausrüstung der Armada zu Ende geführt, teils in Lissabon selber, teils in dem eine Stunde weiter abwärts am Tejo gelegenen Rastello (Belem)[3], wo damals das großartige Hieronymiterkloster im Entstehen war, das Manuel nach der Heimkehr Vascos da Gama von der Entdeckungsfahrt zu Ehren U. L. Frauen von Bethlehem gestiftet und zur Grabstätte für sich und sein Haus bestimmt hatte. Nach feierlicher Messe in der Kathedrale von Lissabon wurde Francisco d'Almeida dann vor versammeltem Hof in sein Amt feierlich eingesetzt, die königliche Fahne von weißem Damast, goldgesäumt und goldbefranst, mit dem Kreuz des Christusordens in karmesinfarbenem Atlas, gesegnet und ihm überreicht, und nachdem er mit den Kapitänen und Edelleuten der Armada vom König verabschiedet und von dem Hofadel unter großer Prachtentfaltung zum Kai an der Ribeira geleitet worden war, gingen in den festlich geschmückten Booten alle auf der Flotte Dienenden an Bord und der Vizekönig hißte seine Flagge auf der »Jeronimo«, nach Untergang der »Annunciada« dem größten Schiff der Flotte, einem der drei, welche die deutsch-italienische Handelsgesellschaft ausgerüstet hatte[4].

---

[1] Correa, Lendas, Bd. I, S. 527.

[2] Barros, Dec. I, l. VIII, c. 3.

[3] Sprenger in Q. U., S. 104.

[4] Correa, Lendas, Bd. I, S. 532; Barros, Dec. I, l. VIII, c. 3 und 9, l. IX, c. 4.

IV. Die Fahrt bis Quiloa.

Am 25. März, dem Tag von Mariä Verkündigung, ging unter dem Donner des gesamten Schiffsgeschützes die Flotte zu der großen Fahrt unter Segel, die von den portugiesischen Seeleuten damals, etwas zu hoch, auf 4000 Leguas, portugiesische Meilen zu 6,269 km[1], geschätzt wurde. Dabei erlitt, noch vor der Ausfahrt aus dem Tejo, die »Lionarda«, Sprengers Schiff (Kapitän Diogo Correa), die auf der Reise noch mehrfach von Mißgeschick heimgesucht werden sollte, eine leichte Havarie: durch Zusammenstoß mit andern Fahrzeugen wurde ihr die »blinde Rahe« am Bugspriet[2] zerbrochen. Möglich, daß neue, auf dieser Reise zum erstenmal in der portugiesischen Marine gebrauchte seemännische Bezeichnungen der Anlaß dazu gewesen sind. Ein portugiesischer Historiker des 16. Jahrhunderts berichtet nämlich, daß damals zuerst die noch heute gebräuchlichen Benennungen für Backbord (bombordo) und Steuerbord (estribordo) bei den Kommandos angewendet worden seien und, da sie den Seeleuten noch ungeläufig waren, Verwirrung gestiftet hätten[3]. Er erzählt auch, wie João Homem, Kapitän der Karavelle »S. Jorge«, überhaupt ein Original, bei seinen Leuten in drastischer Weise der Verwechslung ein Ziel gesetzt habe. Er solle mit Worten zu der Mannschaft sprechen, die sie verstünde, rief er seinem Steuermann zu, und wenn er nach Backbord gesteuert haben wolle, »Zwiebel« sagen, wenn nach Steuerbord, »Knoblauch«. Zugleich ließ er dann an der einen Bordseite sichtbar ein Strohseil mit eingeflochtenen Knoblauchzehen, an der andern eines mit Zwiebeln aufhängen, und von Stund an wurden Backbord und Steuerbord auf der Karavelle nicht mehr verwechselt. Die Beschädigung der »Lionarda« war übrigens zum Glück unerheblich, so daß sie nach rasch ausgeführter Reparatur spätestens am 26. März in der Frühe Rastello verlassen und noch am gleichen Tag, in schnellem Hinsegeln der Küste entlang, Madeira zustreben konnte — wie es scheint, in Begleitung von einem oder ein paar andern Schiffen, darunter vielleicht »Rafael«, während die Hauptmasse der Flotte unter Almeida vorausgefahren war. Mit Interesse verfolgt Sprenger in den ersten Tagen das Spiel der Delphine, die sich um das Schiff tummeln, beobachtet verwundert an einem gefangenen Tier körperliche Eigentümlichkeiten des Meersäugetiers, staunt über die Größe, die es ermöglicht

---

[1] Man rechnete 17½ Leguas auf den Breitengrad.

[2] Q. U., S. 67f.

[3] Castanheda, Historia do descobrimento e conquista da India, l. II, c. 1.

mit seinem Fleisch die ganze Schiffsbesatzung, 120 Mann, einen Tag lang zu speisen. In der Nacht vom 28. auf 29. fuhren sie zwischen Madeira und dem nordwestlichen Endglied der Kanarischen Inselkette, Palma, hindurch, dem ersten Land mit afrikanischer Bevölkerung. Am letzten März sahen sie in langer Reihe die großen, z. T. gebirgigen und vulkanischen Inseln der Gruppe zu ihrer Linken, halb hinter sich liegen. Man erzählt Sprenger, nicht ohne daß er, vielleicht infolge noch ungenügender Kenntnis des Portugiesischen, einzelnes falsch auffaßt, von der reichen Zuckererzeugung des portugiesischen Madeira, die am Anfang des 16. Jahrhunderts etwa 200000 Arrobas (zu je 14,69 kg) jährlich betrug[1], von der Gewinnung roten Gummiharzes, des Drachenbluts, aus der Baumlilie Dracaena Draco durch Einkerben des Stammes und von dem Einernten ihrer schmackhaften gelben Beerenfrüchte[2], auch von der bedeutenden Ausfuhr von Fischen, deren Fang besonders bei dem Madeira benachbarten Inselchen Porto Santo ergiebig war. Er hörte, wie es scheint, von den Höhlenwohnungen der damals schon stark zusammengeschmolzenen hellfarbigen Guanchen, die er freilich Mohren nennt, der Urbevölkerung der Kanarien, hört von dem Sklavenraub, der hier noch immer durch die Christen betrieben wurde, von der scheuen Wildheit der Bewohner Palmas, von der Eroberung dieser Insel wie der Gran Canaria und Teneriffas durch die Spanier, die im letzten Menschenalter die ganze Inselgruppe unter ihre Herrschaft gebracht hatten, nachdem Lançarote, Fuerteventura, Gomera und Ferro seit Beginn des 15. Jahrhunderts wechselnd im Besitz normännischer, portugiesischer und spanischer Herren gewesen waren, von den reichen Beständen an »großen, seltzamen Gaißen« und dem trefflichen Käse, der aus ihrer Milch auf den Kanarien erzeugt wurde[3].

Vom 3. April an ging die Fahrt in einer Entfernung von 12—15 Leguas der afrikanischen Küste entlang, und an diesem und dem folgenden Tag sah man von der »Lionarda« aus Scharen großer Wale ihr Spiel im Meere treiben. Am 6. wurde der Kurs

---

[1] Ca Masser a. a. O., S. 30, wo statt „zone" zu lesen ist „rove": vgl. S. 44; nach Barros, Dec. I, l. I, c. 3 brachte der an das Großmeistertum des Christusordens zu entrichtende Fünfte davon in einzelnen Jahren sogar über 60000 Arroben. Die Zahl von 50000 Arroben, die Valentin Ferdinand f. 168v als Anteil des Königs an dem Ertrag gibt, würde, da dieser ein Viertel und ein Zehntel der Ernte nach Ca Masser a. a. O., S. 44 erhielt, auf 143000 Arrobas Gesamtertrag führen. Möglich, daß die Quelle, auf die Valentin Ferdinands Angabe sich gründet, eine ältere ist und Ca Massers Angabe das Richtige trifft.

[2] Q. U., S. 14, 1. Spalte und S. 24.

[3] Q. U., S. 14 und 105—107.

landwärts gerichtet und während der Fahrt durch die fischreichen Küstengewässer mit gutem Erfolg geangelt. Am 7. April lief man in die flache Bucht ein, die auf ihrer Nordseite durch den weit ins Meer hinausragenden Vorsprung des Cabo Verde geschützt ist. Der sie begleitende Küstenstreifen hieß bei den Portugiesen damals Bezeguiche, in Erinnerung an den Negerhäuptling, mit dem hier 1481 Pedro d'Evora, Begleiter des Diogo d'Azambuja auf der Fahrt zur Erbauung von S. Jorge da Mina an der Goldküste, die ersten friedlichen Beziehungen angeknüpft hatte[1]. Das »Grüne Vorgebirge«, dessen reicher, immergrüner Baumwuchs zwei Menschenalter vor Sprenger den längs des atlantischen Wüstenrandes von Norden kommenden portugiesischen Entdeckern die Unhaltbarkeit der antiken Lehre von dem Fehlen alles Pflanzen- und Tierlebens in der heißen Zone erwiesen hatte, war die erste Tropenlandschaft, die er sah. Als schroffer und hoher Felsberg, den zwei charakteristisch gerundete kleine Kuppen auf der Höhe leicht kenntlich machen, erhob es sich vor seinen Blicken bei der Einfahrt in die Bucht. Die vier Klafter dicken Affenbrotbäume, deren Blätter ihn an die des heimatlichen Nußbaums erinnerten, die kürbisgroßen Früchte dieser Charakterpflanze Senegambiens und der Inseln des Grünen Vorgebirges erregten sein Staunen, und der »Merfart« ist das freilich sehr deutsch anmutende Bild eines solchen beigegeben. Auch die drei Inselchen nahe dem Kap erwähnt er, von denen das größte, heute Gorée, damals Palmeninsel (Ilheo da Palma) genannt, ein von Diogo d'Azambuja erbautes, strohgedecktes steinernes Kirchlein trug, in dessen Schatten so mancher beim Tauschhandel an dieser Küste dem Klima erlegene Portugiese seine Ruhstatt gefunden hatte. Negerdörfer aus leichten Strohhütten mit kreisrund angeordneter Wand und kegelförmigem Dach[2] lagen hier und dort am Fuß des Felsberges wie längs dem flachen und waldreichen, lieblichen Küstenstreifen, der sich von da, nach Südost umbiegend, zum Kap der Masten und weiter nach Porto d'Ale (heute Portudal), 14 Leguas vom Grünen Vorgebirge, hinzog[3].

Almeidas Instruktion schrieb vor, daß, wenn Wasser am Cabo Verde eingenommen werden müsse, es nicht auf der Palmeninsel geschehen solle, einerseits um Zeitverlust zu vermeiden — die einzige Quelle dort war wenig ergiebig — anderseits wegen der Erkrankungsgefahr, daß vielmehr an den Wasserstellen der Küste von Bezeguiche die Schiffe sich damit versehen sollten[4]. Die

[1] Q. U., S. 68–71.
[2] Q. U., S. 107.
[3] Pimentel, Arte de navegar, Lisboa 1712, S. 233.
[4] Cartas de Affonso de Albuquerque, Bd. II, S. 275.

»Lionarda« hat das etwa sechs Leguas östlich des Kaps getan, während Almeidas Flaggschiff, die »Jeronimo«, und auch »Rafael« mit der Hauptmasse der Flotte bei Porto d'Ale Wasser und Holz einnahmen. Der hierdurch veranlaßte achttägige Aufenthalt gab Sprenger Gelegenheit sich über die Verhältnisse von Land und Volk ein wenig zu unterrichten. Von den Tagen Heinrichs des Seefahrers an hatten die Portugiesen sich schrittweise an der Westküste Afrikas nach Süden vorwärtsgearbeitet und sich durch päpstliche Bullen kraft apostolischer Machtvollkommenheit das Besitzrecht auf die jeweils neu entdeckten Gebiete gegenüber andern seefahrenden Völkern der Christenheit sichern lassen. Das ganze tropische Westafrika südwärts vom Senegal, dem nördlichen Grenzstrom des Negergebietes, ja das gesamte Land vom Kap Nun bis zum Kap der Guten Hoffnung führte bei ihnen den Namen Guinea. Ihr wichtigster Punkt an der Küste war die Feste S. Jorge da Mina, die der Krone Portugal einen Teil der ansehnlichen Goldgewinnung der Aschantiländer und der nach ihr benannten Goldküste sicherte. Zwei Karavellen brachten nach Ca Masser[1] monatlich Gold im Werte von 10000 Cruzados nach Lissabon, so daß um 1506 die jährliche Goldeinfuhr aus der Guinea sich auf 120000 Cruzados belief. Des weiteren wurden nach dem Berichte des Venezianers etwa 2000 Negersklaven im Jahr von dort nach Portugal ausgeführt, deren Wert er zu 5000 Cruzados anschlägt, ferner viel Elfenbein und von Erzeugnissen des Pflanzenreiches Paradieskörner, ein heute nicht mehr geschätztes Gewürz, und Guineapfeffer, dessen Import Manuel aber 1506 verbot, um dem indischen Pfeffer keine Konkurrenz zu machen[2]. Was die Portugiesen für diese Ausfuhr der Guinea in Tausch gaben, waren kleine Glasspiegel, tellergroße Messingbecken, Schmuckringe von Messing oder Kupfer, die die Neger an Armen und Unterschenkeln trugen, Karneolperlen verschiedener Form und Größe, die von Cambaya im nordwestlichen Indien vor der Entdeckung des Seewegs anscheinend über Ägypten, später auf dem neuen Seeweg von den Portugiesen unmittelbar nach Europa eingeführt wurden und bei den Guineanegern als größte Kostbarkeit geschätzt waren; ferner farbige Glasperlen venezianischer Herkunft und die von den schwarzen Schönen sehr begehrten einfarbig blauen oder mit roten Linien durchzogenen Aggri-Perlen, die, soweit echt — es wurden auch gefälschte in den Handel gebracht —, nicht europäische Erzeugung waren, sondern von den Portugiesen im Rio dos Forcados in Benin gegen Armringe bei den dortigen Negern

[1] a. a. O., S. 30.

[2] a. a. O., S. 30 und 44.

eingetauscht und besonders in S. Jorge da Mina an die schwarzen Kaufleute gegen Gold weitergehandelt wurden[1]. Den Tauschverkehr an der Küste unterhielten zum größten Teil eigens dafür bestimmte kleine Karavellen, denen ihr geringer Tiefgang gestattete auch in seichten Küstengewässern und Flußmündungen ihren Handelszwecken nachzugehen. Eine solche traf Almeida bei Porto d'Ale und gab ihr die Kranken seiner Flotte sowie einzelne reisemüd Gewordene nach Portugal mit. Der Tauschverkehr in der Bucht von Bezeguiche selbst war übrigens geringfügig: die wichtigste Ausfuhrware der Guinea, Gold, kam hier anscheinend wenig oder gar nicht in den Handel; der früher mit Gewinn betriebene Sklavenkauf war wegen der hohen Preise damals schon zurückgegangen; aber Wasser, Holz und Lebensmittel waren zu bekommen. Das Land brachte Hirse hervor[2], aus dem die Eingeborenen ihre Hauptnahrung, den Kuskus, sowie ein bierartiges, berauschendes Getränk bereiteten; auch Hühner und frisches Fleisch gab es — für die Seefahrer eine willkommene Abwechslung im Einerlei ihrer Kost, die, vom Schiffszwieback abgesehen, ganz überwiegend aus Salzfleisch, etwas gedörrtem Fisch, Zwiebel und Lauch bestand —; wenigstens berichtet Sprenger von großem Viehreichtum, kleinen, aber fetten Rindern, und erzählt weiter, daß viel Käse erzeugt wurde und das Zuckerrohr in der Gegend gut gedieh.

Die Negerbevölkerung am Cabo Verde gehörte zu den Jolofferstämmen, die der Senegal von den nordafrikanischen Azeneghen schied. Das Reich des Großjoloffen, von dem ein halbes Jahrhundert vor Sprenger der Venezianer Ca da Mosto berichtet, daß es vom Senegal bis zum Gambia reichte, war um 1505 schon länger durch Aufstände zerfallen und den größeren Teil hatten die Großen des Landes, die Budumele, an sich gerissen[3]. »Der Morenkunig«, der nach Sprenger drei Leguas von dem Ankerplatz der »Lionarda« in dem »marckt Byssegicks« (Bezeguiche) hauste, wird ein solcher Teilfürst, vielleicht auch nur Häuptling von ein paar Dörfern gewesen sein. Eine Vorstellung von dem despotischen Regiment dieser Budumele, von der Furcht, in der hoch und nieder vor ihnen lebte, gibt Ca da Mosto in dem Bericht über die erste seiner Reisen im Dienst Heinrichs des Seefahrers, schildert dort auch das umständliche Zeremoniell und die Formen sklavischer Unterwürfigkeit, in denen die Untertanen

---

[1] Q. U., S. 79–84.

[2] Q. U., S. 84–88.

[3] Kunstmann, Valentin Ferdinands Beschreibung der Westküste Afrikas in Abh. d. Bayer. Ak. d. Wiss. III. Kl., VIII. Bd. (1860), III. Abt., S. 793.

sich dem Herrn nahten[1]. Dies Zeremoniell erregte an Bord der »Lionarda« die Spottlust der Weißen, als am 11. April der Sohn des Negerfürsten mit Hofleuten und Dienern dem Schiff einen Besuch abstattete und sein Gefolge dabei in Ehrfurcht erstarb. Der Budumel selber erschien, wie der Reisebericht von der »Rafael« erzählt, in Porto d'Ale persönlich am Strand und lud unter dem Versprechen sicheren Geleits zum Besuch seines Hauptortes ein. In seinem Gefolge befanden sich ein paar aufgeputzte große Herrn, vermutlich der Sitte der Vornehmen nach in bunte Stoffe fremder Erzeugung gekleidet; denn maurische Mäntel, rotes und blaues Tuch wurden von den Portugiesen über See und von muhamedanischen Kaufleuten auf dem Karawanenweg in diese Gegend eingeführt, ebenso wie Pferde, die dem Klima rasch erliegend nicht sowohl für den Krieg im Gebrauch als Gegenstand des Luxus und der Prahlerei waren. Wohlhabendere Leute kleideten sich in Hemden aus Baumwolle, die im Lande wuchs und verarbeitet wurde, mit halblangen Ärmeln und in sehr weite Hosen vom gleichen Stoff; die Ärmeren, zu denen der größte Teil des Küstenvolks von Bezeguiche anscheinend gehörte, gingen völlig nackt oder mit einem Schurz von Ziegenfell. Einzelne trugen auch baumwollene Hauben mit Ohrenklappen[2]. Eine solche schenkte nebst seiner Handwaffe, einem jener sichelförmigen Messer von ungestähltem Eisen, wie die Joloffer sie selbst schmiedeten[3], der Negerfürst einem alten Kriegs- oder Seemann vom Geschwader, der mit João da Nova, Kapitän der »Flor de la mar«, zur Begrüßung an Land gekommen war, und dieser gab als Gegengeschenk seine rote Haube und sein Schwert, wofür ihn Almeida am folgenden Sonntag während der Predigt mit einem Strick um den Hals auf dem Schiff an den Pranger stellte, offenbar, weil er in dem Handel mit dem Schwarzen einen Verstoß gegen das päpstliche und königliche Verbot sah, irgendwelche Waffen an Muhamedaner und Ungläubige zu verkaufen oder zu schenken[4]; Muhamedaner aber waren, wenigstens dem Namen nach, die Fürsten und Vornehmen unter den Joloffern, während die Masse des Volkes religiös auf der niedersten Stufe stand[5]. Im übrigen sagt Sprenger von den Waffen der Schwarzen nichts, aber ein Bild der »Merfart« und ein Blatt der Burgkmairschen Holzschnittreihe zeigen einen kräftigen Neger, der mehrere Wurfspeere mit Widerhaken trägt; und solche führt in der Tat Ca da Mosto als gefährlichste

[1] Ramusio, Navigationi et Viaggi, Venezia 1550, f. 112r.
[2] Q. U., S. 134 f.
[3] Ramusio a. a. O., f. 111r.
[4] Instruktion Almeidas a. a. O., S. 292.
[5] Ramusio a. a. O., f. 110v.

Waffen der Joloffer auf, nur daß sie in Wirklichkeit leichter und kürzer waren als auf den Bildern. Als Schutzwaffe dienten ihnen große, runde Schilde aus der auch von Spaniern und Portugiesen für diesen Zweck sehr geschätzten starken Haut der Anta, einer stattlichen Antilopenart.

Anwohner eines großen Stromes und der Meeresküste, betrieben die Joloffer Fischfang und bedienten sich dabei der von Sprenger erwähnten Einbäume. Es waren Boote ohne Mast und Segel, am Cabo Verde nur klein; sie trugen hier zwei bis drei Personen, die stehend das kurze Ruder mit kreisrunder Fläche handhabten, sich aber auf diesen Fahrzeugen bis zu drei Leguas ins Meer hinauswagten. Nach Süden nahmen sie an Größe zu und die Kriegseinbäume boten dort Platz für 60, 80 und 100 Mann[1]. Auf zwei der kleinen Boote kamen, gleich nachdem die »Lionarda« vor Anker gegangen war, vier Neger auf das Schiff herüber, die sich mit den Portugiesen in deren Sprache wohl zu verständigen wußten; war es doch fast ein Menschenalter, daß man die ersten friedlichen Beziehungen hier angeknüpft hatte.

Das wenig günstige Gesamturteil über die Schwarzen, das die Portugiesen sich in den zwei Menschenaltern gebildet hatten, die seit der Entdeckung der ersten Negergebiete vergangen waren, macht Sprenger sich zu eigen; wenigstens sagt er von einem 14 Meilen landeinwärts von Bezeguiche beginnenden »kunigreich Genneya« (Guinea), worunter wahrscheinlich das Mandingoreich des Mandi Manssa, des »Großen Elefanten«, gemeint ist, das die westlichen Teile des alten Kaiserreiches Melli umfaßte, daß es »ein böß landt von leuten und faulem lufft« sei. Zum Vergleich mag hier die Charakteristik beigefügt sein, die Sprengers Zeitgenosse Duarte Pacheco Pereira, der heldenmütige Verteidiger von Cochin, der längere Zeit unter Negern gelebt hatte, von Joloffern, Mandingos und Tucuroes gibt: »Dies ganze Volk ist voller Laster, ständig uneinig unter sich; es sind Spitzbuben und Lügner, die kein wahres Wort sagen, große Säufer und höchst undankbar, ohne Erkenntlichkeit für die größten Wohltaten, unverschämte Bursche, die nie das Betteln lassen«[2].

Nachdem in Bezeguiche die Vorräte an Wasser und Holz ergänzt waren, fuhr am 14. April die »Lionarda« nach dem acht Leguas entfernten Porto d'Ale und ging von dort am folgenden Tag[3] mit der ganzen Flotte unter Segel um nun 14 Wochen lang »weder land noch sandt« zu sehen. Im Kalmengürtel hielten

---

[1] Q. U., S. 107.

[2] Esmeraldo, l. I, c. 27.

[3] Barros und Goes geben, offenbar in gegenseitiger Abhängigkeit, irrtümlich den 25. (Dec. II, l. VIII, c. 3 und Chron., p. II, c. 2.)

längere Zeit Windstillen die Fahrt unliebsam auf. Da sich unterdes gezeigt hatte, daß die Geschwindigkeit der Schiffe zu ungleich war, als daß ohne Zeitverlust für die schnelleren Fahrzeuge alle gemeinsam die Reise hätten machen können, so teilte Almeida die Flotte in zwei Geschwader, deren eines, das langsamere, aus den Schiffen (náos) »Conceição« (Kapitän Sebastião de Sousa) und »Gabriel« (Kapitän Vasco Gomes d'Abreu), ferner dem kleineren Schiff (navio) des Lopo Sanchez sowie fünf Karavellen bestand und unter den Befehl des Manoel Paçanha gestellt wurde, des künftigen Kommandanten der Festung Anjediva und Schwiegervaters des Sebastião de Sousa, auf dessen Schiff der neue Geschwaderführer auch seine Flagge hißte, während das andere aus den elf übrigen Schiffen (náos und navios) und der Karavelle des Gonçalo de Paiva, der »S. Catarina«[1], gebildet und von Almeida befehligt wurde. Zu ihm gehörten die drei Schiffe des deutsch-italienischen Handelskonsortiums. Am 29. April wurde, wie es scheint, die Linie passiert und am 6. Mai befand sich Almeida 200 Leguas östlich des von Cabral im Jahre 1500 entdeckten Brasillandes, also auf ungefähr $16^1/_2{}^0$ s. Br. und 27^0 w. L. von Greenwich. Am Tag zuvor[2] hatte das Geschwader einen Verlust erlitten: bei Windstille bekam unerwartet die »Bella«, eines der alten Schiffe (Kapitän Pero Ferreira Fogaça), ein großes Leck und sank in kurzer Zeit. Zum Glück war die See ruhig und die »Jeronimo« in der Nähe, so daß die Besatzung mit tatkräftiger Hilfe auch des Antão Gonçalves sich und ihr Geld in Sicherheit bringen und zwei Truhen, die Silbergerät und geistlichen Ornat für Almeidas Hauskapelle enthielten, gerettet werden konnten. Zwei Tage später, sagt Pero Fernandez Tinoco in einem Brief, den er von Cochin im November 1505 an König Manuel schrieb, wäre kein Mann entkommen, weil der Seegang jede Hilfeleistung unmöglich gemacht hätte, und er knüpft daran die Mahnung, auf die Reise nicht wieder ein altes und zuvor nicht auf der Werft gründlich instandgesetztes Schiff zu schicken.

Die Fahrt wurde dann ohne ernsteren Zwischenfall, aber vielfach im Kampf mit Südostwinden, mit südlichem Kurs fortgesetzt, bis der 39. oder 40. Breitengrad erreicht war, also bis zur äußersten nördlichen Treibeisgrenze. Man hielt sich soweit westlich von der afrikanischen Küste um den längs derselben vorherrschenden Gegenwinden zu entgehen. Pero Fernandez Tinoco spricht umständlich von den Klimawechseln während der

---

[1] Cartas de Affonso de Albuquerque, Bd. III, S. 178.

[2] So der Bericht von der »Rafael« (Q. U., S. 127); Barros gibt den 4. Mai an.

5½ Monate der Hinreise, sein Bericht wie der Sprengers und der von der »Rafael« von meteorologischen und astronomischen sowie Erscheinungen des Tierlebens, die ihnen seltsam und neu waren. Der südeuropäische Winter war eben zu Ende gegangen, als sie von Lissabon ab- und in den Frühling der Passatregion hineinfuhren. Unter schweren Gewittern und längeren Windstillen hatten sie den Gürtel der Kalmen durchquert. Sie hatten die Sonne zu ihren Häupten im Zenit gesehen, Polarstern und Wagen waren ihnen unter den Horizont hinabgesunken, neue Sternbilder am Himmel aufgegangen. Noch nicht vertraut mit der Mißweisung der Magnetnadel, hatten sie auf der Fahrt durch den südlichen Atlantischen Ozean am Mittag die Sonne statt im Norden in Nordwest zu Nord zu sehen geglaubt. Weiße Fischlein mit Flügeln »zu geleicher weiß als die fledermüß« waren in großen Haufen zwischen den Wendekreisen aus dem Meere »geleich andern fögeln« vor ihnen aufgeflogen; so tief in See aber waren sie dann gesegelt, daß sie »weder fisch noch keinerlei creaturen mer funden und was geleich als ein wiltniß und eynöde«. Und nun führte sie aus der Gluthitze der Tropen die Fahrt in den Winter der südlichen gemäßigten Zone hinein; unter heftigen Gewittern gingen schwere Regengüsse und Schneefälle auf die Schiffe nieder; immer von neuem mußte die Mannschaft zu den Schneeschaufeln greifen. Die für den südlichen Atlantischen Ozean charakteristischen, aus schwarzer Wolke unter Donner und Blitz jäh herabstürzenden furchtbaren Stürme forderten bei Tag und Nacht strengste Wachsamkeit und Vorsicht in der Handhabung des Segelwerks; hatte doch einer von ihnen 1500 vier Schiffe vom Geschwader Cabrals an einem Tag im Ozean versenkt, mit ihnen den ersten Umsegler des Kaps, Bartolomeo Dias.

In 39° oder 40° s. Br.[1] wurde der Kurs auf Ost gesetzt; inzwischen war es Juni geworden und so kalt, sagt Sprenger, »als in unsern landen umb weinachten«. Am Tag vor Johanni fiel Schnee, und »die Kälte«, so berichtet Pero Fernandez Tinoco, der auf der »Jeronimo« fuhr, »war derart, daß wir, als es zum Essen gehen sollte, alle in lahme Schindmähren verwandelt waren; wir hatten einen Mund und keine Hände damit zu essen; und so liefen wir zur Feier des Vorabends von St. Johannes im Sturm mit brennenden Laternen in Mastkorb und Tauwerk; und am nächsten Morgen in der Frühe, wo bei uns die Vöglein singen, saßen wir eingemummt« — im folgenden sind ein paar Worte nicht lesbar, aber man sieht, daß Almeida und sein Gefolge alles, was an

[1] Tinoco scheint 39° zu geben (Cartas de Affonso de Albuquerque, Bd. II, S. 336), der Bericht von der »Rafael« gibt 40°.

Garderobestücken von Seide, Wolle und Segeltuch, an Kopf- und Fußbekleidung, von Filz und Leder, irgendwie verfügbar war, eins über das andere angezogen hatten um sich gegen die grimmige Kälte zu schützen. Den Vizekönig fand Pero Fernandez in seiner wohlgeschlossenen, teppichverhängten Kajüte, wie er sich tief eingemummt noch an einem Becken mit glühender Holzkohle »briet«. Die ungewöhnliche Kälte verursachte eine Reihe von Erkrankungen unter der Mannschaft; indes war keine davon ernsterer Natur und auf Almeidas Schiff war bis zum 18. November 1505, von dem Pero Fernandez seinen Brief an den König datiert, nicht ein Mann an Krankheit gestorben, bei so großer Fahrt und den Unzulänglichkeiten der Ernährung und der hygienischen Einrichtungen wie der Reinlichkeit auf den Schiffen des 16. Jahrhunderts ein seltener Glücksfall. Übrigens hatte der Vizekönig seiner Instruktion entsprechend vom Cabo Verde bis zum Eintritt in die winterlichen Meeresgegenden der Mannschaft nach Vereinbarung morgens nicht ihre volle Tagesration Wein (eine Canada, etwas über ein Liter) verabfolgen lassen, sondern nur 3/4 derselben und war so in der Lage während der kalten Jahreszeit die Weinration zu erhöhen, wie er es auch mit Öl und andern besonderen Bewilligungen hielt[1].

Am 26. Juni schätzungsweise — zu geographischen Längenbestimmungen fehlten der Zeit noch die Mittel — wurde nach Angabe des Berichtes von der »Rafael« der Meridian des Kaps in östlicher Richtung überschritten und zwar in einem Abstand von 70 Leguas[2], was auf ungefähr 39° s. Br. führt. Bald danach wurde der Kurs auf Nord, Nordost, später Nordwest gesetzt[3]. Am 2. Juli brach plötzlich ein heftiger Sturm mit Gewitter herein, zerriß auf »Jeronimo« und »Lionarda« die noch nicht eingezogenen Segel[4] und schleuderte drei Mann ins Meer, von denen einer sich durch seine Ausdauer im Schwimmen rettete. Das Schiff des João Serrão, die »Botafogo« (»Feuerspeier«), wurde durch diesen Sturm von den übrigen getrennt und stieß nach der Einnahme von Quiloa dort wieder zu dem Geschwader. Pottwale und kleine Walarten waren inzwischen nach der »Wildnis und Einöde« wieder aufgetaucht und am 18. Juli, Freitag, sah man nach 14 Wochen zum ersten Male Land, nach Pero Fernandez Tinoco die vier (in Wahrheit fünf) Ilhas Primeiras, die »Ersten Inseln«, 555 Leguas vom Kap, nach dem Bericht von der »Rafael« die zehn Leguas nördlicheren Ilhas Derradeiras, die »Letzten Inseln« (irgendwelche

---

[1] Pero Fernandez a. a. O., S. 336.
[2] Q. U., S. 110 Anm. 48.
[3] Pero Fernandez a. a. O., S. 336 f.
[4] Goes, Chron., p. II, c. 2.

Eilande der Angocha-Gruppe), 30 Leguas südwestlich von Moçambique. Vielfach wiederholter Jubelruf und Halleluja begrüßte sie auf der Flotte. Auf der »Lionarda« scheint man erst am 19. Juli Land gesichtet zu haben und zwar ein Stück der Festlandsküste südlich von dem arabischen Hafenstädtchen Moçambique. Dorthin sandte Almeida im Vorbeifahren das Schiff des Fernão Bermudes und die Karavelle um frische Lebensmittel für die Flotte zu kaufen, Erkundigungen nach dem seit Januar 1504 verschollenen Geschwader des Francisco d'Albuquerque und nach der Indienflotte des Lopo Suares vom Vorjahr einzuziehen und den daselbst instruktionsmäßig zu hinterlegenden Bericht abzuholen über das, was sie unterwegs erlebt hatten. Er selbst setzte mit acht Schiffen seinen Weg fort und am folgenden Dienstag fielen die Anker im Hafen von Quiloa[1]. Das erste Ziel der Reise war glücklich erreicht.

V. Von Quiloa bis Anjediva.

Als Vasco da Gama am 8. Juli 1497 seine Entdeckungsfahrt antrat, war man in Portugal schon länger davon unterrichtet, daß arabische Städte sich längs der ostafrikanischen Küste bis in die Nähe des südlichen Wendekreises hinabzogen und daß von hier ein regelmäßiger Handelsverkehr mit dem Roten Meer und Indien unterhalten wurde. Denn der von João II. 1487 über Alexandrien als Kundschafter nach dem Osten geschickte Pero de Covilhã war, nachdem er Indien besucht hatte, mit arabischen Schiffen der Ostküste Afrikas entlang bis Sofala vorgedrungen und hatte dann von Alexandrien aus dem König eingehenden Bericht über seine Reisewege, Beobachtungen und Erkundigungen zugehen lassen, bevor er von Zeila nach dem Lande des »Erzpriesters Johannes« aufbrach, wo er zurückgehalten und mehr als ein Menschenalter später von seinem Landsmann Francisco Alvares[2] auf dessen

---

[1] Die scheinbar sich widersprechenden Datum-Angaben, nach Sprenger (Q. U., S. 112) 21., nach Mayr 22. mittags (Q. U., S. 136), nach Pero Fernandez (a. a. O., S. 337) Dienstag (22.) abends, lassen sich vereinigen: Sprenger mag die Ankunft vor dem Hafen — er sagt allerdings ›vor die stat Killiwa‹ — im Auge haben, der die Einfahrt erst am 22. gefolgt wäre. Die Lotungen und die Bezeichnung des Fahrwassers durch Bojen (vgl. Instruktion a. a. O., S. 289) mögen den Vormittag des 22. Juli in Anspruch genommen haben, ›Rafael‹ mittags, das größte Schiff, die ›Jeronimo‹, erst abends eingefahren sein.

[2] Francesco Alvares, Viaggio della Ethiopia, c. 102 bei Ramusio a. a. O., f. 254r ff.

Gesandtschaftsreise nach Habesch noch lebend und in Ehren stehend angetroffen wurde. Mit den ostafrikanischen Araberstädten auf dem Weg ums Kap der Guten Hoffnung die Verbindung herzustellen war die schwierigste seemännische Aufgabe des Vasco da Gama gewesen; von dort nach Indien ging seine Reise auf den schon Jahrhunderte befahrenen Bahnen des arabischen Seehandels. Nicht ohne Überraschung sahen die Entdecker auf die verhältnismäßig alte und hohe Kultur, die ihnen in diesen Städten entgegentrat[1]. Die Gründung der zwei ältesten unter ihnen, Mukdischus (Magadoxó) und Barawas, reichte bis in den Beginn des 10. Jahrhunderts hinauf. Waren die Gründer hier Araber, so führte der Ursprung von Quiloa (um 975) und dem wenig jüngeren Mombasa auf Perser von Schiras zurück. In der Folgezeit wurde aber auch in den letztgenannten Städten, wie es scheint, das arabische Element nach Zahl und Einfluß das vorherrschende. Wieweit das arabische Blut der persischen, wieweit das semitische der Einwanderer aus Arabien bei Ausbildung der körperlichen Eigenart und der Kultur der durch Mischung entstandenen ostafrikanischen Küsten- und Inselbevölkerung (Suaheli usw.) mitgewirkt hat, entzieht sich unserer Kenntnis; der Charakter der Städte aber war im 16. Jahrhundert überall der gleiche: blühende Siedelungen mit einer herrschenden muhamedanischen Schicht, die zum Teil aus »weißen Mauren«, das heißt reinen Arabern und Schirasi, zum Teil aus Mischlingen bestand, und einer an Zahl überwiegenden schwarzen Sklavenbevölkerung, deren Verhältnis zu den Herrn indes nach dem Bericht von der »Rafael« mehr das eines willigen Gehorsams als harter, erzwungener Dienstbarkeit war. Die Araber kleideten sich in lange und weite Gewänder von Baumwolle, die im Lande erzeugt und verarbeitet wurde und deren Anbau vermutlich von den Schirasi (Persern) eingeführt war[2], sowie in importierte indische Baumwoll- und Seidenstoffe; die Neger trugen nur einen bis zu den Knieen reichenden Lendenschurz. Ein weiteres Bevölkerungselement bildeten handeltreibende Inder, in deren Händen, scheint es, fast die ganze überseeische Ein- und Ausfuhr lag. Mit den benachbarten halbwilden und heidnischen Negerstämmen standen die Städte bald in freundschaftlichen Beziehungen bald im Krieg, und zur Sicherung gegen Überfälle von dieser Seite waren einzelne auf küstennahen Inselchen erbaut, so Moçambique,

[1] Vgl. Strandes, Die Portugiesenzeit von Deutsch- und Englisch-Ostafrika, Berlin 1899, S. 81 ff.; Duarte Barbosa in Collecção de Noticias para a historia e geographia das nações ultramarinas, Bd. II (Lisboa 1812), S. 233 ff.

[2] Stuhlmann in Beiträge zur Kulturgeschichte Ostafrikas, Bd. X, S. 507.

Quiloa und Mombasa. In den meisten Städten, ob groß oder klein, fanden die Portugiesen selbständige arabische Herrscher vor, die freilich nicht unumschränkt in der Ausübung ihrer Macht waren, sondern sie mit einflußreichen Männern mehr oder minder teilten. Größere Herrschaftsgebiete gab es anscheinend nicht. Den Verkehr längs der Küste vermittelten Sambuken, Schiffe, deren Planken ohne eisernes Nagelwerk nur mit Holzzapfen und Stricken von Kokosfaser zusammengefügt waren. Sie besaßen kein Verdeck; bloß ein Teil des Fahrzeuges war mit einem Dach aus Palmblättern versehen; kalfatert wurden sie mit einem wohlriechenden Harz. Der Mast trug ein schwerfälliges Mattensegel[1]. Die großen hatten einen Raumgehalt von etwa 50 Tonnen und lagen, wenn sie nicht gebraucht wurden, auf dem Trockenen. Für die Fernfahrt, die anscheinend nicht von Ostafrikanern, sondern von Arabern und Indern, besonders Gudscheraten, betrieben wurde und der Verbindung mit Aden, Ormuz und Cambaya diente, waren Kompaß, Seekarten und Instrumente zur Höhenmessung der Gestirne in Gebrauch. Über Kap Corrientes ging indes bei der Unvollkommenheit der Fahrzeuge der Seeverkehr wegen der starken Strömungen und der Hafenarmut des südlichen Teils der Ostküste von Afrika nicht hinaus. Wertmesser im Handelsverkehr waren insbesondere Baumwollstoffe, weniger geschlagene Münze, wiewohl man auch solche kannte. Gold, das bloß ungemünzt umlief, wurde nach Gewicht in Zahlung gegeben. Der wichtigste Gegenstand der Einfuhr waren die weißen und bunten indischen Baumwollstoffe von Cambaya, von wo auch Glas- und Achatperlen eingeführt wurden, ebenso wie Rosenwasser und Glasflaschen über Ormuz aus dem persischen Meerbusen kamen. Die Ausfuhr bestand besonders in Sklaven, Elfenbein und zwar von Elefanten, Flußpferden und Walrossen[2], in Ambra, Gummikopal, Wachs und vor allem in Gold[3].

Auf den Goldhandel war nach den portugiesischen Quellen des 16. Jahrhunderts die Blüte der ostafrikanischen Städte in erster Linie gegründet. Daß die reichen Goldlager des Maschonalandes sehr früh schon ausgebeutet worden sind, davon legen die uralten Ruinen von Zimbabye Zeugnis ab. Als Anlegeplätze auf der Fahrt nach Sofala, wo der Handel mit dem kostbaren Metall im Mittelalter seinen Stapelplatz hatte — außerdem kamen nur über Angocha geringe Mengen in den Verkehr —, mögen die Küstenstädte zu ihrer Bedeutung gelangt sein und ihn sodann selbst in

[1] Q. U., S. 138.
[2] Duarte Barbosa a. a. O., S. 234.
[3] Goes, Chron., p. I, c. 38.

ihre Hände gebracht haben. Was dagegen in Tausch gegeben wurde, waren vorwiegend Baumwollstoffe. Besonders Quiloa hat, wie es scheint, vermöge seiner Lage Vorteil aus diesem Handel gezogen. Schon zu Anfang des 12. Jahrhunderts, das, nach arabischen Chroniken der Stadt zu urteilen, eine Zeit hoher Blüte für dieselbe gewesen ist, stand Sofala zu ihm in Abhängigkeitsverhältnis und die großen Einkünfte aus dem Goldhandel ermöglichten ihm im Lauf des Jahrhunderts nicht nur die Anlage zahlreicher Siedelungen längs dem nahen Festlandsgestade wie auf den anliegenden Inseln und in einigen Häfen von Madagaskar, sondern auch die Unterwerfung fast der ganzen Küste von Melinde bis zum »Kap der Strömungen« (Corrientes)[1]; der nördliche Teil dieses großen Machtgebietes war freilich, als die Portugiesen im Indischen Ozean erschienen, schon wieder verloren gegangen, aber Sofala stand nominell noch unter der Oberherrschaft von Quiloa und die sehr hohen Abgaben an Baumwollstoffen und Gold, mit denen seine Fürsten wie auch die von Mombasa den Handel mit Sofala belasteten, bildeten noch immer eine reiche Einnahmequelle. Diogo d'Alcaçova, der im Auftrag König Manuels 1506 in Sofala Erhebungen über Herkunft und Gewinnung des daselbst gehandelten Goldes, über weitere Exporthäfen sowie die Mengen der Ausfuhr veranstaltete, berichtet unterm 20. November an den König, daß in Friedenszeiten — um 1506 beeinträchtigten jahrelange, schwere Wirren im Goldland Vealanga die Gewinnung — die jährliche Ausfuhr 1 000 000—1 300 000 Metikal zu je 4,83 g betragen hatte, wenn es sich um Feingold handelte, ein Wert von mindestens 13 450 000 Mark[2].

Die kleine Insel Quiloa liegt auf 9° s. Br. und 39° 30' ö. L. Ihre größte Entfernung vom Festland beträgt ungefähr eine Legua. Das letztere bildet hier eine von Nord nach Süd lang hingestreckte Einbuchtung mit Krieks, die gegen den Seegang durch eine gegenüber dem Nordende des Eilands nach Südosten vorspringende Halbinsel sowie durch die Inseln Quiloa und Songo Mnara geschützt ist. Mangrovesümpfe begleiten die Ufer. Die Stadt Quiloa lag am Nordwestende der Insel, da, wo sich heute das elende Fischerdorf Kilwa Kisiwani hinzieht. Den Eindruck dieser ersten ostafrikanischen Araberstadt, vor der Almeidas Geschwader nun lag, schildern unsere Quellen recht anschaulich. Den Ankerplatz nennt der Vizekönig den besten Hafen auf der Welt, die Landschaft die anmutigste, die es geben könne[3]. Die Stadt mit ihren weiß

---

[1] Barros, Dec. I, l. VIII, c. 4.
[2] Strandes a. a. O., S. 99 Anm.
[3] Torre do Tombo, gav. 20, maço 10, n. 33.

getünchten Häusern von Stein, über deren gewölbten Erdgeschossen sich ein oder mehrere Stockwerke unter flachem Dach erhoben, erinnerte nach der Länge ihrer Erstreckung an dem Meeresarm hin den Pero Fernandez Tinoco[1] an das heimatliche Lissabon vom Tejo oder Sebutal vom Sado aus gesehen. Die Einwohnerzahl von Stadt und Insel wird auf 4000 geschätzt[2]. Eine der zahlreichen Moscheen, von denen zwei in Trümmern heute noch erhalten sind, vergleicht der Bericht von der »Rafael«, wohl nur wegen der gleichartigen Anordnung der gewölbten Kuppeln, mit der großartigen Moschee von Cordova. Auf dem bis zu 30 m über das Meer sich erhebenden roterdigen Hügelgelände der Umgebung von Quiloa wuchsen steifblättrige, hohe Savannengräser und über Buschwerk und Baumkronen der Ufervegetation wiegten Kokospalmen ihre zierlichen Wipfel in den Lüften.

Die Stadt war, als die Portugiesen in die Geschicke Ostafrikas einzugreifen begannen, schon seit zwei Jahrzehnten von schweren inneren Wirren heimgesucht. Die tatsächliche Herrschaft hatten Wesire an sich gerissen, die nach Willkür Sultane ein- und absetzten, zeitweise auch sich selber zu Sultanen machten. Die ostafrikanische Machtstellung Quiloas war dadurch stark erschüttert, die ihr ehemals unterworfenen Gebiete ganz oder halb unabhängig geworden. 1495 hatte dann ein Abkömmling des alten schirasischen Herrschergeschlechtes, Alfudail, den Thron bestiegen. Unter ihm war der mächtigste Mann sein Vetter Ibrahim gewesen, von dem schließlich Alfudail gestürzt und ermordet wurde[3]. Vasco da Gama hatte auf der Entdeckungsfahrt Quiloa nicht berührt, Cabral dagegen im Juli 1500 den Hafen angelaufen, sich aber vergeblich bemüht zu Vereinbarungen hinsichtlich des Goldhandels zu kommen. Nicht glücklicher war 1501 João da Nova gewesen. Daraufhin war im folgenden Jahr der Admiral D. Vasco da Gama auf seiner zweiten Fahrt nach Indien mit einer beträchtlichen Flotte vor der Stadt erschienen und hatte, als der nunmehrige »Emir« Ibrahim — so nannte ihn das Volk — seiner Aufforderung zu einer Zusammenkunft nicht sofort nachkam, unter Anwendung von Gewalt die Anerkennung der portugiesischen Oberhoheit und

---

[1] a. a. O., S. 337.

[2] So der Bericht von der »Rafael«, dessen Verfasser die Stadt aus eigener Anschauung kannte. In den Diarii di Marino Sanuto, Bd. VI, Sp. 363—367 wird sie, beträchtlich höher, auf 2000 Feuerstellen geschätzt; der zu Übertreibungen neigende Correa (Lendas, Bd. I, S. 276) gibt die Einwohnerzahl auf 12000 an und Diogo d'Alcaçova hat versichern hören, daß in Quiloa etwa 30000 Menschen »gingen und kämen« (Alguns Documentos, S. 156).

[3] Q. U., S. 113.

die Verpflichtung zu einem jährlichen Tribut von 1500 Metikal Gold erzwungen, die für 1502 unverzüglich bezahlt wurden, sei es nun, daß der Scheich selbst oder sein als Geisel dem Admiral übergebener Todfeind Muhamed Anconi sie herbeischaffte[1]. Während der nächsten Jahre aber hatte der Fürst sich der Tributzahlung zu entziehen gewußt. Nun sollte hier endgültig Wandel geschaffen und Quiloa zum Stützpunkt der portugiesischen Machtstellung in Ostafrika und zur Flottenstation ausgebaut werden.

Almeida hatte am 22. Juli unmittelbar nach Einlaufen der ersten Schiffe in den Hafen, durch den Kapitän der »Flor de la mar«, João da Nova, der im August 1501 schon einmal mit dem Emir verhandelt hatte, diesen zu einer Zusammenkunft einladen lassen. Als Dolmetscher begleitete dabei den portugiesischen Edelmann ein greiser Venezianer, Bonajuto d'Albano, den João da Nova selbst 1502 von Indien mitgebracht hatte[2]. Er war etwa 20 Jahre zuvor von Kairo in Begleitung eines abessynischen Gesandten, der sich gerade dort aufhielt, nach dem Osten gekommen, hatte von Ormuz aus Persien und Indien bis Malakka durchwandert, hier eine malayische Frau genommen und befand sich an der Malabarküste, anscheinend in Cananor, als João da Nova dort Ende 1501 ankam. Auf dessen Geschwader schiffte er sich mit seiner Frau und zwei Söhnen nach Portugal ein, wo seine Familie zum Christentum übertrat. König Manuel nahm ihn, da er weit herumgekommen und vertraut mit Sprachen und Handelsverhältnissen des Ostens war, in seine Dienste und wies dem hinkenden und mittellosen alten Mann ein Häuschen, ein gewisses Maß Getreide und 70 Dukaten jährlich zum Unterhalt an. Nun begleitete er als Dolmetscher Almeida nach Indien, wie noch ein zweiter europäischer Wandervogel, den Vasco da Gama Ende 1498 auf dem Inselchen Anjediva etwa 100 km südlich von Goa gefangen und nach Portugal

[1] Hümmerich, Vasco da Gama, München 1898, S. 74 f.

[2] Das ergibt mit Sicherheit der Brief des Bartolomeo Marchione aus Lissabon vom 20. September 1502 (Diarii di Marino Sanuto, Bd. IV, Sp. 544 f.). Danach sind die widersprechenden Angaben des Ca Masser a. a. O., S. 18 f. und Barros, Dec. I, l. VIII, c. 3 zu berichtigen, denen zufolge er erst 1504 mit Albuquerque aus dem Osten gekommen wäre. Marchione berichtet, noch bevor er ihn selbst gesprochen hatte, daß er 25 Jahre in Indien gewesen sei, also seit 1477, Lunardo Nardi (Diarii di Marino Sanuto, Bd. IV, Sp. 546) spricht (wie Ca Masser und Barros) von 22 Jahren, was auf 1480 führen würde. Nun traf aber Joos von Ghistele (Voyage, Ghendt 1572, S. 229) in Tor 1483 einen Venezianer Bonavito del Pan, der eben im Begriff war, mit dem Mailänder Benedetto de Nove von dort nach Ormuz abzureisen. Sollte das etwa Bonajuto d'Albano gewesen sein, wie Heyd a. a. O., Bd. II, S. 500 vermutet hat?

mitgenommen hatte. Es war der getaufte Jude Gaspar da Gama oder, wie er ebenfalls genannt wird und in zwei von ihm herrührenden Schriftstücken sich selber nennt, Gaspar da India, auch de las Indias. Er stammte aus einer deutschen Judenfamilie, die in Posen ansässig gewesen und möglicherweise durch die von dem Jagellonen Kasimir IV. 1454 verfügte Aufhebung eines kurz vorher von ihm erlassenen Judenstatuts zur Auswanderung veranlaßt worden war. Seine Eltern hatten sich damals nach der Levante gewandt, waren über Jerusalem nach Alexandrien gekommen und dort war Gaspar geboren worden. Schon in jugendlichem Alter war er über Kairo und Mekka nach Indien und daselbst in 32 Jahren weit herumgekommen, war Muhamedaner geworden, hatte als Kaufmann Mahmet Edelsteinhandel getrieben und eigene Schiffe besessen und stand 1498 als Kaperkapitän im Dienste des Yusuf Adil Schah, des Beherrschers von Goa. Von diesem beauftragt sich der drei Schiffe Gamas und ihrer Mannschaft zu bemächtigen, hatte er sich zunächst allein an deren Ankerplatz begeben und im Namen seines Herrn die Portugiesen nach Goa eingeladen, sich aber dabei verdächtig gemacht, war von Gama festgenommen, durch Peitsche und siedendes Öl zum Geständnis gebracht und nach Portugal mitgeführt worden. Schon auf der Fahrt dahin trat er zum Christentum über und wurde nach seinem Paten, dem Entdecker des Seewegs, auf den Namen Gaspar da Gama getauft. Seine Sprachenkenntnis und Vertrautheit mit allen Verhältnissen des Ostens ermöglichte ihm den Portugiesen während der folgenden Jahre wertvolle Dienste zu leisten, wofür Manuel ihm mit einem Gnadengehalt von 170 Cruzados sowie andern Besoldungen und Rechten lohnte; auch zum Ritter des königlichen Hauses hat er ihn gemacht[1].

Die durch João da Nova und Bonajuto d'Albano übermittelte Einladung lehnte der Emir Ibrahim für diesen Tag ab — offenbar fürchtete er im Fall eines Besuchs an Bord oder einer Zusammenkunft in Booten die Gefangennahme —, sandte aber das übliche Geschenk an Lebensmitteln, hier fünf Ziegen, eine junge Kuh, viel Kokosnüsse und Früchte. In ein Zusammentreffen am folgenden Tag scheint er, um zur Täuschung Zeit zu gewinnen, gewilligt zu haben. Almeida war entschlossen, wenn nötig, Gewalt anzuwenden, aber es der Instruktion gemäß zunächst mit friedlichen Mitteln zu versuchen. Die Schiffsartillerie wurde am nächsten Morgen (23. Juli) in Bereitschaft gesetzt; alsdann fuhren alle Kapitäne, festlich gekleidet und in Waffenrüstung, in ihren reich geschmückten und

[1] Die nähere Begründung dieser Angaben behalte ich einer demnächst zu veröffentlichenden Einzeluntersuchung über Gaspar da India vor.

wohlbemannten Booten vor der Stadt auf und ab und warteten, ob der Emir sich einfinden werde. Statt seiner erschienen indes fünf Araber und brachten den Bescheid, er könne nicht kommen, er habe Gäste; doch wolle er, wenn es Almeida wünsche, die 1500 Metikal Tribut sogleich an Bord schicken. Diese Abgesandten ließ der Vizekönig festnehmen und in einer Beratung mit den Kapitänen wurde alsdann beschlossen, daß man sich der Stadt mit Waffengewalt am nächsten Tag bemächtigen wolle. Inzwischen flüchtete der Emir Ibrahim, Schlimmes ahnend, in aller Heimlichkeit nach dem nahen Festland. Die 1500 streitbaren Männer aber, die nach portugiesischen Quellen in der Stadt verfügbar waren, sammelten sich zur Verteidigung um seinen mächtigen Widersacher, den greisen Muhamed Ankoni, der sich in den vorausgegangenen Jahren wiederholt als Freund der Portugiesen bewährt hatte. Donnerstag den 24. Juli bestiegen die zum Angriff auserlesenen portugiesischen Streitkräfte, 500 Mann, die Boote. Da Flut war, konnte man bis dicht an die dem Ufer zunächst gelegenen Häuser heranfahren. Der Vizekönig richtete mit der Hauptmacht seinen Angriff gegen die Stadt selber, eine zweite Abteilung landete unter Führung seines jugendlichen, heldenmütigen Sohnes D. Lourenço gegenüber dem am Ende der Stadt gelegenen weitläufigen und starken Palast des Emirs, dem auf verschiedenen Wegen beide Abteilungen zustreben sollten. Allen voran stieg Almeida mit der königlichen Fahne an Land, die der tapfere Pero Cam trug, und nach ihm die andern Kapitäne. Man war auf schwere Kämpfe gefaßt, da jedes der zahlreichen mit Stockwerken versehenen steinernen Häuser den Verteidigern als Festung dienen konnte. Um so größer war das Erstaunen, als kaum ein Feind sichtbar und nur hie und da ein schwacher Widerstand geleistet wurde. Man vermutete zunächst List und Hinterhalt, aber bald zeigte sich, daß der größte Teil der Bevölkerung die Stadt verlassen hatte. Von den Zurückgebliebenen wurden diejenigen, die sich ergaben, geschont, getötet nur, wer sich bewaffnet zur Wehr setzte, und das waren nicht mehr als 30 oder 40 Menschen. Rasch war die ganze Stadt in den Händen Almeidas; man erreichte den Palast, zu dem inzwischen auch D. Lourenço vorgedrungen war. Die Pforten waren verschlossen, an einem Fenster aber erschien alsbald ein Araber, schwenkte eine portugiesische Fahne und schrie laut: »Portugal! Portugal!« Es war die Fahne, die Vasco da Gama dem Emir übergeben hatte, als er ihn 1502 zum Vasallen seines Königs machte. Dem Befehl das Tor zu öffnen kam indes der Mann am Fenster nicht nach; man mußte es gewaltsam aufbrechen und daraufhin verschwand er. Widerstand wurde nicht geleistet; der Palast, worin man den Emir vermutet hatte, erwies sich als leer und verlassen; man fand nichts als verschlossene Erdgeschosse[1].

Der Vizekönig kehrte nun mit seinen Leuten in die Stadt zurück, wohin inzwischen der Vikar der Franziskaner mit ein paar Brüdern von den Schiffen herübergekommen war. Mit aufgerichteten Kreuzen zogen diese ihm entgegen, alles Kriegsvolk aber kniete voll Dank für den unblutigen und doch so großen Erfolg in frommer Andacht nieder und durch die Straßen der muhamedanischen Stadt tönte feierlich zum erstenmal der Ambrosianische Lobgesang Te deum laudamus. Almeida zog sich darauf in eines der vornehmen Häuser zurück und gab dem Kriegsvolk die Stadt zur Plünderung preis, wobei aber jede Brandlegung verboten wurde. Alle wertvollere Beute befahl er in ein paar Häusern in seiner Nähe niederzulegen um sie dann nach den Bestimmungen seiner Instruktion ordnungsgemäß zu verteilen. Man fand in der Stadt große Mengen von Lebensmitteln und Waren, auch Gold, Silber, Perlen und Edelgestein; doch hatten die Bewohner einen Teil ihrer Kostbarkeiten, wie es scheint, in Sicherheit gebracht. Den Abschluß der Eroberung bildete ein Akt von festlicher Weihe, indem der Vizekönig einer Reihe von jungen Männern den Ritterschlag erteilte. Möglich, daß er den Nebenzweck damit verfolgte eine allzu lange und rücksichtslose Plünderung zu verhüten; Pero Fernandez Tinoco wenigstens schreibt mit Bedauern, daß der Befehl zum Abbruch derselben erfolgt sei, als man eben bei den Stellen der heißesten Arbeit angelangt war[2]. So blieben die äußeren Stadtteile von der Heimsuchung verschont[3].

Noch am selben Tag wurde dann mit dem Bau der Festung begonnen, wobei sich hoch und nieder, die stolzen Fidalgos wie das gemeine Kriegsvolk und die Seeleute, rüstig beteiligten. Der Vizekönig selber verschmähte es nicht zum Herbeischaffen der Steine die Trage mitanzufassen. Eine besonders gut aus Stein aufgeführte Häusergruppe am Westende[4] des Ortes, die das Meer bei Flut bespülte, erwies sich vorzüglich geeignet zum Ausbau als Festung. Die umliegenden Gebäude, die abgebrochen werden mußten um freies Schußfeld zu schaffen, lieferten das für die

---

[1] Da keiner der Augenzeugen von wirklichen Kämpfen berichtet, so ist die Schilderung, die Barros, Dec. I, l. VIII, c. 5 von Eroberung der Stadt gibt und die alle wesentlichen Züge der Eroberung von Mombasa entlehnt, wohl als Ausschmückung anzusehen.

[2] A. a. O., S. 337: »cando compeçavamos dentrar no quente da cidade«.

[3] Gaspar da Gama in Cartas d'A. d'A., Bd. III, S. 200: »rroubamos ho meyo da cidade«.

[4] Castanheda a. a. O., l. II, c. 3.

Vorwerke und Geschützstände notwendige Holz- und Steinmaterial; gebrannter Kalk fand sich, da der Boden der Insel unter einer dünnen Schicht geologisch junger Küstenablagerungen aus subrezenten Korallenriffen gebildet ist, so reichlich in der Stadt vor, daß für die Erbauung der Festungen in Indien noch beträchtliche Mengen verladen werden konnten[1].

Alsbald nach Beginn des Festungsbaues erfuhr der Vizekönig, daß Muhamed Anconi sich mit der Hauptmacht der wehrfähigen Bevölkerung der Stadt in deren unmittelbarer Nähe befand, und ließ ihm durch João da Nova seine Friedensbedingungen übermitteln: der flüchtige Emir Ibrahim sollte des Thrones verlustig erklärt und an seiner Statt Muhamed Anconi zum Herrscher ausgerufen werden, unter der Voraussetzung, daß er sich zum Vasallen des Königs von Portugal machen und den Tribut von jährlich 1500 Metikal Gold zahlen würde. Bei Annahme dieser Bedingungen wurde er aufgefordert mit allen Geflüchteten ruhig in die Stadt zurückzukehren und jedem, der davon Gebrauch machen wolle, Sicherheit für seine Person und seinen Besitz auf der ganzen Insel gewährleistet. Muhamed Anconi ging auf diese Vorschläge ohne Zögern ein und der größte Teil der Bevölkerung kehrte darauf mit ihm in die Stadt zurück. Noch am gleichen Tag — es war der 26. oder 27. Juli[2] — wurde er auf reich gezäumtem Pferd in kostbarem, vom Vizekönig geschenktem maurischen Gewand mit Goldstickerei, begleitet von angesehenen Männern der Stadt, die ihn zu Fuß umgaben, festlich durch die Straßen geführt. Voran schritt Gaspar da Gama und rief in arabischer Sprache immer aufs neue die Worte: »Das ist euer König; ihm habt ihr zu gehorchen im Namen des Königs Emanuel von Portugal, dessen Untertanen ihr alle seid[3].« So bewegte der Zug sich zu der im Bau begriffenen Festung, wo der Vizekönig auf einer mit Teppichen und kostbaren Tüchern geschmückten Tribüne vor versammeltem Volk und den angesehenen Männern der Stadt den neuen Herrscher feierlich für die Krone Portugal in Eid und Pflicht nahm und ihm dann eine goldene Krone aufsetzte, die als Geschenk Manuels für den Raja von Cochin bestimmt war. Über den Vollzug der ganzen Handlung ließ der Vizekönig Urkunden in portugiesischer und arabischer Sprache aufnehmen, die von dem nunmehrigen Sultan Muhamed und den anwesenden vornehmen Muhamedanern sowie von allen Kapitänen und Edelleuten der Flotte unterzeichnet wurden. Die

---

[1] Torre do Tombo, gav. 20, maço 10, n. 33 (Brief Almeidas).

[2] Der 27. nach Sprenger a. a. O., S. 112, der 26., Tag der heiligen Anna, nach Goes, Chron., p. II, c. 2.

[3] Goes, Chron., p. II, c. 2.

bei Eroberung der Stadt gefangenen Muhamedaner gab Almeida, der Bitte des neuen Herrschers entsprechend, um Stimmung für ihn zu machen Anfang August frei. Da dieser schon hochbetagt und bei seinem Ableben Thronstreitigkeiten zu befürchten waren, regelte auf seinen Wunsch Almeida vor der Abfahrt auch noch die Nachfolgerfrage. Als Freund des ermordeten Sultans Alfudail erbat Muhamed unter Übergehung seiner eigenen Söhne für einen noch jugendlichen mit einer Sklavin erzeugten Sohn Alfudails die Nachfolge in der Herrschaft. Almeida willigte ein und am 4. oder 5. August[1] wurde dem vom nahen Festland inzwischen herübergeholten jungen Mann seitens der Stadt für den Fall von Muhameds Ableben im Voraus feierlich gehuldigt.

Innerhalb 17 Tagen[2] (24. Juli bis 9. August) war die Festung im wesentlichen vollendet; der geschäftsgewandte Gaspar da Gama hatte in ständigen Verhandlungen mit Muhamed Anconi und den Arabern erreicht, daß täglich etwa 200 Eingeborene als Hilfskräfte für die Arbeit zur Verfügung gestellt wurden, wie ihm unter Zuhilfenahme der Nachtstunden, in denen er die Insel durchstreifte, auch die Beschaffung von Hämmeln und sonstigen Lebensmitteln für die bei dem Bau beschäftigten Portugiesen gelungen war[3]. Eine dreistöckige Zitadelle, massiv in Stein und Mörtel ausgeführt, vier Bollwerke mit Geschützständen und Schießscharten für Armbrustschützen sicherten die von den Befestigungen eingeschlossenen Faktorei-, Lager- und militärischen Amtsräume[4] sowie die guten Quartiere, die für eine Besatzung ausgereicht hätten doppelt so

---

[1] Sprenger a. a. O., S. 113 scheint den 4. zu meinen, Castanheda, l. II, c. 3 verlegt die Huldigung auf den 5., »nossa senhora das neves«.

[2] So Almeida a. a. O.; Tinoco a. a. O., S. 337 sagt: »dy (d. h. vom Tage der Eroberung an) a quinze dyas hacabamos e embarcamos«. Danach fand die Einschiffung am 7. August statt; Almeida rechnet bis zum Tag der Abfahrt, dem 9. August. Sprenger verlegt die Abfahrt auf den 6. — wahrscheinlich nur Druckfehler, sicher nicht richtig —, Barros auf den 8. (Dec. I., l. VIII, c. 7), Goes (Chron., p. II, c. 2) und Castanheda (a. a. O., l. II, c. 4) übereinstimmend mit Gaspar da Gama (Cartas d'A. d'A., Bd. III, S. 201) auf den 9., Goes mit dem Zusatz »vespora do bemaventurado São Lourenço«. Dazu stimmt, richtig ergänzt, auch die Angabe Tinocos wenige Zeilen weiter: »e leixando senhor isto que se aconteceo bespora de samtyago a huma quinta feira, dy a quinze dias embarcamos que foram sete dias da(gosto quinta) feira a tarde, e ao sabado fo(mos e a qu)arta feira seguinte emt(r)am(os em Mombaça) e do que nos aconteceo (n)a entrada como na tomada escuso dyzer aqui nada«: also Einschiffung am 7. abends, Abfahrt am 9.

[3] Cartas de Affonso de Albuquerque, Bd. III, S. 200f.

[4] Castanheda a. a. O., l. II, c. 3.

groß als die 80 Mann, die hier zurückgelassen wurden. Die Verbindung mit der See, für die Stützpunkte der portugiesischen Herrschaft im Osten von ausschlaggebender Bedeutung, war unbedingt gesichert: bis an den Eingang des stärksten Vorwerks konnten die Boote heranfahren und über eine Treppe von wenigen Stufen ihre Ladung löschen. Ein paar Jahre seines Lebens, schreibt Almeida von Cochin aus an den König, würde er darum geben, wenn Seine Hoheit die Feste sehen könnte; sie wäre stark genug um dem König von Frankreich Trotz darin zu bieten[1]. Kommandant wurde der vom König für dies Amt bestimmte Pero Ferreira Fogaça, Kapitän der untergegangenen »Bella«; außer ihm blieben ein Burgvogt (alcaide mór) sowie die nötigen Handels- und sonstigen Beamten darin zurück. Die Feste erhielt den Namen »Santiago«, weil am Vorabend von St. Jakob dem Apostel die Stadt erobert worden war. Die als Stationsschiff für Quiloa bestimmte Karavelle des Gonçalo Vaz de Goes vom zweiten Geschwader kam erst später an; für eine Brigantine wurde das fertig bearbeitete Material dagelassen, wie es die Instruktion vorschrieb[2].

Abgesehen von dem Festungsbau wurden in den 17 Tagen auch alle Schiffe des Geschwaders übergeholt, gereinigt und kalfatert. Mit den acht am 22. Juli in den Hafen eingelaufenen Fahrzeugen hatten sich unterdessen die zwei nach Moçambique geschickten sowie die durch Sturm Anfang Juli von den übrigen getrennte »Botafogo«, diese am 3. August[3], wieder vereinigt. Die beiden ersten brachten Briefe mit der Kunde vom glücklichen Verlauf der Fahrt des Lopo Suares; dagegen hatten sie vom Verbleib des Francisco d'Albuquerque nichts erfahren können; er ist mit seinem kleinen Geschwader verschollen geblieben.

Der mehrwöchige Aufenthalt in Quiloa hatte Gelegenheit gegeben, die Rücksicht auf die Festung gezwungen sich über Stadt und Umgebung genauer zu unterrichten. Zweimal hatte der Vizekönig große Teile des Inselchens zu Pferde durchstreift und der Verfasser des Berichtes von der »Rafael« zeigt ebenfalls gute Kenntnis des Landes. Es liegt in dem Teil Ostafrikas, der indischen Klimatypus aufweist. Der Südostpassat herrscht vor; es gibt nur e i n e Regenzeit, von Dezember bis April. Der Aufenthalt des Geschwaders fiel in die kühlste und zugleich trockenste Jahreszeit, die der Bericht von der »Rafael« als Winter bezeichnet; »aber es ist nicht kalt«, fügt er hinzu, »und darum tragen sie wenig Kleider«.

---

[1] Almeidas Brief in Torre do Tombo, gav. 20, maço 10, n. 33.
[2] A. a. O., S. 292 und Goes, Chron., p. II, c. 2.
[3] Goes, Chron., p. II, c. 2.

Unter dem fremdartigen und reichen, immergrünen Baumwuchs der Insel fallen ihm die Palmen durch ihre Menge und Bedeutung auf. Er hört von der Gewinnung des Palmweins und -essigs, beschreibt, wie Sprenger, anschaulich die Kokosnuß und ihre vielfältige Verwendung. In den Gärten, die bei dem Fehlen von Quellwasser aus Brunnen bewässert wurden, sieht er die von den Arabern nach Ostafrika verpflanzte süße Orange, die feinschalige, kleine, runde Limonelle[1] und den Granatapfel, Almeida auch die Banane[2] kultivieren, als Küchenkräuter, Gewürz- oder Arzneipflanzen kleine Zwiebeln, Majoran und Basilienkraut ziehen. Erbsen, die reif abgepflückt und eingekellert wurden, gediehen in Menge; Bohnen, vielleicht die Kunde (Vigna sinensis) der Neger, erwähnt daneben Sprenger. Von Erdfrüchten wurde nach Almeida die Yamswurzel angebaut — vielleicht war Yams das, was Hans Mayr als Rettich angesehen hat. Die wichtigste Nahrungspflanze aber war Hirse »wie der von Guinea«, wahrscheinlich Sorghum oder Durra, der Mohrenhirse, der heute noch im ganzen ostafrikanischen Küstengebiet südlich des Panganiflusses die Grundlage der Ernährung der Neger wie überhaupt im tropischen Afrika bildet[3]. Betel wurde in den Gärten gezogen und von den vornehmen Muhamedanern als Erfrischungsmittel gekaut. Hans Mayr beschreibt, wie die Mischung von gebrannten Muschelschalen und gestoßener Arekanuß gleich einer Salbe auf das efeuartige Betelblatt gestrichen wurde und das Kauen Mund und Zähne rot färbte. Eingezäunt waren die Gärten mit Holzpfählen und Hirsestroh, das die Stärke von Rohrstengeln hatte. Die Gartenarbeit besorgten Negersklaven.

Von den wildlebenden Tieren hat Almeida auf seinen Ritten einzelne kennen gelernt; er erwähnt das Vorkommen von Löwen, von Antas, Hirschen und Rehen. Unter Anta, arabisch lamṭ, verstanden die Portugiesen und Spanier im 16. Jahrhundert eine große, ihnen selbst nicht genau bekannte Antilopenart, deren Haut ein wegen seiner Stärke sehr geschätztes Leder für Schilde lieferte. Hirsche und Rehe kommen im tropischen Afrika nicht vor; was mit den ersteren gemeint ist, zeigt aber deutlich Sprengers Angabe: »die Hyrtzen ym land sein geleich den geyssen und hoch als die roß«; es ist ebenfalls eine große Antilope — man könnte an die ostafrikanische Pferdeantilope denken —, die »Rehe« wird man

---

[1] Q. U., S. 137.

[2] Figos de cá, d. h. figos da India — er schreibt in Cochin — »indische Feigen« nennt er sie a. a. O. mit einer den Portugiesen des 16. und 17. Jahrhunderts geläufigen Bezeichnung.

[3] Stuhlmann in Beiträge zur Kulturgeschichte von Ostafrika, Bd. X, S. 174 f.

unbedenklich als Gazellen deuten dürfen[1]. Antilopen hatte Almeida bei dem einen Ritt eine Herde von 25 Stück gesehen; gejagt wurden sie auf der Insel erst seit kurzem. Von wildlebenden Vögeln führt sein Brief Wachtel und Feldhuhn mit Namen auf und unter den abendlichen Vogelstimmen glaubt er die der heimischen Nachtigall zu erkennen. Von Haustieren erwähnen unsere Berichte das Rind; daß es damals wie heute wenig ansehnliches Buckelvieh der Zeburasse war, was gezüchtet wurde, zeigt Sprengers Beschreibung: »Und seind die Küw klein und feist und uff dem ruck hofrecht« (=buckelig). Das Fettschwanzschaf schildert er in den Worten: »In diessen landen seyn seltzam aventurig Schaf, haben breit kurtz schwentz, dar inn tragen sie ir unstlich (=Unschlitt) und haben sunst in yrem leip gantz kein unstlich«; daß sie, wie übrigens alle Schafarten des tropischen Afrika, glatthaarig gleich den ebenfalls im Lande gezüchteten Ziegen, nicht wollig waren, fiel Hans Mayr auf. Die Güte des im Land erzeugten Fleisches rühmt wie die der Seefische und des reichlich vorhandenen Brunnenwassers Almeidas Brief an den König. Honig und Wachs waren als Erträgnisse der eifrig betriebenen Bienenzucht reichlich vorhanden. Als Bienenkörbe benutzte man Krüge, die 50 Liter faßten, bedeckte die Öffnung mit einem Kokosfasergewebe, in dem die Fluglöcher angebracht waren, und hängte sie in Bäumen auf.

Die Gewässer um die Insel waren reich an guten Fischen und Pottwale sah man von den Schiffen aus zahlreich im Meer sich tummeln. Sie sind bis ins vorige Jahrhundert in den ostafrikanischen Gewässern gejagt worden und der im mittelalterlichen Abendland wie im Osten, vor allem als Parfüm, sehr hochgeschätzte Ambergris (Ambra), eine an verschiedenen Stellen des Pottwalkörpers sich bildende, wahrscheinlich krankhafte Verhärtung, war ein wichtiger Ausfuhrartikel von Ostafrika.

Unter der Beute, die bei der Plünderung den Portugiesen in die Hände fiel, war viel Rosenwasser von feinem Geruch in gläsernen Fläschchen, Einfuhr aus Arabien und Persien, viel Glasware von mannigfacher Form, z. T. wahrscheinlich aus dem Irak, dessen Gläser im Osten besonderen Ruf genossen, und aus Cambaya, von wo viel schwarze, blaue und gelbe Glasperlen nach Ostafrika eingeführt wurden, ebenso wie blaue und bunte Baumwollstoffe, die die Portugiesen in den verschiedensten Sorten erbeuteten.

Als Waffen gebrauchte man Bogen und Pfeile mit Widerhaken sowie Wurfspeere (Assagaie); Schwerter sahen die Portugiesen nur wenige; die Schilde waren teils von Palmenholz gefertigt, teils aus Seide und Baumwolle, wie sie auch anderwärts (Ormuz) im

[1] Q. U., S. 88–90.

Gebiet der arabisch-persischen Kultur vorkommen — »cofos« lautete in portugiesischer Transskription ihr einheimischer Name[1]. Bombarden fand man vier, doch verstanden sich die Araber auf ihren Gebrauch nur schlecht.

Almeidas Aufgabe in Quiloa war erfüllt und am 9. August 1505 lichtete das Geschwader, nun wieder elf Segel stark, zur Fahrt nach Mombasa die Anker. Gleich am folgenden Tage geriet eins der deutschen Schiffe, die »Rafael«, in schwere Gefahr. Sie war bei einem in der vorausgehenden Nacht vom Führerschiff aus befohlenen Segelmanöver, bei dessen Ausführung die »Lionarda« schwer gefährdet wurde, allein hinter den andern zurückgeblieben und sah sich bei Tagesanbruch ganz nah an Land, als unerwartet Windstille eintrat und das Schiff mit der Flut dem Gestade zugetrieben wurde. Der Kapitän Fernão Suares ließ sofort einen Anker auswerfen, aber erst in vier Kabellängen Tiefe fand man Grund. Da es zudem Felsgrund war, mußte man befürchten, daß das Tau zerschnitten würde; ein weiteres hatte man nicht und so war das Schiff in der ernstesten Gefahr auf ein Unterwasserriff aufzulaufen, dessen Vorhandensein das Schäumen der Wellen verriet. Da warf sich Fernão Suares in der höchsten Not mit der gesamten Mannschaft auf die Kniee und sie gelobten für den Fall der Rettung gemeinsam einen Pilger zu U. L. Frau von Guadalupe zu schicken, den man auch sofort ausloste. Und siehe da, gleich darauf kam ein Lüftchen auf, das ihnen ermöglichte aus der gefährlichen Landnähe herauszukommen, und auch den Anker gelang es glücklich zu bergen[2]. Sonst verlief die Fahrt ohne Zwischenfälle und Almeida erreichte mit zehn Schiffen am 13., die »Rafael« am 14. August die Außenreede von Mombasa (4° 3' s. Br. und 39° 37' ö. L.).

Wie Quiloa war auch Mombasa Inselstadt[3]. Im Osten und Norden, im Westen und Südwesten ist die Insel vom Festland umschlossen und nur durch schmale Meeresarme von ihm getrennt. Die Stadt lag, hoch auf den Korallenfels gebaut, an der Ostseite der großenteils von Buschwald bedeckten, fruchtbaren Insel, nicht weit von der Einfahrt in den östlichen Meeresarm, der stellenweise nicht mehr als einen Armbrustschuß breit war[4]. Von dem Grün der Palmenhaine und der Gärten ihrer Umgebung, die die gleichen

---

[1] Q. U., S. 139f. Von ostafrikanischen Schilden gebraucht z. B. Correa den Ausdruck in Lendas, Bd. I, S. 550 und Castanheda a. a. O., l. II, c. 6.

[2] Castanheda a. a. O., l. II, c. 4.

[3] Strandes a. a. O., Nebenkärtchen auf der Karte am Schluß.

[4] Barros, Dec. I, l. VIII, c. 7.

Erzeugnisse wie die von Quiloa, nur in reicherer Fülle hervorbrachten und dazu Zuckerrohr, hoben sich die mehrstöckigen Häuser mit dem weißen Kalkbewurf und den flachen Dächern hell ab. Nach der Landseite hatte sie zum Schutz gegen Angriffe der Neger des Festlandes, denen die Furt von Makupa im Nordwesten bei Ebbe den Übertritt auf die Insel ermöglichte, eine nicht sehr hohe Mauer, nach der Hafenseite war sie unbefestigt; doch mußte der steile Anstieg des Geländes einem Angreifer hier beträchtliche Schwierigkeiten in den Weg legen.

Vasco da Gama hatte auf der Entdeckungsfahrt die Insel berührt, aus Vorsicht indes nur auf der Außenreede Anker geworfen. Er war mit scheinbarer Freundlichkeit aufgenommen worden, aber nur mit Mühe und Gefahr nächtlichen Anschlägen entgangen. Die traditionelle Feindschaft, die zwischen dem mächtigeren Mombasa und seiner nördlichen Nachbarstadt Melinde (3° 15' s. Br. und 40° 7' ö. L.) bestand, hatte ihm dann dort gute Aufnahme verschafft und den Abschluß eines Freundschaftsvertrages ermöglicht. Während der nächsten Jahre war Mombasa zwar in seinem Handel durch gelegentliche Kaperei portugiesischer Kapitäne einmal geschädigt worden, die Stadt selbst aber bei ihrer geschützten Lage und starken, kriegerischen Bevölkerung von jedem Angriff verschont geblieben. Diesmal sollte es ihr nicht so glimpflich ergehen; denn Almeida kam mit der Absicht sie entweder zu vertragsmäßiger Unterwerfung zu nötigen oder zu zerstören. Offenbar sollte vor allem ihr lebhafter Wettbewerb im Handel mit Sofala zugunsten des nun portugiesischen Quiloa so weit als möglich ausgeschaltet werden[1]. Aber der arabische Fürst der Stadt hatte die Gefahr kommen sehen und Vorkehrungen gegen einen Angriff getroffen.

Als daher am 13. August 1505 nach Ankunft der Flotte auf der Außenreede Gonçalo de Paiva mit der Karavelle in den schmalen Eingang des Hafens einfuhr und dort Lotungen vornahm, erhielt er aus einem Festungswerk am Ufer Feuer und eine Bombardenkugel durchschlug ihm das Schiff von einer Seite zur andern, ohne indes von der Bemannung jemanden zu verletzen. Die Karavelle erwiderte mit ihrem gesamten Geschütz, eine Kugel fuhr durch das nicht sehr starke Mauerwerk der feindlichen Befestigung, setzte das Pulver in Brand und die Besatzung rettete sich nur durch schleunige Flucht. Da die Messungen ausreichende Tiefe auch für die großen Schiffe ergaben, fuhr die gesamte Flotte in den Meeresarm ein[2]. Noch ein weiteres mit Artillerie bewehrtes Festungswerk auf einem Uferfelsen vor dem Südende der Stadt

[1] Castanheda a. a. O., l. II, c. 4 Anfang.

[2] ebd., c. 4.

wurde niedergekämpft — wir legten uns do fur und schossen mit grossem ernst dar yn und vertryben unser feynd«, heißt es bei Sprenger[1] — und dann gingen alle Schiffe im Hafen vor Anker. Die von den Arabern verwendeten Geschütze waren, wie sich später herausstellte, aus dem in der Nähe von Mombasa am 12. Februar 1501 gestrandeten und von den Portugiesen selbst verbrannten Schiff des Sancho de Tovar gehoben worden[2].

Nach kurzer Beratung mit den Kapitänen sandte der Vizekönig im Boot João da Nova mit dem einen von zwei einheimischen Lotsen, die er aus Quiloa mitgenommen hatte, an Land um dem arabischen Herrn der Stadt Botschaft zu überbringen, die ihm nur zwischen freiwilliger Unterwerfung und Krieg die Wahl ließ. Als das Boot sich dem Ufer näherte, rottete sich sofort ein bewaffneter Volkshaufe zusammen; man ließ den Lotsen nicht zu Worte kommen, schalt ihn einen Hund, der Schweinefleisch esse, schlimmer noch als die Christen, weil er sie hergebracht, und drohte ihn in Stücke zu hauen, wenn er es wage den Fuß aufs Land zu setzen. João da Nova kehrte unverrichteter Dinge an Bord zurück. Es galt nun, bevor man den Angriff auf die volkreiche Stadt wagte — auf 10 000 Einwohner schätzt sie der Bericht von der »Rafael« —, über die Streitkräfte und Absichten des Verteidigers Kunde zu erlangen. Zu diesem Zweck schickte Almeida nach Einbruch der Nacht Boote dem Ufer entlang aus mit dem Auftrag, wenn möglich, einen Gefangenen einzubringen. Auf dieser nächtlichen Streife erlebten die Portugiesen eine Überraschung: aus dem Dunkel des Strandes wurde ihnen plötzlich in ihrer eigenen Sprache höhnisch zugerufen, sie sollten machen, daß sie weiterkämen; Mombasa sei nicht Quiloa und sie sollten nicht glauben, daß sie hier Hühner zu essen bekämen wie dort; wenn sie aber an Land gehen wollten, so stehe die Mahlzeit für sie bereit. Auf Befragen erklärte der Rufer, daß er Portugiese und aus Lissabon[3], 1502 vom Schiff des Antonio do Campo, das zum Geschwader des Admirals Vasco da Gama gehörte, desertiert und Muhamedaner geworden sei. Er diente in Mombasa als Bombardier. Umsonst versprach man ihm sicheres Geleit und Verzeihung, wenn er sich dem Vizekönig stelle; er lehnte es ab. Immerhin machten die Portugiesen auf ihrer

---

[1] Nach Barros, Dec. I, l. VIII, c. 7 »dous cubelos cercados de pedra ensoça, que adiante estavam com artilheria, a qual obra despejou o caminho de maneira, que naquelle dia, e no seguinte sondado o rio, foram mettidas no porto todalas náos«.

[2] Ramusio, Navigationi et viaggi, Venetia 1550, Bd. I, f. 138r.

[3] Mayr nennt ihn einen kastilianischen Christen (a. a. O., S. 141), aber er weiß von der Sache nur durch Hörensagen, da »Rafael« erst am 14. August in Mombasa ankam.

Streife einen glücklichen Fang: ein Diener aus dem königlichen Hause selbst fiel ihnen in die Hände. Almeida versprach ihm Leben und Freiheit, wenn er die Wahrheit sage, und erfuhr darauf, daß in der Stadt außer etwas Artillerie 4000 streitbare Männer seien, großenteils schwarze Sklaven, darunter 500 Bogenschützen[1], und daß weitere 2000 Mann noch vom Festland erwartet würden, ferner, daß man zum Widerstand bis aufs Äußerste entschlossen sei.

Der Vizekönig wußte nun, woran er war, und am 14. August morgens berief er die Kapitäne um zu beraten, ob ein Angriff auf die Stadt gewagt werden solle. Die Mehrzahl entschied sich trotz ihrer Stärke und der Ungunst der Landungsverhältnisse im Sinn Almeidas für einen solchen. Alsbald wurde nun von allen Schiffen die Beschießung aufgenommen und vom Land kräftig erwidert. Auf den Rat des Fernão Suares, Kapitäns der »Rafael«, die erst an diesem Tag eintraf, beschloß Almeida nachmittags größere Abteilungen zu landen, die an zwei Stellen die Stadt in Brand setzen sollten um dem für den nächsten Morgen festgesetzten allgemeinen Angriff vorzuarbeiten. Die Bauart von Mombasa legte diesen Gedanken nah; an fast jedes der massiven Steinhäuser nämlich waren Lehmhütten mit Holzstangengerüst und Palmblattbedachung angebaut, die als Ställe und Schuppen dienten und rasche Verbreitung des Feuers versprachen. Die eine Landungsabteilung wurde dem Fernão Suares selbst unterstellt, das Kommando der andern übertrug Almeida seinem Sohne D. Lourenço. Der erste griff mit etwa 300 Mann, meist Büchsen- und Armbrustschützen von »Lionarda«, »Rafael« und »Flor de la mar«, bei der Hauptlandestelle in der Gegend des Zollhauses an, während D. Lourenço mit Mannschaften von »Jeronimo«, »Botafogo« und dem Schiff des Antão Gonçalves (»Judia«) gegen den Teil der Stadt vorstieß, in dem der Palast des Königs lag und der der stärkste war, weshalb die Verteidiger hier einen Angriff am wenigsten erwarteten. Die Flut begünstigte in der Nähe des Zollhauses das Herankommen mit den Booten und, wiewohl man um die Portugiesen zu schrecken am Strande zwei Elefanten hin- und hertrieb[2], ein Hagel von Pfeilen und Steinen ihnen entgegenflog und der Feind zähen und nachhaltigen Widerstand leistete, erzwang Fernão Suares hier die Landung; mit Hilfe von Pulvertöpfen wurde Feuer an einige der Palmdachhütten gelegt und binnen kurzem brannte es derart, daß

[1] So beziffert sie Castanheda a. a. O., l. II, c. 5; Barros gibt die hohe Zahl von 1500 (Dec. I, l. VIII, c. 7). Hans Mayr spricht von 500, die nach Beendigung der Kämpfe in der Stadt den Palmenhain vor derselben bewachten.

[2] Q. U., S. 114.

nach Hans Mayr die Stadt ein Feuer schien, und so fast die ganze Nacht. Auch eine Menge Steinhäuser fielen den Flammen zum Opfer und mit ihnen ging viel Reichtum zugrunde. Wie Fernão Suares hatte auch D. Lourenço seinen Zweck erreicht, aber zwei Tote und, wie die andere Abteilung, eine Anzahl Verwundete gehabt, darunter João Serrão, den Kapitän der »Botafogo«. Ein Versuch der Portugiesen drei Schiffe von Cambaya, die bereits entladen und am Strand aufgelegt waren, ebenfalls zu verbrennen, wurde von den Feinden vereitelt. Trotz scharfen Nachdrängens der Gegner erreichten indes alle Abteilungen ihre Boote und konnten ohne weitere Verluste an Bord zurückkehren. In der Nacht, die folgte, war Mondfinsternis.

Der allgemeine Angriff auf Mombasa wurde für den folgenden Tag, Mariä Himmelfahrt, den 15. August, angesetzt. Er sollte an zwei Stellen zugleich unternommen werden, am Südende der Stadt, wo auf der Höhe des Korallenfelsens über einer Landungsstelle der Königspalast stand und wo, am nächsten der Hafeneinfahrt, die Hauptmasse der Flotte, acht Segel stark, darunter das Flaggschiff »Jeronimo«, lag, und dann an der Hauptlandestelle, der Ribeira, zu der acht steile Straßen herabführten, zwei davon mit hohen Steintreppen und alle sehr eng. Den Sturm auf das Viertel beim Königspalast behielt der Vizekönig sich selber vor, den Angriff an der andern Stelle vom Tag zuvor übertrug er D. Lourenço, zu dessen Abteilung diesmal die Mannschaft des João da Nova, Fernão Suares und Diogo Correa, also auch Sprenger und Hans Mayr gehörten, die Hauptmasse der portugiesischen Streitkräfte[1].

[1] Strandes' Auffassung vom Hergang der Eroberung Mombasas wird sich, obwohl auf eigene Anschauung der Örtlichkeiten gegründet, doch kaum aufrechterhalten lassen; sie fußt hauptsächlich auf dem Berichte des Barros, der sehr ausführlich, farbig und lebendig, aber im Örtlichen unklar und unzutreffend ist, wie er denn in seiner nach Livianischer Weise — daher der »portugiesische Livius« — stilisierenden, auf lückenlose Zusammenhänge, schöne und anschauliche Erzählung ausgehenden schriftstellerischen Art mit dem Beiwerk überhaupt frei verfährt. Auch verführt ihn (wie Livius) sein Erzählertalent und Streben, das nationale Heldentum in hellstem Glanz erstrahlen zu lassen, zu recht freier Behandlung der Tatsachen und lebhafter Ausschmückung. Aus dem Berichte des Pero Fernandes Tinoco (a. a. O., S. 338), der selbst zur Abteilung Almeidas gehört hatte und den das Topographische überall besonders interessiert — man bekommt den Eindruck, daß er Pläne gefertigt hat —, der ferner die Stadt der Länge und Breite nach abgegangen (»julgo . . . do que vi amdandoa toda de comprido e de largo«) und sich vom flachen Dach des Königspalastes aus ein Bild von ihr verschafft hat (»a fora sobyr me [ao eira]do das casas delrei«), ergibt sich, daß Almeida bei den »casas delrei« am Ende der Stadt ein- und

Da ein Ufervorsprung verhinderte, daß auf D. Lourenços Landungsbooten Flaggensignale Almeidas gesehen werden konnten, so wurde verabredet, daß auf einen Bombardenschuß von der »Jeronimo« beide Abteilungen an Land gehen und sich von zwei Seiten nach dem Königspalast durcharbeiten sollten. Bei schwerster Strafe wurde wegen der für die Gesamtheit damit verbundenen Gefahr verboten, daß irgend jemand, bevor die Stadt völlig vom Feinde gesäubert sei, zum Zweck des Raubes ein Haus betrete, dagegen versprochen, daß sie nach Vertreibung des Gegners zur Plünderung preisgegeben werden sollte.

Am 15. August, zwei Stunden vor Tagesanbruch, gingen alle, nachdem sie sich gerüstet, die Absolution empfangen und gefrühstückt hatten, in die Boote und legten, den Tag erwartend, bei Flut nahe dem Ufer bei, das vom Flammenschein der Brände noch immer erhellt, unheimlich menschenleer und verlassen vor ihnen lag. Der Feind hatte sich ins Innere der Stadt zurückgezogen, seine Hauptmasse in den Teil, wo D. Lourenços Angriff zu erwarten war. Sobald es hell wurde, dröhnte von der »Jeronimo« der Signalschuß herüber, die Boote stießen an Land und beide Abteilungen konnten, ohne Widerstand zu finden, den Uferstreifen besetzen. Die des Vizekönigs führte der Diener des arabischen Herrschers, der am ersten Abend gefangen worden war. Ohne nennenswerte Kämpfe gelangte dieselbe bis in die Nähe des Königspalastes. Dort erst machten die Almeida gegenüberstehenden Feinde einen ernstlichen Versuch ihm den Weg dahin zu verlegen; allein wiederum bewährte sich die Überlegenheit der Bewaffnung und die stürmische Tapferkeit der Portugiesen: der Gegner wurde unter beträchtlichen Verlusten an Toten verjagt, ohne daß Almeida auch nur einen Verwundeten hatte, und der Palast ohne Gegenwehr besetzt. Auf seinem Stadt und Insel weithin überschauenden flachen Dach pflanzte mit dem Ruf »Portugal, Portugal!« Fernão Bermudes, den Almeida mit Ruy Freire zur Bewachung zurückließ, kurz danach die königliche Fahne von weißem Damast auf, mit dem Kreuz des Christusordens in karmesinfarbenem Atlas. Der König von Mombasa war aus der Stadt

---

nicht von Norden oder Westen, wo doch auch die Stadtmauer zu überwinden gewesen wäre, und durch größere Teile der Stadt zum Königspalast vorgedrungen ist und daß die Stelle, wo er eindrang (por houtro porto que está da parte das casas delrei de bombaça), noch stärker von Natur war als diejenige, an der D. Lourenço angriff. Dazu stimmt, daß nach Barros der Palast auf dem höchsten Punkte der Stadt lag, also wohl sicher, wie Strandes vermutet, an der Stelle, die seit dem Schluß des 16. Jahrhunderts die portugiesische Feste »Jesus« einnahm. Demnach hat der Vizekönig am Südende vom Strand aus gestürmt.

geflüchtet und einige 60 Araber, in reiche Mäntel und Turbane gekleidet, sah man, während Almeida noch ein paar benachbarte Straßen vom Feind säuberte, dieselbe gleichfalls verlassen und ohne sonderliche Eile die Richtung auf ein Palmenwäldchen nehmen, wohin sich, wie man hörte, auch der König begeben und die nicht wehrfähige oder aus der Stadt hinausgedrängte Bevölkerung sich zurückgezogen hatte.

Schwere Kämpfe mußte die Landungsabteilung D. Lourenços bestehen. In guter Ordnung hatte sie, voran die Büchsen- und Armbrustschützen, den unteren, nicht bebauten Teil des steilen Uferhanges erstiegen und zwischen den Ruinen von ein paar während der Nacht verbrannten und verlassenen Häusern hindurch die vom Hafen steil emporführenden Gassen betreten. Zunächst war der Widerstand hier nur schwach; je weiter man aber ins Stadtinnere drang, wo die Häuser dreistöckig wurden, um so heftigere Kämpfe entwickelten sich. Männer und Weiber, Araber und Neger nahmen auf feindlicher Seite daran teil. Aus den Fenstern wie von den flachen Dächern herab prasselten Steine, Pfeile, Assagaie und Wurflanzen auf die Angreifer herab. Ihre Büchsenschützen kamen bei der Enge der Straßen und dem Gedränge nur schwer zum Schuß; verwendbarer erwiesen sich die Armbrustschützen, deren Bolzen gar manchen am Fenster oder auf der Dachaltane sichtbar werdenden Feind ereilten. Nur äußerst langsam gewannen die Portugiesen Boden. Die Gassen waren so eng, daß nicht mehr als zwei nebeneinander darin gehen konnten, und wurden noch weiter durch Steinbänke verschmälert, die vor fast jedem Haus standen. Das hatte allerdings auch Vorteile für die Stürmenden; denn die Steine, die von den Dächern auf sie geschleudert wurden, schlugen, da die Werfenden sich vor den Armbrustschützen in Deckung zu halten suchten, fast alle zuerst an die Wand des gegenüberliegenden Hauses an, wodurch die Wucht des Wurfes abgeschwächt wurde. Zudem bot sich unter den zahlreichen Balkonen, die über die Straße vorsprangen, Deckung gegen die feindlichen Geschosse und sicherer Stand für die portugiesischen Schützen. Es erwies sich nötig, trotz Almeidas Anordnung, in einzelne Häuser einzudringen, von denen besonders hartnäckige Gegenwehr geleistet wurde. Die Verfolgung der daraus fliehenden Feinde und das erste Vordringen in engem Straßenzug ging in einzelnen Fällen über die flachen Dächer hin; nur Schritt für Schritt und unter schweren Verlusten räumte der Verteidiger die einzelnen Viertel und flüchteten die Überlebenden aus der Stadt. In einer zäh gehaltenen engen Gasse brachte er eine alte Wand zum Einsturz, trennte dadurch die Abteilungen des D. Lourenço, der die Spitze hielt, und des João da Nova und verursachte unter den

Nachdrängenden eine Stauung, die bei der drangvollen Enge und dem Schießen von Fenstern und Dächern herab leicht zu schweren Verlusten hätte führen können; doch gelang es auch hier durch Eindringen in ein Haus und Besetzung der nächsten Dächer von oben her Luft zu schaffen und zum Königspalaste durchzudringen, von dem bei D. Lourenços Ankunft bereits die portugiesische Fahne wehte. Nun brach man gemeinsam noch den letzten, vereinzelten Widerstand und am Mittag war die ganze Stadt in den Händen der Portugiesen. Sprenger schließt seine knappe Schilderung der Erstürmung von Mombasa mit den Worten: »Also: wo es nit sunderlich gottes wil gewessen onmuglich das wir in der stat hetten mögen blieben. Aber durch gottes verhengknis unn fursehung bleib manicher heyd tod, und der unsern wurden nit mer dan zwen umb ir leben bracht. Wir eroberten unn behielten die stat mit grosser frolockung und dancksagung got dem almechtigen.«

Nun galt es sich gegen Überraschung von außen sicherzustellen; denn in geringer Entfernung von der Stadt hatte der arabische Fürst sich mit immer noch beträchtlicher Streitmacht verschanzt; ein Angriff aber auf die mit gut 500 Bogenschützen allein besetzte Stellung lag nicht in Almeidas Absicht. Es wurden also die nach dieser Seite ausmündenden Straßen durch Wachen gesichert, dann die Stadt in Quartiere eingeteilt und zur Vermeidung von Streitigkeiten je eins davon jeder Schiffsmannschaft zur Plünderung überwiesen, wobei noch viele Bewohner in ihren Häusern versteckt aufgefunden und teils getötet teils gefangen wurden. Der Befehl lautete, daß alle Beute auf den Schiffen abgeliefert und gesammelt werden sollte um dann später versteigert zu werden. Ein Versuch des Königs in persönliche Verhandlungen mit Almeida zu treten scheiterte daran, daß der letztere die verlangten Geiseln zu stellen verweigerte und seine ehrenwörtliche Zusage sicheren Geleits für ausreichende Bürgschaft erklärte. Den ganzen Nachmittag dauerte die Plünderung der Stadt. Im königlichen Palast zwar fand man die erwarteten Reichtümer nicht und eine unserer Quellen[1] läßt durchblicken, daß nicht die flüchtigen Araber sie mitgenommen hätten, aber im übrigen wurden, außer großen Mengen indischer Baumwollstoffe aus Cambaya, in die sich die ganze ostafrikanische Küste kleidete, kostbare Seiden- und Goldstoffe, persische Teppiche und prächtige Satteldecken, Gold, Silber, Perlen und Edelsteine, Elfenbein und Ambergris erbeutet und die Lebensmittelvorräte der Schiffe in willkommenster Weise durch Reis und Hirse, Butter und Honig sowie durch Kamel- und Schaffleisch

[1] Castanheda a. a. O., l. II, c. 6.

ergänzt. Das in der Stadt vorhandene, durchweg eiserne Geschütz fiel ebenfalls in die Hände der Sieger. Seinen Bericht über die Plünderung Mombasas schließt Sprenger mit den Worten: »Unn funden so groß gut wie vorangezeigt das mir alles zuoffenbaren onmuglich: got sey ewig lob ere und glori amen.«

Für die Nacht zog Almeida alle seine Leute aus der Stadt zurück; denn es bedurfte bei der Nähe des ortskundigen Feindes äußerster Wachsamkeit; bei der Ermüdung der Mannschaft aber war zu befürchten, daß sie sich in den Häusern allzu sorglos dem Schlaf hingeben würde. So wurden sie im Freien, einen Büchsenschuß weit von dem Palmenwäldchen, worin der Feind stand, die Nacht hindurch wach und in Bereitschaft gehalten und am nächsten Tag, dem 16. August, Samstag, die Plünderung bis zum Abend fortgesetzt, die Beute auf die Schiffe gebracht und dann die Stadt von neuem angezündet, während die Portugiesen sich in guter Ordnung und unbelästigt vom Feind auf die Schiffe zurückzogen. »Trotzdem«, so heißt es in dem Bericht von der »Rafael«, »waren die Christen noch nicht recht zum einen Tor hinaus, da kamen schon die Mauren durch ein anderes herein um ihr Unglück zu sehen: es lag da in den Gassen und Häusern viel Volks tot; man sagte, daß es 1500 waren.« Die schönste und volkreichste Stadt der ostafrikanischen Küste, Quiloa an Einwohnerzahl, Handelsverkehr und Reichtum weit überlegen, lag zum großen Teil in Trümmern. Von den Gefangenen, deren Zahl ziemlich hoch gewesen zu sein scheint, hatte man notgedrungen die Frauen und Kinder freigelassen, die kräftigen Männer wurden nach Indien mitgenommen um dort als Ruderer auf den Galeeren einem elenden Sklavenlos zu verfallen. Von der Größe des Unglücks zeugt ein Brief, den der König von Mombasa gleich nach der Katastrophe an den arabischen Herrscher von Melinde schrieb und den uns in seinem Wortlaut der Bericht von der »Rafael« erhalten hat. Er lautet:

»Gott erhalte dich, Cyd Ale (Said Ali)! Ich tue dir kund und zu wissen, daß hier ein großer Herr vorbeigekommen ist, der flammend in Feuer kam. Er fiel in meine Stadt mit solcher Macht und Grausamkeit, daß er niemand das Leben schenkte, weder Mann noch Frau, weder Jüngling noch Greis noch Kind, mocht' es auch noch so klein sein. Es entgingen ihm nur, die vor seiner Wut sich flüchteten. Nicht nur die Menschen erschlugen sie und brannten, sondern die Vögel des Himmels schossen sie zur Erde herunter. So groß ist der Gestank der Leichen in meiner Stadt, daß ich nicht wage sie zu betreten. Sie wären nicht imstande dir die ungeheuern Reichtümer anzugeben und Rechnung darüber abzulegen, die sie von dieser Stadt fortführen. Ich begnüge mich damit dir diese traurigen Nachrichten zu geben, damit du dich sicherstellst.«

Die Gesamtverluste der Portugiesen bei und in Mombasa gibt der Bericht von der »Rafael« und mit ihm übereinstimmend die Historiker Castanheda und Goes auf 5 Tote und viele Verwundete an[1]. Zu den Toten kam am 27. August[2] noch Fernão d'Eça (oder de Sá), der Kapitän des Admiralschiffes, der einem Pfeilschuß durch die große Zehe bald nach der Abfahrt von Mombasa erlag. Er war erst kurz vor Abfahrt der Flotte von Lissabon aus marokkanischer Gefangenschaft in die Heimat zurückgekehrt[3]. Das Geschoß soll vergiftet gewesen sein. Von diesen angeblich vergifteten Pfeilen der schwarzen Bogenschützen hatten die einen Eisen-, die andern an den Schaft angesetzte, in Feuer gehärtete Holzspitze. Die Wunden, die von den ersteren herrührten, sollen schlimmer ausgesehen haben, aber harmloser gewesen sein, die der andern sollen sich als gefährlich erwiesen haben, doch vermochte man nicht zu erfahren, ob die Wirkung auf Bestreichen mit Pfeilgift beruhte oder ob das Holz selber giftige Eigenschaften hatte. Behandelt wurden die Wunden, und angeblich erfolgreich, indem man Speckstückchen hineinlegte und immer erneuerte, ein Verfahren, das ein Kriegsgefangener von Quiloa dem Vizekönig empfohlen haben soll.

Sobald die Einschiffung von Beute und Mannschaft beendigt war, befahl Almeida die Anker zu lichten; der geplante Festungsbau auf Anjediva verlangte Zeit, und Cochin mußte vor dem Monsunwechsel erreicht werden. Aber die Windverhältnisse erwiesen sich als ungünstig, die Beschaffenheit des Hafeneingangs als gefährlich für die Ausfahrt[4]. Man war genötigt sofort von neuem die Anker auszuwerfen und an so seichter Stelle, daß sie bei Ebbe auf dem Trockenen lagen. Zwei Tage später, am 18. August, wurde ein neuer Versuch gemacht trotz Gegenwind die offene See zu gewinnen, aber auf der Außenreede lief die »Lionarda« infolge ungestümen Windes nahe dem von Gonçalo de Paiva zerstörten Bollwerk auf und verlor das Steuer, das man trotz eifrigen Suchens nicht mehr fand. Sie schien verloren und der größte Teil der Besatzung wurde von andern Fahrzeugen aufgenommen. Die ganze

---

[1] Mit dieser Gesamtzahl steht Sprengers Angabe nicht in Widerspruch: er rechnet nur die beim Sturm Gefallenen; Barros gibt nur 4 Tote einschließlich des Fernão d'Eça und über 70 Verwundete, Correa wie gewöhnlich eine viel zu hohe Zahl.

[2] Goes, Chron., p. II, c. 3.

[3] Barros, Dec. I, l. VIII, c. 8.

[4] Almeida schreibt in dem Bericht von Cochin, 16. Dezember 1505 (Torre do Tombo, gav. 20, maço 10, n. 33): »(Mombaça) nom he tam bõo porto, he periguoso para sair«.

Nacht saß das Schiff fest und dann trieb es in der Frühe die Flut wieder zurück vor die Stadt. Sollte es gerettet werden, so mußte man ihm ein neues Steuer schaffen, aber dazu fehlte das Material. So verfiel man auf den Ausweg, daß jedes der anwesenden Schiffe ein Stück von dem seinen hergeben mußte. Am 21. hatten die Zimmerleute das neue Ruder fertig, aber nun machte seine Anbringung sehr erhebliche Schwierigkeiten, weil man das Fahrzeug nicht überholen konnte. In der Nacht zum 22., bei Fackelschein, gelang auch diese Arbeit[1] und am 23. August wurde die »Lionarda« von den Booten ins offene Meer hinausgeschleppt. Zum zweitenmal war das deutsch-italienische Handelskonsortium vor schwerem Verlust bewahrt geblieben.

Inzwischen hatte sich zu den elf Segeln, mit denen Almeida vor Mombasa angekommen war, ein zwölftes gesellt: die »Gabriel« vom zweiten Geschwader, Kapitän Vasco Gomes d'Abreu, war dort am 20. August eingelaufen. In schwerem Sturm war ihr unterwegs die Spitze des Hauptmastes mit dem Mastkorb abgebrochen worden und herabgestürzt, ohne daß drei Seeleute, die sich gerade im Mastkorb befanden, dabei Schaden genommen hätten. Von den übrigen Schiffen des zweiten Geschwaders wußte die »Gabriel« schon länger nichts mehr; es war durch Sturm getrennt worden. Während für die »Lionarda« das neue Ruder gezimmert wurde, hatte Almeida sieben Schiffe nach Melinde vorausgesandt[2], er selbst fuhr mit den fünf zurückgebliebenen am 23. August von Mombasa ab, trieb aber infolge der Strömungen an Melinde vorüber und vereinigte sich dann in der S. Helena-Bucht, fünf Leguas weiter nördlich, der heutigen Ungama- oder Formosa-Bai, wo er am 24. ankam, mit dem vorausgesandten Teil der Flotte, der unterdes in Melinde Hämmel, Hühner und andere Lebensmittel sowie frisches Wasser eingenommen hatte[3]. Unterwegs war die »Lionarda«, das Unglücksschiff, wieder mit einem andern Fahrzeug zusammengestoßen, wobei ihr der eine Flügel eines Ankers zerbrochen wurde, doch waren ohne weitern Schaden beide von einander losgekommen. In der S. Helena-Bucht waren einzeln schon vor Almeida zwei weitere Schiffe des zweiten Geschwaders angekommen, die Melinde ebenfalls verfehlt hatten, nämlich die Karavellen des João Homem und des Lopo Chanoca. Die letztere war aber um

---

[1] Almeida a. a. O.: »foy necesario fazerlhe outro (governalho) a apalpadelas porque a nom podiamos poer em monte e metemos lho de noite as tochas que foy grande mercee que me nosso senhor fez porque parecia empossivell«.

[2] Almeida a. a. O. und Sprenger in Q. U., S. 115.

[3] Gaspar da Gama a. a. O., S. 201.

Wasser und Lebensmittel einzunehmen nach Melinde zurückgefahren, João Homem hatte sein Schiff in der Bucht zurückgelassen und sich persönlich zum gleichen Zweck über Land dahin begeben. Von dem Schicksal der übrigen Fahrzeuge ihres Geschwaders wußten seine Leute wenig zu melden. Ein Sturm hatte sie, schon lange bevor der Meridian des Kaps erreicht war, nächtlicherweile von den andern getrennt und seitdem hatten sie ihren Weg allein gemacht. Leichtsinn und bequemes Gehenlassen ihres Führers hatte unterwegs um ein Haar Mannschaft und Fahrzeug zugrunde gerichtet.

João Homem war ein echter Ritter, der auf Gott und sein gutes Schwert vertraute, sein Element der Kampf, und hier stand er ohne Furcht und Tadel seinen Mann; aber um die Autorität des Kapitäns zu wahren fehlten ihm so ziemlich alle Eigenschaften; er hatte bei seiner schnurrigen Art auch offenbar gar keine Lust dazu. Leben und leben lassen war sein Grundsatz. Von Haus aus arm, brachte er das Wenige, was der Dienst des Königs ihm eintrug, in lustigen Gelagen mit Soldaten und Seeleuten durch. Vorauszudenken und zu sorgen, sich und andere in Zucht zu halten war seine Sache nicht. Die Instruktion Almeidas befahl, daß auf jedem Schiff Schlüssel zu den Wasser- und Lebensmittelkammern nur in den Händen des Kapitäns und des von ihm bestellten Proviantmeisters sein und ohne Befehl des Kapitäns niemand die Kammern sollte betreten dürfen. Am Ende jedes Monats sollte festgestellt werden, was verbraucht sei und wieweit das Vorhandene noch reiche, damit, wenn nötig, zu rechter Zeit unterwegs die Vorräte ergänzt würden. Von den Vorschriften über die Verteilung des Weins war schon früher die Rede. João Homem aber hatte gleich bei der Ausfahrt aus dem Tejo seinen Leuten erklärt, daß er nicht daran denke den Proviantmeister zu machen, und alles, was von Lebensmitteln verteilt werden konnte, sogleich an die Mannschaften ausgeben lassen; es solle jeder selbst seinen Anteil verwahren; Wasser und Wein könnten sie sich holen, wann sie wollten. Es war dann so gekommen, wie es kommen mußte; man war schätzungsweise noch 450 Leguas vom Kap entfernt, da erschienen eines Tages der Schiffs- und Proviantmeister in der Kajüte des Kapitäns und meldeten unter Tränen, daß dank seiner Freigebigkeit auf der Karavelle nur noch ein halbes Faß Wasser vorhanden sei. Seine Antwort auf diese niederschmetternde Eröffnung hat es verdient, daß sie der Nachwelt erhalten geblieben ist. »Schurken«, fuhr er die beiden an, »glaubt ihr so wenig an U. L. Frau dort?« — er zeigte dabei auf ein Bild der Madonna im Rosenkranz, für das er große Verehrung hegte — »glaubt ihr nicht, daß sie euch Wasser und Brot und

[1] Gaspar da Gama a. a. O., S. 201.

Gold und Silber geben wird? Kein Wort weiter! Sie wird uns geben, was wir zum Leben brauchen.« Und wirklich, der Himmel hatte ein Einsehen: am folgenden Tag stieg in der Morgenfrühe eine der unbewohnten, bis dahin noch nicht entdeckten Felsinseln von Tristão da Cunha auf und es gelang die Karavelle mit Wasser und Holz frisch zu versehen, Fische die Menge im Netz zu fangen, eine reiche Beute von Seevögeln und Robben einzubringen und so einen Salzfleischvorrat zu schaffen, der bis Quiloa reichte. Lebensmittel für die weitere Reise hatte die Karavelle dann noch in Sansibar erhalten, wo die Kunde von der Eroberung Quiloas die Bevölkerung eingeschüchtert und gefügig gemacht hatte[1].

Da Gegenwind dem Vizekönig nicht gestattete den portugiesenfreundlichen Herrscher von Melinde persönlich zu besuchen, sandte er die Kapitäne von »Lionarda« und »Rafael« im Boote dorthin ihm Geschenke König Manuels zu überbringen, von denen eines ein kostbarer goldener Becher war. Der Scheich zeigte sich erfreut über die Zerstörung von Mombasa und sandte reichlich Erfrischungen nach der S. Helena-Bucht. Mit Diogo Correa und Fernão Suares kamen dann auch João Homem und Lopo Chanoca dorthin zurück. In der Bucht selber, die 1502 Vasco da Gama auf seiner zweiten Indienfahrt angelaufen, aber vergebens nach Trinkwasser abgesucht hatte, entdeckten Almeidas Sohn und Lourenço de Brito einen sehr alten Brunnen, der gereinigt wurde und alsbald sehr gutes, für die ganze Flotte ausreichendes Wasser gab[2]. Auch Holz und Fleisch wurden eingenommen. Almeidas Absicht war gewesen auch dem starken und reichen Mukdischu (2° 20' n. Br. 45° 25' ö. L.) an der Somaliküste die Macht Portugals vor Augen zu führen, aber sie wurde aufgegeben, einerseits wegen der ungünstigen Landungsverhältnisse der Stadt, anderseits, weil man fürchten mußte, den Monsun zu versäumen. Mittwoch den 27. August fuhr die Flotte, nun wieder elf größere und kleinere Schiffe und drei Karavellen stark, mit Kurs nach Indien von der S. Helena-Bucht ab und durchquerte, zum zweitenmal den Äquator kreuzend, bei günstigem Wind und ohne Zwischenfälle in siebzehn Tagen den »Golf von Mekka«, d. h. den nördlichen Indischen Ozean zwischen dem Somaliland, der Südküste Arabiens und dem westlichen Gestade Vorderindiens. Drei Tage bevor das letztere erreicht wurde, sah man von den Schiffen aus in

---

[1] Über João Homem und seine Fahrt vgl. den Bericht von der Rafael« in Q. U., S. 144; Castanheda a. a. O., l. II, c. 8; Barros, Dec. I, l. IX, c. 4; Correa, Lendas, Bd. 1, S. 580. Auch Vasco Gomes d'Abreu hatte, wie es scheint, Tristão da Cunha berührt: vgl. den Bericht des Pero Quaresma an König Manuel vom 31. August 1506 aus Moçambique in Alguns Documentos, S. 147 ff. und Q. U., S. 144 Anm. 47.

[2] Almeida a. a. O.

großen Mengen rote, nicht sehr große Krebse an der Oberfläche des Meeres schwimmen, das damals bereits bekannte erste Zeichen der Landnähe, und dreißig Leguas weiter wurden schlanke, gefleckte Schlangen, die größten eine Elle lang, in der See sichtbar, irgend eine Gattung der Hydrophiinae[1]. Am 12. September wurde auf der »Lionarda« Land gesichtet — es war die Küste südlich von Goa — und am folgenden Tag trafen elf Schiffe, darunter die drei deutschen, drei Tage später die übrigen bei ihrem nächsten Ziel ein, dem Hauptinselchen der Anjediva-(Fünfinsel-)Gruppe auf 14° 45' n. Br., 74° 5' ö. L.

VI. Anjediva, Onor, Cananor und der Portugiesenmord in Coulão.

Knapp 1½ km lang und weniger als ½ km breit, steigt etwas südlich vom Carwar-Vorgebirge die Insel steil aus der See auf; doch bietet an der Nordküste ein flacher Strand einen bequemen, gegen Wind und Wellen geschützten Anlegeplatz[2]. Alsbald nach der Landung besichtigte der Vizekönig mit den kriegserfahrensten Edelleuten und sonstigen Sachverständigen das Gelände um den geeignetsten Platz für die geplante Festung ausfindig zu machen und fand die Niederungen wie die Höhen, deren es eine größere und zwei kleine gab, dicht bewachsen mit Gras und immergrünen Busch- und Baumbeständen; auch fließendes Wasser fehlte nicht. Am Festland gegenüber, nur wenige Kilometer nördlich, sah man stattliche Berge bis zu 600 m nah am Meer aufsteigen und weiter am Horizont zog sich von Nord nach Süd die blaue Höhenlinie der Ghat hin. Die Insel war unbewohnt, doch zeugten die Ruinen eines aus großen Bruchsteinen aufgeführten alten Tempels nahe der Landungsstelle, den schon der arabische Reisende Ibn Batuta (1345) gesehen zu haben scheint[3], und zwei gleichfalls mit Haustein sorgfältig ausgemauerte Wasserbehälter, von denen der eine zu dem Tempel gehörte und groß und tief genug war, daß ein Schiff von 400 Tonnen darin hätte schwimmen können, von einer Zeit, in der Anjediva bewohnt gewesen war. Trefflichen Baustein und Lehm bot die Insel selber, Kalk hatte die Flotte von Quiloa mitgebracht.

Am Tage nach der Ankunft, Sonntag, begann man sogleich mit dem Bau der Festung. Sie wurde z. T. auf den Grundmauern des

---

[1] Q. U., S. 47, 116, 144.

[2] A journal of the first voyage of Vasco da Gama 1497—99, transl. and edited by E. G. Ravenstein, London 1898, S. 80 und Karte 4.

[3] Yule and Burnell, Hobson—Jobson, London 1903, S. 28.

alten Tempels errichtet. In seiner unmittelbaren Nähe hatte man auch einen Brunnen gefunden, der sie mit Trinkwasser versehen konnte, und die Ufergewässer erwiesen sich als reich an Fischen und Muscheln, was für die Versorgung der künftigen Feste gleichfalls nicht ohne Belang war. Der Vizekönig selber legte den Grundstein, die Schiffsartillerie gab festliche Salven ab, die Trompeten erklangen und dann stimmte die im Chorhemd amtierende Geistlichkeit das Te deum laudamus an, daß es feierlich über die einsame Insel tönte. Bald nachdem die Arbeit begonnen hatte, an der wiederum in regelmäßigem Wechsel alle verfügbaren Arme beteiligt waren, vermehrte sich in willkommener Weise deren Zahl: am 24. September trafen vom zweiten Geschwader das Schiff des Bastião de Sousa und mit ihm der künftige Kommandant der Festung, Manuel Paçanha, ein sowie die Karavelle des Antão Vaz. Die des Gonçalo Vaz de Goes hatte Paçanha als Stationsschiff instruktionsgemäß in Quiloa zurückgelassen; von Lucas da Fonseca und Lopo Sanchez, die auf der stürmereichen Fahrt von ihm getrennt worden waren, hatte er keine Kunde mehr erhalten. Der erstgenannte kam erst nach ihm, zu spät um noch die Fahrt nach Indien machen zu können, in Moçambique an und mußte dort überwintern, d. h. den Monsun abwarten. Lopo Sanchez aber war genötigt gewesen sein leck gewordenes Schiff 40 Leguas südlich vom Kap Corrientes[1] auflaufen zu lassen und mit der Besatzung in die Boote zu gehen, die dann bis auf wenige Mann teils an der Küste, wo sie Rettung gesucht, teils wie er selber im Meere den Tod fand. Mit diesem Schiff ging das Material von einer der drei Brigantinen verloren, die in Quiloa, Anjediva und Cochin zusammengesetzt werden sollten. Von ihnen hatte man die eine instruktionsgemäß in Quiloa gelassen; der Bau der zweiten, für die indische Inselfeste bestimmten Brigantine sowie der gleichfalls für Anjediva in Stücken mitgenommenen Galeere von 120 Rudern war neben dem der Festung von Almeida sofort nach der Ankunft auf der Insel in Angriff genommen und, um die nötige Rudermannschaft für beide Fahrzeuge zu beschaffen, Lopo Chanoca und Gonçalo de Paiva mit ihren Karavellen zur Jagd auf muhamedanische Schiffe ausgesandt worden. Beide Kapitäne trafen in der Tat schon am 26. September mit erbeuteten Sambuken und vielen Gefangenen ein; auch von den Arabern und Negern, die bei der Eroberung von Mombasa in die Hände der Portugiesen gefallen waren, mag ein Teil auf den zwei Ruderschiffen Verwendung gefunden haben. Zum Kapitän der neuen Galeerę wurde João Serrão ernannt. Seine Aufgabe war Wachtdienst entlang der Küste und Unterdrückung des hier blühenden, hauptsächlich von Muhamedanern betriebenen Seeraubs, Kaperung

---

[1] Barros, Dec. I, l. IX, c. 6.

der ohne portugiesischen Paß fahrenden Schiffe und möglichste Unterbindung des arabischen Handels, der bisher an Anjediva vorüber seinen Weg genommen hatte. Scharfer Auslug wurde nach drei Schiffen von Mekka gehalten, die im Lauf des September auf der Fahrt nach Calicut über Anjediva kommen und außer wertvoller Ladung weißes Kriegsvolk an Bord haben sollten, das der Samorin von Calicut angeblich vom Mamelukensultan erbeten hatte. Diese Nachricht war Almeida gleich bei seiner Ankunft durch einen indischen Kurier (Pattamar) zugegangen, den Gonçalo Gil Barbosa, der portugiesische Handelsagent in Cananor, mit Briefen für die zu erwartende Flotte dorthin entsandt hatte. Er meldete zugleich, daß in Cananor, Cochin und Coulão 20000 Quintal Spezereien zum Verladen bereit seien. Der Vizekönig seinerseits hatte João Homem mit der Karavelle »St. Georg« abgeschickt um an den genannten Orten die Ankunft der großen Flotte anzukündigen und Weisung zu überbringen, daß alle Vorbereitungen getroffen werden sollten um rasche Abfertigung der Gewürzschiffe zu ermöglichen. Die drei Fahrzeuge von Mekka abzufangen gelang nicht; sie haben um den portugiesischen Kreuzern zu entgehen ihren Weg offenbar auf hoher See gemacht; jedenfalls brachte schon am 26. September einer der schnellen malabarischen Cature, schmaler Einbäume von 60—80 Fuß Länge mit Segel und Rudervorrichtung[1], von Cananor die Meldung, daß eines davon in Calicut mit vier venezianischen Geschützgießern an Bord angekommen war, die der Mamelukensultan dem Samorin schickte.

Die Bewohner des nahen Festlandes waren dunkelfarbige, heidnische Inder und Untertanen des Rajas der in südöstlicher Richtung acht Leguas entfernten Hafenstadt Onor (Honāwar, 14° 17' n. Br., 74° 27' ö. L.) in Nord-Canara. Dieser selbst stand in Abhängigkeitsverhältnis zu dem Herrscher des mächtigen südindischen Binnenreiches von Vijayanagar (Bisnagar), das die Portugiesen nach dem damals gerade regierenden Fürsten (Narasinha) auch Narsinga nannten. Die nördliche Grenze des letzteren an der Küste bildete die meerbusenartig erweiterte Mündung des beim Carwar-Vorgebirge sich ins Meer ergießenden Kalipadi-Flusses, des Rio Ligua oder Aliga der Portugiesen. Am Nordufer des Kalipadi begann das große Reich der muhamedanischen Bahmani-Dynastie, Dekan, genauer die damals von den dekanischen Sultanen fast unabhängige Herrschaft Bijapur (Vijayapura) des Yusuf Adil Schah in Goa. Seine Grenzfeste Cintacora lag auf einer ziemlich steilen Anhöhe am Nordufer des Kalipadi[2]. Da es für die Portugiesen

[1] Lodovico di Varthema ed. Badger, London 1863, S. 154 und Yule and Burnell, Hobson—Jobson s. v. Catur.

[2] Q. U., S. 145 f.

von Wichtigkeit war die Nachbarschaft ihres neuen Stützpunktes an der Küste kennen zu lernen, unternahm D. Lourenço mit João da Nova und andern Kapitänen dorthin eine Erkundungsfahrt in Booten, wobei er lotend, zum Zeichen des Friedens eine weiße Flagge zeigend, in die Kalipadi-Mündung einfuhr. Man fand als Besatzung von Cintacora etwa 1000 Mann, darunter viel »weiße Mauren«, wohl bewaffnet mit Schwertern, Bogen, Partisanen und großen, runden Schilden, durchweg untadelige Leute. Die »weißen Mauren« gehörten offenbar zu dem zahlreichen fremden Kriegsvolk des Adil Schah, Arabern, Türken, Persern, die er neben einzelnen levantinischen Renegaten in seinem Dienst hatte; Gaspar da Gama hatte als sein Kaperkapitän zu diesen wenigen Abendländern gehört. Die Feste selbst war mit kleinen Bombarden ausgerüstet, womit man die Besatzung schießen sah. Der Kommandant traf mit D. Lourenço ohne ihn zu kennen friedliche Vereinbarungen, sandte dann dem Vizekönig selber Geschenke in Lebensmitteln und ließ sagen, daß er, wenn die Portugiesen Handelsbeziehungen anzuknüpfen wünschten, ihnen außer Lebensmitteln Rubinen und Diamanten anbieten könne. Almeida bestätigte die Abmachungen seines Sohnes und sicherte dem Handel freies Geleit zu.

Der Bau der Festung schritt inzwischen rüstig vorwärts, um so mehr, als Almeida durch Gegenwind und Sturm 33 Tage auf der Insel festgehalten wurde. Mitte Oktober war der Hauptturm auf zwei Stockwerke gebracht, Vormauer und Zwinger anscheinend weit gefördert, der Graben begonnen[1]. 60 Mann mit starker Artillerie bildeten unter dem Kommando des Manuel Paçanha die Besatzung, zu der noch einige 20 Personen in höheren Ämtern hinzutraten. Die Feste trug den Namen S. Miguel. Mit Rücksicht auf die Edelleute, Soldaten und Flottenmannschaften, die hier zurückblieben, bei Eroberung von Mombasa aber mitgekämpft und darum Anspruch auf einen Beuteanteil hatten, wurde noch auf Anjediva die Verteilung der dort eingebrachten Beute vorgenommen. Zu Kommissaren dafür ernannte Almeida den Fernão Suares, Kapitän der »Rafael«, ferner Nuno Vaz Pereira, einen portugiesischen Edelmann, der mit ihm nach Indien ging, und einen alten Freund, den kastilianischen Adeligen Guadelajara. Gold, Silber und Perlen fielen an den König, wie es scheint, doch erhielt derjenige, der sie abgeliefert hatte, 1/20 des Wertes[2]. Die ganze übrige Masse wurde an den Meistbietenden versteigert, ausgenommen die Baumwollstoffe von Cambaya, die Almeida nach ihrem Wert abschätzen

[1] Pero Fernandes Tinoco a. a. O., S. 340; die Stelle ist in der Urkunde schlecht erhalten.

[2] Bericht von der »Rafael« in Q. U., S. 142 und Brief Gaspars da India an den König in Cartas de Affonso de Albuquerque, II, S. 371 ff.

und für Zwecke des Handels mit Sofala in den Beuteanteil des Königs aufnehmen ließ, ebenso wie u. a. ein buntseidenes Zelt, wertvolle Teppiche und Gewänder, Goldbrokat und Seidenstoffe, eine volle Rüstung mit Brust-, Bein- und Armstücken aus mehrfach aufeinandergesteppter Seide, so widerstandsfähig, daß weder Schwerthieb noch -stich durchging, ein kostbar aufgezäumtes, schönes Pferd, der Sattel mit Karneolen reich besetzt, die gestickte Decke von karmesinroter Seide, ferner das Siegel des Herrschers von Mombasa, dies alles in dessen Palast erbeutet. Den Anteil des Königs eingerechnet ergab sich ein Wert von 20—30000 Cruzados[1]. Vom Erlös, wie es scheint, dessen, was nach Abzug von Gold, Silber und Perlen blieb, sollte an die Bemannung der Flotte nach einer in Mombasa schon erlassenen Bestimmung Almeidas $^1/_{20}$ zur Verteilung kommen, vielleicht in einer für Prisen durch die Instruktion vorgeschriebenen Abstufung der Anteile, wie sie dort dem Flottenkommandanten, den Kapitänen der hochbordigen Schiffe und Galeeren, dann der Karavellen, weiter den Steuerleuten und Schiffsmeistern, Artilleristen, Armbrust- und Büchsenschützen, gemeinen Soldaten und Seeleuten bis herunter zum Schiffsjungen zugestanden sind[2]. So groß indes die bei der Versteigerung erzielte Summe war, Castanheda, der auch hier anscheinend einer guten Quelle folgt, schätzt, daß von der tatsächlich gemachten Beute ebensoviel, wie an den König und alle Berechtigten verteilt wurde, der Verteilung widerrechtlich entzogen, verheimlicht, unterschlagen worden war[3], vor allem wohl Gold und Silber, das verhältnismäßig leicht verborgen werden konnte. Ein für die lockeren Anschauungen gerade der Vornehmsten und für die schon damals unter den Portugiesen in Indien herrschenden Mißbräuche recht bezeichnendes Dokument ist uns in einem Brief erhalten, den Gaspar da Gama unterm 16. November 1506 von Cochin aus an den König richtet[4]. Almeida hatte den landes-, sprach- und geschäftskundigen einstigen Juden unter Beigabe seines Sekretärs Gaspar Pereira beauftragt Nachforschungen nach widerrechtlich angeeignetem und veräußertem Gut aus der Beute von Mombasa und über den unbefugten Verkauf europäischer Tauschwaren, deren

---

[1] Bericht des Gaspar da Gama (20000 Cruzados) in Cartas d'A. d'A., Bd. III, S. 201, Castanheda (30000 Cruzados) a. a. O., l. II, c. 13. Die Augsburger Quelle gibt die Beute von Quiloa und Mombasa zu 22000 Crusati oder mer werdt an (Q. U., S. 151).

[2] Bericht von der »Rafael« in Q. U., S. 142 und Cartas de Affonso de Albuquerque, Bd. II, S. 325 f. Die Höhe der einzelnen Anteile s. ebd., Bd. III, S. 177 ff.

[3] A. a. O., l. II., c. 13.

[4] Cartas de Affonso de Albuquerque, Bd. II, S. 371—380.

Einfuhr dem König vorbehalten war, durch portugiesische Schiffskapitäne und Beamte anzustellen und beide hatten in Baticala und Cananor belastendes Material besonders gegen Guadelajara, Fernão Bermudes, Ruy Freire und Diogo Correa, den Kapitän der »Lionarda«, gesammelt. Der Ton des Briefes, der den selbstlosen Diensteifer des Verfassers nicht genug ins Licht setzen kann, ist unerfreulich, aber die mitgeteilten Tatsachen und Beschuldigungen doch recht interessant. Mit größter Erbitterung spricht Gaspar von Guadelajara. Sein Amt bei Verteilung der Beute von Mombasa hat ihn reich gemacht; Gott und die Welt weiß, woher das viele Geld stammt, das er jetzt hat. Daß er Korallen, eine dem König vorbehaltene Ware, eingeführt hat, ist erwiesen, und es ist bei weitem nicht das einzige gewesen. Aber er ist vornehmer Abkunft und alter Freund Almeidas: der Vizekönig hat's ihm in seiner Güte und Nachsicht verziehen, ja, er hat ihn zum Alcaide mór (Burgvogt) der Feste in Cananor gemacht mit 120000 Reis (rund 3000 Mk.) jährlichem Gehalt und viel Freigütern. In dieser Stellung treibt er nun schwunghaften Handel mit den muhamedanischen Kaufleuten von Cananor in Waren und in andern Dingen, für deren Aufzeichnung vier Blatt Papier nicht ausreichen würden. Der König soll nur künftig keinen Kastilianer mehr nach dem Osten schicken; sie sind seine Widersacher, suchen nur ihren Vorteil, wollen in Indien schnell reich werden und kehren dann mit dem Erworbenen nach Kastilien zurück. Hier spricht der Neid und die Abneigung gegen den Landfremden und Günstling des Vizekönigs; aber auch die portugiesischen Edelleute treiben's schlimm. Fernão Bermudes hat in Baticala einem muhamedanischen Kaufmann »viel Gold von Mombasa« zum Weiterverkauf übergeben, hat Korallen von fünf Sorten, je hundert Gran zum Preis von einem bis fünf Goldpardaos (Münze im Wert von rund 8 Mk.) verkauft und sonst gesündigt; Ruy Freire hat in Cananor Gold und Silber im Werte von 700 Cruzados aus der Beute von Mombasa an einen muhamedanischen Kaufmann gegen Edelsteine, Perlen und feine indische Baumwollstoffe (Sinabaffos) verhandelt; den Wert der Waren in Lissabon schätzt Gaspar auf 3000 Cruzados. Der gleiche Kaufmann hat von Diogo Correa silberne Armspangen, Frauenschmuck aus Mombasa im Wert von 200 Cruzados und Korallen für 72 Cruzados erworben und dafür Perlen und Edelsteine gegeben, deren Wert in Lissabon der Briefschreiber schätzungsweise zu 1000 Cruzados angibt. Gaspar hat diese Verfehlungen dem Vizekönig mitgeteilt, aber bei all seinen trefflichen Eigenschaften — diesen Mißbräuchen gegenüber ist Almeida machtlos: »wollte er alle bestrafen, die wegen Handels mit verbotenen Waren Strafen verfallen sind, und dazu andere, die viel Gold und Silber von Mombasa gestohlen haben, dann müßte er den größten Teil der Leute, die in Indien sind, vom Erdboden vertilgen und würde dann vielleicht keine Kapitäne und Kriegsleute mehr dahaben, die gegen die Mauren kämpften«. Die allgemeine Auffassung ist eben die, schreibt Gaspar, »daß es keine Sünde ist, wenn man Ew. Hoheit bestiehlt«.

Der Beuteanteil von 1/20 der Masse, wie ihn Almeida, offenbar nach einem bestehenden Brauch, im Fall von Mombasa festgesetzt hatte, war freilich nicht hoch; wurde auch von den Beteiligten als karg empfunden. Der Vizekönig schreibt von Cochin unterm 16. Dezember 1505 an den König, daß nach Ansicht der ganzen Armada deren Anteil an dem, was Gott ihnen zu gewinnen gebe, erhöht werden müsse um der großen Mühen willen, womit es errungen werde, und daß er selber das als großen Gnadenerweis des Königs ansehen würde, ausdrücklich aber bitte dies nicht auf seinen Beuteanteil zu beziehen, mit dem er vollauf zufrieden sei und wofür er dem König die Hand küsse[1]. Die schwerste Enttäuschung widerfuhr indes den drei Schiffen der deutsch-italienischen Handelsgesellschaft: sie waren im Verlauf der Reise, wie in der »Merfart« mit Stolz hervorgehoben wird, »inn allen ferten und streytten« dabei, aber bei der Verteilung der Beute sollten sie leer ausgehen. Sprenger schweigt merkwürdigerweise über die unangenehme Tatsache, aber der Augsburger Bericht läßt keinen Zweifel an ihr; unklar ist nur die von den Portugiesen für ihr Verfahren gegebene Begründung. Es scheint, daß man den Kaufleuten einen Rechtsanspruch nur für Prisen, die auf See gemacht waren, zugestand, nicht aber für die Beute einer Unternehmung zu Land, auch wenn sie dabei hatten mitkämpfen müssen. Jedenfalls erhielten die Deutschen an der Beute von Mombasa vorläufig keinen Anteil, sondern mußten sich begnügen gegen die Benachteiligung Protest zu erheben und die endgültige Entscheidung der Angelegenheit dem König vorzubehalten[2]. Wie dieselbe ausgefallen ist, wissen wir nicht.

---

[1] Torre do Tombo, gav. 20, maço 10, n. 33.

[2] Die Stelle des Augsburger Berichtes, des einzigen, in dem die Tatsache erwähnt wird, lautet (Q. U., S. 151): »wirt geacht der naum zu quilua und Monbasa uf 22 000 Crusati oder mer werdt sein hofftend die teitschen ir geburnde peutt auch zuo haben hand die Portogalexe (= Portogalesi) gesagt die tauten wern zu verstan sam ain Rytt uf land und nit ain naum etc. und sy hettends dar fur unser 3 nave solten nuchs dar von haben. Aber sy welttend sollichs dem portt. kinig haim setzen was der tett wer faste und irt halb unverhinderte auf sollichs habend die unsern protestiert umb die sum des naums und anders in rechter form / daß alß sy mit in her uber pracht habend. Das Verständnis des Textes wird dadurch erschwert, daß der Verfasser des Berichtes die

Schon ehe D. Lourenço in Cintacora friedliche Beziehungen mit dem Festungskommandanten des Sabayo angeknüpft hatte, waren Abgesandte des Rajas von Onor auf Anjediva erschienen um ein Gleiches im Namen ihres Herrn zu erbitten, was Almeida gern bewilligt hatte. Onor und Baticala (Bhatkal auf 13° 59' n. Br.) waren die beiden Häfen der Westküste, über die dem mächtigen Rao von Vijayanagar die arabischen und persischen Pferde von Ormuz zugeführt wurden, deren er jährlich 2000—3000 nötig hatte um die gewaltige berittene Streitmacht auf der Höhe halten zu können, die die ständigen Kriege, vor allem mit den benachbarten dekanischen Machthabern, erforderten. Die zwei Städte hatten als Eingangspforten des großen Reiches ein Menschenalter vor dem Erscheinen der Portugiesen in Indien noch erheblich größere Bedeutung gehabt. Daß die dort ansässigen muhamedanischen Kaufleute, in deren Händen der einträgliche Pferdehandel lag, die wertvollen Tiere von Onor und Baticala aus auch an die Bahmani-Sultane von Dekan, seine Feinde, verkauften, daß er selbst sie mit allzu hohen Preisen bezahlen mußte, hatte den damaligen Rao von Vijayanagar derart gegen sie erbittert, daß im Jahre 1479 auf seinen Befehl in beiden Städten von den Hindu ein großer Muhamedanermord ins Werk gesetzt und ihrer angeblich 10000 erschlagen, der Rest vertrieben wurde. Die Flüchtlinge hatten

---

entscheidenden portugiesischen Worte, »cavalgada« und »presa«, deutsch wiedergibt, dabei aber den Sinn nicht ganz unzweideutig zu bezeichnen vermag und so der Gegensatz etwas schief wird. Das deutsche naum = nâm st. M., auch nâme st. F. »gewaltsames Nehmen«, »Beute« entspricht im allgemeinen dem portugiesischen »presa« recht wohl, läßt aber doch nicht wie »presa« sofort an die zur See gemachte »Prise« denken; »cavalgada« bedeutet für gewöhnlich »feindlicher Einfall (zu Pferde)«, „Streife" und dem entspricht »ain Rytt uf land«. Die Worte des deutschen Textes heißen also: »Die Taten wären zu verstehen als ein Ritt an Land und nicht ein Prisenmachen (auf See)«. Dem Gebrauch von »cavalgada« und »presa« in unserm Fall entspricht das nicht ganz genau. In dem erwähnten Brief des Gaspar da India (a. a. O., S. 372) lesen wir: (dom francisco d'Almeida) »fello (nämlich den Guadelajara) quadrilheiro sobre as cavallgadas de mombaça«, d. h. Almeida »machte ihn zum Kommissar über die Beutemasse des Einfalls in Mombasa"; und ebenso schreibt Almeida (a. a. O.): »Senhor, da cavalguada de Mombaça me derom eses panos«, »Herr, aus der Beute des Einfalls in Mombasa hat man mir die beifolgenden Stoffe gegeben« — er macht dem König ein Geschenk damit. Es wird also von den Portugiesen ein Unterschied gemacht zwischen Prisen, die auf See gemacht werden, d. h. »presas« — so ist das Wort in Almeidas Instruktion vielfach gebraucht — und »cavalgadas« Beute von Landunternehmungen. Vgl. auch Cartas de Affonso de Albuquerque, Bd. II, S. 354; III, 178, 179, 180.

sich nach Goa gewandt und von da ab hatte dieser Hafenplatz allmählich jene beiden an Bedeutung überflügelt und besonders den Pferdehandel nach Dekan ganz an sich gezogen. Die feindselige Haltung der Muhamedaner und ihre häufigen Überfälle auf seine Stadt hatten dann den Raja von Onor genötigt sie von der Mündung des Shiravati (Gairsopa), an der sie bis dahin gelegen hatte, reichlich eine Legua flußaufwärts an das Nordende eines Strandsees zu verlegen, den der Shiravati durchfließt. Seit diesen Ereignissen waren Jahrzehnte vergangen und zahlreiche Muhamedaner waren neben den Hindu wieder in Onor angesiedelt[1]. Die Stadt war schon lange eins der schlimmsten Seeräubernester in diesen Gegenden. Freier Ausblick längs der Meeresküste, die Notwendigkeit für die Seefahrer sich in deren Nähe zu halten um den Wechsel von Land- und Seewind für die Fahrt zu benutzen, die zahlreichen kleinen Häfen und die Barren, die größeren Schiffen das Einfahren in dieselben unmöglich machen, haben in Verbindung mit den Piratenneigungen der Bewohner den Seeraub hier von jeher begünstigt. Zu Almeidas Zeit war Onor der Schlupfwinkel von zwei gefährlichen Korsaren, Raogi und Timoja, von denen der letztere 1498 auf Vasco da Gama während dessen Heimreise einen Überfall versucht und 1510, nachdem er sich »mit dem Instinkt der Raubvögel, welche den Schlachtfeldern nachziehen[2]«, den Portugiesen angeschlossen hatte, Albuquerque den Weg zur Eroberung Goas gezeigt hat. Jeder der beiden Piraten besaß fünf oder sechs größere Ruderschiffe mit zahlreicher, wohlbewaffneter Mannschaft und zahlte von dem Ertrag seines Gewerbes dem Raja von Onor eine beträchtliche Abgabe[3] — der Bericht von der »Rafael« spricht von 4000 Cruzados —, wie sie auch dessen Streitmacht verstärkten.

Das zunächst freundschaftliche Verhältnis zwischen der Stadt und den Portugiesen, das während des Festungsbaus auf Anjediva in einer Sendung von Lebensmitteln aus Onor Ausdruck gefunden hatte, erlitt kurz vor deren Abfahrt einen Bruch. Eine Sambuke mit Pferdeladung von Ormuz hatte ohne Kenntnis von der Anwesenheit der Portugiesen auf der Insel im Sturm Anjediva anlaufen wollen und sich beim Anblick ihrer Schiffe in Richtung

---

[1] Barros, Dec. I, l. VIII, c. 10 und Duarte Barbosa in Coll. de Not. Bd. II, S. 291.

[2] Peschel, Zeitalter der Entdeckungen, Stuttgart 1877, S. 461.

[3] Barbosa a. a. O. und Cartas de Affonso de Albuquerque, Bd. I, Lisboa 1884, S. 172: onor he cova de ladrões, tem atallaias e fustas; pagua o Rey da terra LXXX mil pardaos ha el Rey de narsimgua cadano, e a terra nam na pode suprir, e o Rey daa luguar que harmas e furtem, e partem com elle e desta maneira vivem (1. Dezember 1513).

auf Onor geflüchtet. Da ihr indes von den verfolgenden Booten der Weg verlegt wurde, hatte die Mannschaft nahe der Shiravati-Mündung das Fahrzeug auf den Strand gesetzt und sich schwimmend ans Ufer gerettet. Die Sambuke wieder flott zu machen gelang den Portugiesen nicht; von den 19 Pferden, die sie führte, konnten zwar neun glücklich in die Boote gebracht werden, aber da der Sturm immer heftiger wurde, mußte man sie an Land schwimmen lassen und legte einer Anzahl von Indern, die inzwischen am Strand erschienen waren, die Verpflichtung auf, die Tiere, die von ihnen eingefangen wurden, in den nächsten Tagen zurückzugeben. Nun mußten diese sie aber, wie es scheint, an den Raja von Onor abliefern, und als die Portugiesen wiederkamen um ihre Beute abzuholen, erfuhren sie lediglich diese Tatsache. Die von Almeida daraufhin erhobene Beschwerde beantwortete der Raja anscheinend mit Ausflüchten und Hinhalten. Allein die Zeit drängte, die Geschäfte in Anjediva waren erledigt und Almeidas ritterlichem Stolz erschien die Haltung des Rajas als Herausforderung. So gingen am 16. Oktober die Portugiesen mit der ganzen verfügbaren Flotte unter Segel und warfen am folgenden Morgen vor der Shiravati-Mündung Anker. Der Vizekönig war gesonnen Gewalt anzuwenden, falls der Raja nicht ohne Verzug die Pferde herausgeben oder Entschädigung anbieten würde. Sofort nach der Ankunft wurde ein Boot klar gemacht um durch Lotung festzustellen, ob größere Schiffe die Barre passieren und bis zur Stadt gelangen könnten. Die Tiefe erwies sich indes als ausreichend nur für Karavellen und kleine Fahrzeuge. Das Land zu beiden Seiten des Flusses machte den Eindruck dichter Bevölkerung; elf aufgelegte größere Seeschiffe und zahlreiche Sambuken hatte man vom Boot aus gesehen. Ein paar muhamedanische Kaufleute waren unterwegs an den Bootsführer, Fernão Suares, mit der Bitte herangetreten, daß die Portugiesen einige ihnen gehörende Fahrzeuge nicht verbrennen möchten; sie wollten den Raja zur Zahlung der Entschädigung für die Pferde bestimmen. Aber der Tag verstrich, ohne daß etwas dergleichen geschah. Nun traf Almeida seine Vorbereitungen zum Angriff. In 18 Booten und einer Karavelle fuhren bei hellem Mondschein etwa 600 — Sprenger spricht von 800 — Mann während der Nacht den Fluß hinauf und erreichten vor Tagesanbruch die Stadt, aus der unterdes Weiber, Kinder und die wertvollste Habe ins nahe Gebirge geflüchtet worden waren. Der Mond war inzwischen untergegangen und tiefe Finsternis. Sobald es hell wurde, erzählt Sprenger[1], »da sahen wir ein land daruff ein grosse schar volcks / also das der hauffen nit was zuo

---

[1] Q. U., S. 118 f.

zelen und stunden alle in weissen hembdern sunder were unn wolten unsers Hauptmanns (d. h. Almeidas) willen gantz nichts volnbringen / der Hauptmann hieß uns under sie schiessen: und als bald wir das geschutz ußgeen liessen / do flohen sie all schneel hyn wegk / und kurtzlich erschynen sie widerumb am selben ende mit grosser menge zum streit geruste mit schönen Schilten und Schwertern noch yrer land sitten gewappet. Sie hetten auch in der selben gegene am gestatten des meres vil kostlicher schiff in gewertig. Wir wurffen inn yre huser unn schif erschrockenlich unn ernstlich fuwer / und theten uns widerumb inn unser botten unn schossen under sie / aber uff dem lande hatten wir nit vil handels mit ynen / sie achten auch uff unser schyssen nit groß unn stunden kecklich gegen uns / also das wir nit vil raups von ynen brachten.« Nach der von Sprenger gewählten Bezeichnung der Tracht darf man annehmen, daß der Menschenmasse am Strand muhamedanische Kaufleute das Gepräge gaben; denn die Kleidung der Hindu bildete nur ein von den Hüften bis zum Knie reichendes Lendentuch, der Oberkörper war nackt[1]. Zu ernsten Kämpfen ist es in Onor offenbar nicht gekommen; der Verlust der Portugiesen belief sich auf einen Toten und einen Verwundeten; der letztere war Almeida selbst, der durch einen Pfeil am linken Fuß leicht getroffen wurde; auch die Feinde hatten, soweit sich das feststellen ließ, nicht viel mehr als 20 Tote und eine größere Zahl Verwundete; aber 14 ihrer Schiffe sollen in Flammen aufgegangen sein. Den Zweck der Strafexpedition — mehr war kaum beabsichtigt — hatte Almeida mit geringen eigenen Opfern erreicht und am Nachmittag kehrten die Portugiesen zu ihren Schiffen zurück. Darf man den portugiesischen Historikern des 16. Jahrhunderts und dem Berichte Gaspars da Gama an den König glauben, so ließ der indische Fürst noch am Abend dieses Tags dem Vizekönig seine Reue über den von ihm begangenen Friedensbruch, die Bereitwilligkeit zur Entschädigung für die Pferde und die Bitte um Frieden aussprechen, ja erklären, daß er sich zum Vasallen des Königs von Portugal machen und ihm Tribut zahlen wolle. Almeida soll darauf erwidert haben, daß ihm für den Augenblick die Zeit zu Verhandlungen fehle, daß er aber in Kürze seinen Sohn mit einer Flotte schicken werde um Frieden mit dem Raja zu schließen und dessen Tribut entgegenzunehmen. Noch am selben Abend (18. Oktober) wurde die Weiterfahrt nach Cananor angetreten.

Sie ging nahe der Küste hin, deren Schönheit Sprenger angenehm in die Augen fiel: »unn inn dem selben lande sein hynden groß berge / daruff und umb Pfeffer unn andermer Spetzerey wechst /

[1] Q. U., S. 117 f.

unn forn gegen dem mere ist es ein schön land mit Palmiten baumen wol gezyret«. Die Zeit des feuchten Südwestmonsuns neigte dem Ende zu, der heiße und trockene Nordostpassat begann zu wehen, der Pfeffer ging der Reife entgegen: »der Pfeffer wechst geleich als ein Weintraube unn ist schön grün / dann so pfluckent sie yn abe und durrent yn uff eym Tuch an der Sonnen / Er wirt zeytig umb sant Martins tag: oder Weynachten / dann umb die selbige zeit ist es in den landen am heisten / und inn dem hohen Sommer geacht[1]«. Bei Cumbola (Kumblah) südlich von Mangalore endigte der zu Vijayanagar gehörige Teil des Seegestades und die Flotte segelte nun der Malabarküste entlang, die politisch in eine Reihe kleiner, unter sich rivalisierender Staaten zerfiel, von denen der nördlichste Cananor war. Ein 30—80 km breiter, wohlbewässerter Streifen Landes, zieht sich Malabar zwischen den westlichen Abhängen der Ghat und der Arabischen See bis zum Kap Comorin, der Südspitze der Halbinsel, hin, im Innern ein malerisches Berg- und Waldland, längs der See fruchtbare Ebene, die üppige Felder und Haine von Areka- und Kokospalmen bedecken, wechselnd mit uralten Wäldern, die Küstenlinie aber, zumal im südlicheren Teil, durch zahlreiche Flußmündungen und weite Strandseen, die sich über mehr als 360 km erstrecken, mannigfaltig und schön gegliedert und überall von größeren und kleineren Siedelungen belebt. Jahrhunderte lang waren diese Gestade schon ein Mittelpunkt des östlichen Welthandels, Calicut seit dem 14. Jahrhundert einer seiner größten Stapelplätze. Die Rubinen und Saphire von Ceylon und Hinterindien, die Diamanten von Dekan und die Perlen des Manaargolfs fand man in seinen Bazaren. Gewürznelken und Muskatnuß kamen von den Molukken und Inseln der Banda-See auf seine Märkte. Die beste Zimmetrinde, die von Ceylon, Pfeffer und Ingwer von Malabar selbst, Kampher von Borneo und Sumatra, Moschus von Tibet und Hinterindien, kurz, alles, was der Osten an Kostbarem und Begehrtem erzeugte, wurde hier in Mengen gehandelt. Dem mächtigen Calicut gegenüber hatten die kleineren Staaten, wie Coulão, Cochin, Cananor, bis zum Erscheinen der Portugiesen in zweiter Linie gestanden; das von Anfang an gesuchte gute Einvernehmen mit den neuen Ankömmlingen aber und deren ständiger Kriegszustand mit dem Samorin von Calicut hatte die Bedeutung von Cochin als Pfeffer- und von Cananor als Ingwermarkt zweifellos gehoben und versprach noch weitere Vorteile für die Zukunft.

Cananor (Kannanūr, d. h. Krischnas Stadt, 11° 50' n. Br., 75° 20' ö. L.) wurde am 22. Oktober von der Flotte erreicht. Die

[1] Q. U., S. 124.

Stadt liegt auf der Nordseite einer nach Süden offenen Meeresbucht, die durch ein steiles Vorgebirge gegen den Wellenschlag des Ozeans geschützt ist, und war damals einer der bedeutendsten Seehäfen in Malabar. Ihr Raja, nächst denen von Calicut und Coulão der angesehenste an dieser Küste, wenn auch nicht so mächtig wie jene beiden, hatte schon das zweite portugiesische Geschwader, das des Pedralvares Cabral, im Januar 1501 in seinem Hafen freundlich aufgenommen. Vasco da Gama hatte auf seiner zweiten Indienfahrt hier einen portugiesischen Handelsagenten, Gonçalo Gil Barbosa, mit Personal zurückgelassen und der brahmanische Raja denselben gegen die in seinem Gebiet ebenso zahl- wie einflußreichen und kriegerischen Māppila (Moplah), die einheimischen Muhamedaner, wenn auch nur mit Mühe, zu schützen gewußt.

Als Almeida in Cananor eintraf, warteten dort, wie er bereits vor Wochen in Anjediva erfahren hatte, zwei Gesandte des Rao von Vijayanagar auf ihn, des reichsten und mächtigsten Herrschers in Südindien, dessen Reich sich von den Westghat bis zum Bengalischen Meerbusen und vom Kap Comorin bis zur Kistna erstreckte. Da Gonçalo Gil Barbosa für sie um baldige Audienz bat, wurde dieselbe gleich auf den folgenden Tag festgesetzt. Die Faktorei verfügte nicht über einen Raum, der als würdiger Rahmen für den feierlichen Empfang hätte gelten können, und so beschloß man den letzteren an Bord stattfinden zu lassen. Im Hinblick auf die Größe des indischen Herrschers aber und den Umstand, daß Almeida die Person des Königs von Portugal repräsentierte, gab der Rat der Fidalgos und Kapitäne ein Gutachten dahin ab, er solle sogleich den Titel Vizekönig annehmen und sich mit aller demselben entsprechenden Pracht und mit königlichem Zeremoniell bei der Audienz umgeben; nach den in Lissabon darüber getroffenen Verfügungen sei er zwar erst nach Errichtung befestigter Stützpunkte in Cochin, Coulão und Cananor berechtigt die vizekönigliche Würde anzunehmen, allein es könne kein Zweifel darüber bestehen, daß die Festungen in Quiloa und Anjediva für die Sicherung der portugiesischen Kolonialherrschaft als gleichwertig den zwei ersten gelten dürften, und eine dritte werde angesichts der von Gonçalo Gil dafür getroffenen Vorbereitungen in Cananor binnen kürzester Frist errichtet sein. Almeida verschloß sich den vorgebrachten Gründen nicht und mit fürstlichem Gepränge empfing er auf seinem Schiff am 23. Oktober als Vizekönig die Gesandten des indischen Rajas. Auf dem hohen Hinterkastell der »Jeronimo«, das mit Sonnenzelt überspannt und wie die ganze Flotte festlich bewimpelt war, stand auf einer Erhöhung sein Sessel. Über dem ärmellosen altportugiesischen Obergewand (pelote) von Atlas hing ihm ein

Königsmantel von Brokat; über den Schultern lag eine reiche goldene Kette und ihm zur Seite hielt ein Page das blanke königliche Schwert, während sein Sohn Lourenço, alle Fidalgos, Kapitäne und Ritter in Festgewändern den Sessel umstanden. Die Schiffsgeschütze donnerten, während die Inder im Boot herüberfuhren; als sie an Bord anlangten, begannen die Trompeten zu schmettern und die Kesselpauken dröhnten, der Vizekönig stieg von der Estrade herab, ging ihnen ein paar Schritte entgegen und hieß sie dann auf Sesseln gleich dem seinen Platz nehmen. Hierauf entledigten sich die Gesandten ihres Auftrags, der durch einen Dolmetscher, vielleicht Almeidas Vertrauensmann Gaspar da India, dem Vizekönig übermittelt wurde. Der Rao ließ den Wunsch nach freundschaftlichen Beziehungen mit dem König von Portugal ausdrücken, erklärte sich einverstanden, falls dieser in irgend einem seiner Häfen, ausgenommen Baticala, das verpachtet sei, eine Festung bauen wolle, und versprach sogar alles dafür nötige Material zu liefern und Hilfskräfte zu stellen. Als wirksames Mittel zur festen Begründung beiderseitiger Freundschaft brachte er die eheliche Verbindung des portugiesischen Thronerben mit einer Prinzessin seines Hauses in Vorschlag. Hierauf überreichten die Gesandten neben kostbaren Geschenken für den Prinzen einen Brief an König Manuel, der den Inhalt seiner Gesandtschaft noch einmal schriftlich enthielt. Damit war die Audienz beendet und die Gesandten kehrten an Land zurück. Der Gedanke der von dem indischen Fürsten vorgeschlagenen Eheschließung scheint den Vizekönig während der folgenden Wochen ernsthaft beschäftigt zu haben. »Könnte es nicht in Gottes Ratschluß liegen«, so etwa äußert er sich in dem Brief an König Manuel vom 16. Dezember 1505, »durch diese Ehe die gesamte Welt hier dem Christentum zuzuführen?« Einen eigenen Gesandten mit denen des Rao nach Vijayanagar zu schicken, wie diese es anscheinend wünschten und König Manuel es ihm freigestellt hatte, konnte er sich freilich nicht entschließen. War es seine Abneigung dagegen, Portugal in die politischen Händel der indischen Staaten verwickeln zu lassen, und die schweren inneren Wirren, von denen Vijayanagar damals heimgesucht war?[1] Es gebe keinen Pfeffer in Narsinga und es sei weit vom Meer entfernt[2], so begründet er jedenfalls die Weigerung gegenüber dem Drängen des Pero Fernandez Tinoco, den der König, ohne allerdings Almeida an diese Wahl zu binden[3], für eine etwaige Gesandtschaft dorthin ausersehen hatte. Schien

[1] Cartas de Affonso de Albuquerque, Bd. III, S. 203.
[2] ebd., Bd. II, S. 342.
[3] ebd., Bd. II, S. 327.

ihm nur der Mann ungeeignet oder wirkte beides zusammen? Wenn die Person des Pero Fernandez der Stein des Anstoßes für ihn gewesen sein sollte, so wäre das nach den zwei Briefen, die dieser in der Angelegenheit am 21. November 1505 und 15. Januar 1506 von Cochin aus an den König schreibt[1], mehr als begreiflich. Ein breiter, seichter Schwätzer, aber ausgestattet mit einem Selbstbewußtsein, für das es keinen Zweifel gibt, daß, wenn der Vizekönig ihn Ende Oktober als Gesandten nach Vijayanagar geschickt hätte, zur Zeit, wo er seine zweite Epistel schreibt, also Mitte Januar, Calicut und Coulão von dem Rao bereits in Trümmer gelegt wären[2] — diesen Menschen konnte Almeida unmöglich ernst nehmen, ganz abgesehen von dem Charakter, den namentlich der letzte Brief in einem sehr ungünstigen Lichte zeigt. Übrigens soll ihm nach Correa[3] vom König auch mehr die Aufgabe zugedacht gewesen sein, in Vijayanagar den Handel mit Edelsteinen in die Wege zu leiten, auf die er sich verstanden habe.

Wie in bezug auf den Zeitpunkt die Annahme des neuen Titels den Bestimmungen von Almeidas Instruktion nicht ganz entsprach, so auch das Anlaufen von Cananor. Manuels Anweisung lautete dahin, daß von Anjediva der Kurs unmittelbar auf Cochin gesetzt und dort mit möglichster Beschleunigung vor allem die Gewürzschiffe abgefertigt, dem Raja von Cananor nur im Vorbeifahren ein Brief Manuels zugestellt und die Stadt von dem Vizekönig später erst besucht werden sollte. Wenn Almeida trotzdem schon jetzt in Cananor landete, so war der Grund nicht bloß Rücksicht auf die Gesandten des Rao; vielmehr hatte ihm Gonçalo Gil Barbosa bereits nach Anjediva Meldung zugehen lassen über Vorbereitungen, die er unter dem Vorwand, ein festes Haus für die portugiesische Faktorei zu errichten, in aller Stille und Heimlichkeit zum Bau einer Festung in Cananor getroffen habe. Mehr und mehr nämlich hatte sich herausgestellt, daß gegen die einheimischen Muhamedaner der Raja trotz seiner Freundschaft für die Portugiesen auf die Dauer nicht imstande sein würde sie zu schützen. Die Moplah saßen zahlreich über ganz Malabar verteilt und bildeten hier, wenn die Schätzung des Duarte Barbosa (um 1516) richtig ist, etwa ein Fünftel der Bevölkerung. Der Sprache nach wie die übrigen Bewohner des Landes Malayali, gingen sie wie die Männer aus der Kriegerkaste der Najer nur mit Lendentuch bekleidet, trugen aber im Gegensatze zu diesen Kopfbedeckung und langen Bart. Ihre Bräuche waren z. T. die der heidnischen Inder: so erbten z. B., obwohl die Polyandrie der Najer ihnen

[1] ebd., Bd. II, S. 341–344 und Bd. III, S. 170–177.
[2] ebd., Bd. III, S. 175.
[3] Lendas da India, Bd. I, S. 618.

fremd war, doch wenigstens die eine Hälfte des Vermögens die Schwestersöhne. Daß sie in der Kastenordnung hoch standen, veranlaßte nicht wenige Inder zu ihrem Glauben überzutreten um dadurch die eigene soziale Stellung zu verbessern. So nahm die Zahl der Moplah ständig zu. Kapital, Reederei und Seehandel von Malabar lag zum weitaus größten Teil in ihren Händen[1]. Die Furcht, aus dieser Stellung durch die neuen Ankömmlinge verdrängt zu werden, machte neben dem religiösen Fanatismus die Moplah in Cananor wie anderwärts zu erbitterten und bei ihrem Reichtum, Einfluß und kriegerischen Sinn sehr gefährlichen Feinden der Portugiesen. Wollten diese sich behaupten, so mußte es aus eigener Kraft geschehen. Daß man sich aber in Cananor behauptete, schien wichtig wegen der Bedeutung, welche die Stadt für den Handel mit indischem Ingwer hatte. Der Verbrauch dieses Gewürzes war im Abendland kaum weniger verbreitet als der des Pfeffers; man benutzte es nicht nur in den Apotheken zur Herstellung einer Latwerge, man würzte damit auch viele Fleisch- und Fischgerichte ebenso wie den beliebten Würzwein. Der größte malabarische Ingwermarkt, Calicut, in dessen Umgebung zugleich die beste Qualität des Gewürzes erzeugt wurde, war nun den Portugiesen von Anfang an verschlossen; größere Mengen von Ingwer, freilich eine geringere Sorte, hatte in Indien sonst außer Coulão nur Cananor zu bieten. Um sich also den Bezug hier zu sichern, mußten die Portugiesen zur Anlage einer Festung schreiten, in der sie für sich selbst und ihre Waren Schutz gegen die Moplah finden konnten. Die natürliche Lage des Ortes, den ihnen der Raja für ihre Faktorei angewiesen hatte, kam diesem Bedürfnis entgegen. Es war eine schmale, palmenbewachsene Landspitze, durch Graben und Wall gegen das Land zu bei einer geringsten Breite von 44 m[2] leicht abzusperren und auf den andern Seiten durch Fels und Meer trefflich gesichert: »als ob Gott das Gelände geschaffen hätte um der Festung ewige Dauer zu geben«, urteilt der Vizekönig in dem Brief vom 16. Dezember. Wasser gab es freilich im Innenraum der geplanten Anlage nicht, wohl aber fand sich im allernächsten Vorgelände ein Brunnen, aus dem sich die Besatzung mit Trinkwasser versorgen konnte. Alle Bedingungen waren gegeben, ein Erdwall mit Pfahlwerk von Gonçalo Gil bereits über die Landenge gezogen, die Grundmauern der eigentlichen Feste gelegt; es galt nun zu dem Bau noch die Erlaubnis des Rajas zu erwirken. Zu diesem Zweck ließ der Vizekönig eine Zusammenkunft mit ihm für den 24. Oktober vereinbaren.

---

[1] Cartas de Affonso de Albuquerque, Bd. I, S. 306 f.

[2] Castanheda a. a. O., l. II, c. 17.

Der königliche Palast lag etwa 12 km von der Stadt entfernt. Längs des Weges dahin war alles bewohnt wie eine Straße. Da Almeida seiner Instruktion gemäß vor der Ankunft in Cochin nicht an Land gehen sollte, fand im Bereich des Faktoreigeländes die Zusammenkunft am Seestrande statt. Im Schatten von Palmen, dicht am Meer ließ der Raja aus feinen Stoffen ein luftiges Zelt schlagen und davor einen gleichfalls mit seidenem Sonnenzelt überspannten Landungssteg errichten. Kriegerische Musik von Pauken, Becken und metallenen Blasinstrumenten verkündete zur verabredeten Stunde sein Nahen. Mehr als 6000 Menschen folgten ihm, darunter etwa die Hälfte Najer, alle nackt bis auf ein knapp um Hüften und Oberschenkel geschlungenes weißes, gelbes oder rosafarbenes Tuch, die einen bewaffnet mit Schilden und Schwertern, andere mit langen Lanzen oder Wurfspeeren, deren Eisen eine halbe Elle lang waren, wieder andere mit Pfeilen und Bogen, die den englischen Bogen an Länge glichen. Mit hohlen Ringen, die am Schuh der eisen- oder messingbeschlagenen Lanzen und am Griff der ohne Scheide getragenen, nur zum Hieb gebrauchten Schwerter befestigt waren, verursachten sie, die Waffen schwingend und laute Schreie ausstoßend (»Cucuya«), ein kriegerisches Getöse. So schritten sie unter Scheinkämpfen vor und hinter dem Raja her. Dieser selbst saß mit untergeschlagenen Beinen auf einem kostbar gearbeiteten flachen Traggestell, das vier Männer auf den Schultern trugen, während ein fünfter nebenherschreitend ihm den an langem Bambusrohr befestigten Sonnenschirm, das Abzeichen der Würde, über das Haupt hielt, andere mit Fächern, die sie an langen, vergoldeten Stäben trugen, ihm Kühlung fächelten. Gekleidet war er in ein feines, weißes Baumwolltuch, das ihm von den Hüften bis über die Hälfte der Oberschenkel herabhing und durch einen reich mit Edelsteinen besetzten breiten Gürtel gehalten war[1]. Das emporgebundene Haar war verhüllt von einer hohen seidenen Kopfbedeckung, die der Bericht von der »Rafael« mit einer galizischen Sturmhaube vergleicht. Dieselbe Form hatte eine goldene Krone, die ein Edelknabe dem Raja hielt und die nach der gleichen Quelle acht portugiesische Mark (229,5 g) wiegen mochte. Während Kinn und Wangen rasiert waren, trug der Fürst einen langen Schnurrbart nach türkischer Art. In den durchbohrten Ohrläppchen hing kostbarer Schmuck von Perlen und Edelgestein. Nachdem er das Zelt erreicht hatte, das außer ihm nur Brahmanen betreten durften, ließ er sich auf einem dort bereitstehenden Ruhebett nieder.

---

[1] Barros, Dec. I, l. IX, c. 4 und Q. U., S. 61 ff., wo Schilderungen derartiger Aufzüge der Rajas nach Correa und Duarte Barbosa sowie Giovanni da Empoli gegeben sind.

Alsbald legte auch Almeidas Boot am Landungssteg an und unter Vorantritt von Trompetern, uniformierten Leibwächtern, Stabträgern mit vergoldeten Silberstäben und eines Pagen, der ihm das blanke königliche Schwert vortrug, schritt er mit einem kleinen Gefolge von Edelleuten dem Zelte zu, unter dem ihn der Raja aufs freundlichste empfing. Kein Muhamedaner war bei der nun folgenden Unterredung anwesend; als Dolmetscher diente Gaspar da India. Den Hauptgegenstand bildete der Festungsbau, dessen Notwendigkeit der Vizekönig unter Hinweis auf den Kriegszustand mit Calicut, auf die Feindschaft der Moplah und die Sicherung der Portugiesen und ihres Handels sowie auf die Vorteile, die aus dem letzteren für Cananor erwachsen würden, eingehehend begründete. Der Raja willigte denn auch sowohl in diese Forderung Almeidas wie angeblich in die andere, daß in seinem Lande der Handel des portugiesischen Königs und seiner Untertanen künftig abgabenfrei sein solle: wenigstens behauptet das der portugiesische Historiker Fernão Lopez de Castanheda [1]. Darauf trennten sich nach Austausch von Geschenken beide im besten Einvernehmen.

Gleich am nächsten Morgen, dem 25. Oktober [2], ging Almeida mit aller auf den Schiffen entbehrlichen Mannschaft an Land und in rüstiger Arbeit aller, des Edelmannes wie des gemeinen Soldaten, unter Beihilfe auch des Rajas, der Material wie Handwerker zur Verfügung stellte, wurden in fünf Tagen auf den vorbereiteten Fundamenten Mauer und Türme bis zu der Höhe aufgeführt, daß das Geschütz in Stellung gebracht werden konnte und die Feste verteidigungsfähig war. Man gab ihr den Namen »Santangelo«. Das Kommando (capitania) erhielt der Obermundschenk des Königs, Lourenço de Brito, der von Manuel zwar zum Kommandanten der in Coulão zu erbauenden Festung bestimmt war, aber das Gewisse dem Ungewissen vorzog und die bereits im Bau begriffene hier übernahm. Gouverneur (alcaide mór) wurde, sehr zum Verdruß der portugiesischen Edelleute, der oben erwähnte Kastilianer Guadelajara. Als Besatzung blieben rund 150 Mann.

---

[1] A. a. O., l. II, c. 17. Die Nachricht ist wenig glaubwürdig; die Höhe der 1502/03 gezahlten Abgaben s. bei Matteo di Begnino in Hümmerich, Vasco da Gama, S. 200. Vermutlich liegt Verwechslung mit der unten erwähnten Herabsetzung des Gewürzpreises vor; ein so weittragendes Zugeständnis des Rajas hätte Gaspar da Gama in dem Brief an den König sicher nicht unerwähnt gelassen.

[2] Goes (Chron., p. II, c. 7) und Castanheda (a. a. O., l. II, c. 17) geben, während ihre eigene Darstellung des Aufenthaltes in Cananor richtig auf den 25. Oktober führt, den 23. an, ein Beweis, daß Goes hier wie im ganzen dem Bericht Castanhedas folgt; denn gemeinsame Quelle für den Irrtum ist nicht anzunehmen.

In der Handelsagentur (feitoria) löste Lopo Cabreira den Gonçalo Gil schon jetzt ab. Das war nicht beabsichtigt gewesen. Da der am Ort befindliche Faktor die Lieferungsverträge mit den einheimischen Kaufleuten abzuschließen hatte, war es für die rasche Abfertigung der nach Portugal bestimmten Schiffe an sich vorteilhafter, wenn er, wie in Cochin Diogo Fernandes, vor seiner Ablösung auch die Ladung noch selbst in die Wege leitete. Allein das erwies sich hier als unmöglich. Das Verhältnis des bisherigen Handelsagenten zu den muhamedanischen Kaufleuten war das denkbar schlechteste, ihre geschäftlichen Beziehungen zur Faktorei fast abgebrochen. Der Preis, den sie für ein Quintal Pfeffer forderten, überstieg den in Cananor zuerst bezahlten nach dem Bericht Gaspars da Gama um 250 Reis[1]. Meint er mit dem zuerst bezahlten (»ho preço primeiro«) den vom Admiral 1502 vereinbarten Preis, der nach Almeidas Instruktion 1505/06 für die Einkäufe maßgebend sein sollte, so würde das, den Cruzado zu 390 Reis gerechnet, einschließlich der Abgabe an den Raja, eine Steigerung von 3,05 auf 3,69 Cruzados, ohne die Abgabe von 2,89 auf 3,54 Cruzados bedeutet haben[2]. Verhandlungen des Gaspar da Gama und des Diogo Lopes, Faktoreischreibers der »Jeronimo«, mit den Kaufleuten und dem Raja führten indes rasch zur Einigung: der Pfefferpreis wurde auf 3 Cruzados für das Quintal festgesetzt und sollte zur Hälfte in Geld, zur Hälfte in Waren gezahlt werden; das war ein für die Portugiesen recht günstiges Ergebnis[3]. Auch der Raja hatte übrigens gegen Gonçalo Gil eine scharfe Anklageschrift beim Vizekönig einreichen lassen, worin dem Handelsagenten Schädigung des Landes vorgeworfen wurde. Die Erbitterung gegen ihn, berichtet Almeida unterm 16. Dezember an den König, sei derart gewesen, daß nur die Kunde von der Ankunft der großen portugiesischen Flotte vor Anjediva ihn und seine Leute vor dem Äußersten bewahrt habe; sofortige Entfernung vom Amte sei also nötig gewesen, so unerwünschten Aufenthalt auch die Neuordnung der Faktorei in Cananor mit sich gebracht habe. Almeida gibt mit den ersten Schiffen, die abgehen, die Anklageschrift nach Portugal weiter, wohin Gonçalo Gil zurückkehrt, empfiehlt aber mit Hinweis auf die Falschheit der Menschen im Lande und auf Mitteilungen Lourenços de Brito, in denen die Anklagen als unwahr bezeichnet werden, sorgfältige Prüfung des Falles.

---

[1] Cartas de Affonso de Albuquerque, Bd. III, S. 202.

[2] Vgl. die Angaben des Matteo di Begnino in Hümmerich, Vasco da Gama, S. 201.

[3] Ca Massers Angaben führen auf einen Preis von 3,61 Cruzados, was ungefähr dem von den muhamedanischen Kaufleuten zunächst geforderten entspräche (a. a. O., S. 26).

Hatte Gaspar da India in Cananor wiederum sein kaufmännisches Geschick und sein Verhandlungstalent bewiesen, so sollte dem Alternden hier auch ein schönes Glück zuteil werden, dessen er dankbar in den drei Briefen an den König gedenkt, die uns von ihm erhalten sind[1]. Als ihn 1498 Vasco da Gama mit Gewalt von Anjediva nach Portugal mitführte, hatte er in Indien eine Familie zurückgelassen. Nun erfuhr er, daß ein erwachsener Sohn von ihm, der inzwischen wie der Vater dort weit herumgekommen war, in Vijayanagar mit dem Bruder Luis, einem portugiesischen Mönch, der sich zweimal in den vorangegangenen Jahren länger dort aufgehalten hatte, zusammengetroffen und durch ihn veranlaßt, im Februar 1503, kurz nachdem Gaspar mit dem Admiral Malabar wieder verlassen hatte, nach Cananor gekommen war[2]. Wie der Vater hatte er alsbald die Taufe genommen, wie Gaspar den seinen nach einem der heiligen drei Könige aus Morgenland den Namen Balthasar erhalten und als Dolmetscher acht Monate in der dortigen Faktorei gedient. Lopo Suares, der ihn hier kennen und offenbar seine Fähigkeiten schätzen gelernt hatte, nahm ihn von Cananor nach dem als Ladehafen wichtigeren Cochin mit und nun war er dort als Dolmetscher tätig, gewillt wie sein Vater dauernd in portugiesische Dienste zu treten. Gaspar empfiehlt den jungen Mann, der zu der Zeit, wo er den letzten seiner drei Briefe schrieb (Ende 1507), 28 Jahre alt war, wiederholt der Gnade des Königs.

Um die Ladung der Gewürzschiffe nicht zu verzögern hatte der Vizekönig am 27. Oktober, wie er an den König schreibt, »Rafael« und »Lionarda« sowie das Schiff des Antão Gonçalves, die »Judia«, nach Cochin, Ruy Freire nach Coulão vorausgeschickt, er selbst fuhr auf der »Jeronimo« mit den andern erst drei Tage später von Cananor ab und traf am 1. November, Allerheiligen, in Cochin ein. Die drei erstgenannten Fahrzeuge waren dort am 30. Oktober angekommen, nachdem am vorhergehenden Tag zwischen Chaliam, das wenig südlich von Calicut, am Südufer des Beypoor-Flusses lag, und Cochin Sambuken ihnen gefolgt waren, ohne daß es indes zu einem Angriff kam. Nach einer Fahrt von über sieben Monaten hatte damit die Flotte das Ziel ihrer Reise glücklich erreicht.

Aber kaum waren am 1. November abends die Anker der »Jeronimo« im Hafen gefallen, da legte eine in Cochin stationierte

[1] Cartas de Affonso de Albuquerque, Bd. III, S. 195 ff. und 200 ff. und Bd. II, S. 371 ff. Zeitlich ist der an zweiter Stelle genannte undatierte am frühesten, etwa Dezember 1505, der zuerst aufgeführte, ebenfalls ohne Datum, am spätesten, Ende 1507, abgefaßt.

[2] Cartas d'A. d'A., Bd. III, S. 202 f.

Karavelle unter dem Befehl des Christovão Jusarte bei ihr an und brachte die Hiobspost, daß in Coulão den portugiesischen Handelsagenten Antonio de Sá mit 16 Leuten das Schicksal ereilt habe, vor dem in Cananor den Gonçalo Gil des Vizekönigs Ankunft in Indien bewahrt hatte: sie waren sämtlich erschlagen worden. Coulão (Kollam, 9° 10' n. Br., 76° 30' ö. L.), heute Quilon im Staate Travancore, auf sandiger Ebene, gartenumgeben in einer geschützten Bucht am Meer gelegen, wird schon von den frühesten arabischen und europäischen Reisenden als bedeutender Stapelplatz des östlichen Handels erwähnt und war das noch im Beginn des 16. Jahrhunderts. Der brahmanische Raja herrschte über ein ansehnliches und reiches Gebiet, das sich bis jenseits des Kaps Komorin erstreckte, und unterhielt eine achtunggebietende Streitmacht, größtenteils Bogenschützen, mit der er in ständigem Grenzkrieg gegen Vijayanagar lag. Duarte Barbosa (1516)[1] bezeichnet Coulão als eine sehr große Stadt mit trefflichem Seehafen, in dem viele Muhamedaner, Heiden und indische Christen Handel trieben und ihre zahlreichen Schiffe nach Ceylon, Koromandel, Bengalen und Pegu, Sumatra und Malakka schickten. Da die Stadt am Südende des malabarischen Pfeffergebietes lag, kamen gewisse Mengen dieses Gewürzes hier auf den Markt. Eine sehr wichtige Einnahme des Rajas aber bildeten die Zölle, die der rege Schiffsverkehr in seinen Häfen einbrachte. Affonso d'Albuquerque hatte gegen Ende des Jahres 1503 die Stadt besucht, Pfefferladung dort eingenommen und als Handelsagenten den Antonio de Sá von Santarem mit einer Anzahl anderer Portugiesen zurückgelassen. Nun waren, wie es scheint, alle Parangi (»Franken«), die sich in der Stadt befanden, in dem Gemetzel zu Ende Oktober umgekommen. Eigene Unklugheit des Antonio de Sá und eigenmächtig gewalttätiges Vorgehen des unbesonnenen Draufgängers João Homem hatten das Unheil verschuldet.

Von Anjediva aus hatte der Vizekönig den Ritter mit seiner Karavelle abgesandt um den Handelsagenten in Cananor, Cochin und Coulão seine Ankunft zu melden, damit sie Vorbereitungen für die Ladung träfen. Als die Karavelle in Coulão eintraf, erzählte Antonio de Sá dem Kapitän, daß es Pfeffer in genügender Menge in der Stadt gebe, daß aber 34 muhamedanische Kauffahrer im Hafen lägen um Ladung einzunehmen. Sie würden dieselbe auch schon erhalten haben, wenn er nicht bei der zuständigen Stelle Einspruch erhoben und darauf hingewiesen hätte, daß vertragsmäßig in Coulão muhamedanische Kaufleute erst Ladung erhalten sollten, wenn die Schiffe des portugiesischen Königs ihren Bedarf

[1] Collecção de Noticias, Bd. II, S. 348.

gedeckt hätten. Man habe ihm darauf zugesagt, daß Weisung in diesem Sinn ergehen würde. Das Verhalten der indischen Behörde war sonach einwandfrei gewesen, das Angebot von Waren seitens der indischen Kaufleute aber anscheinend unzulänglich. Der Verdacht lag nahe, daß die muhamedanischen Handelsherrn sie an sich zu ziehen wüßten. Die Gabe ruhigen Zuwartens besaß nun niemand weniger als João Homem; er fand, daß es ein sehr einfaches und wirksames Mittel gebe den muhamedanischen Kaufleuten die Pfefferausfuhr unmöglich zu machen, ein Mittel, wie es ähnlich gegenüber den christlichen Kauffahrern von den Mamelukensultanen in Alexandrien angewandt wurde, nämlich Wegnahme der Steuer und Segel; und dem kurzsichtigen Antonio de Sá leuchtete das ein. João Homem ging also sogleich ans Werk und die muhamedanischen Kaufleute leisteten, da außer der »S. Jorge« noch die Karavelle des Jusarte im Hafen lag, aus Furcht vor Verbrennung ihrer Schiffe gegenüber der brutalen Vergewaltigung keinen Widerstand. Segel und Ruder wurden in die portugiesische Faktorei gebracht und João Homem fügte nun, von Antonio de Sá nicht zurückgehalten, zur ersten Torheit die zweite noch größere hinzu: er fuhr von Coulão ab und dem Vizekönig entgegen um ihm von seinen Taten Bericht zu erstatten. Das war noch vor Almeidas Ankunft in Cananor geschehen. In der Gegend dieser Stadt kaperte die Karavelle zwei kleine muhamedanische Schiffe und der Ritter legte nun eine neue Probe seiner Umsicht ab: er schickte die gefangene Mannschaft entwaffnet unter Deck und setzte auf jedes der Schiffe drei Portugiesen zur Bedienung von Steuer und Segel. Beim Monte Deli etwas nördlich von Cananor traf er, stolz mit seinen Prisen daherkommend, die portugiesische Flotte. Aber das Unglück wollte, daß gerade in diesem Augenblick eines der zwei gekaperten Schiffe sich von der Karavelle etwas weiter entfernt hatte; die Gefangenen benutzten rasch entschlossen den günstigen Augenblick, überfielen und erschlugen die drei Portugiesen und entrannen aufs hohe Meer, ohne daß man ihrer wieder habhaft werden kannte. Almeida war empört über die leichtfertige Art, wie João Homem den Tod der drei Mann verschuldet hatte, und er wäre seines Kommandos auf der Stelle entsetzt worden, wenn nicht zahlreiche Edelleute für ihn gebeten hätten. Almeidas Gunst hatte er auch so verscherzt. Inzwischen waren in Coulão die Dinge gekommen, wie sie kommen mußten. Die muhamedanischen Kaufherrn hatten über die ihnen angetane Gewalt und Schmach bei den obersten Beamten des Rajas heftige Beschwerde erhoben und diese wie die Stadtbevölkerung für sie Partei genommen. Eine erregte Menschenmasse griff die Faktorei an und Antonio de Sá mußte sich aus dem ungeschützten Hause mit zwölf Mann in eine kurz zuvor erbaute Kapelle U. L. Frau flüchten. Da sie hier den Angreifern kräftigen Widerstand entgegensetzten, legten die erbitterten Massen Feuer an den kleinen Bau und in seinen Flammen fanden sämtliche Eingeschlossene ihren Tod. Die Faktorei wurde ausgeplündert. Christovão Jusarte, der noch im Hafen lag, hatte angesichts der wütenden Volksmenge nicht gewagt von seiner kleinen Karavelle aus Hilfe zu bringen, er hatte sich damit begnügt von den Schiffen der muhamedanischen Handelsherrn fünf zu verbrennen und brachte dann in eiliger Fahrt die Nachricht von dem Unglück nach Cochin.

Almeida war von dem Vorfall peinlich überrascht. Ihm war in diesem Augenblick vor allem an einer raschen Abfertigung der zahlreichen Pfefferschiffe gelegen; eine Strafexpedition aber, die gegen Coulão damit um des portugiesischen Ansehens willen notwendig geworden war, mußte ihm diesen nicht unbedeutenden Hafenplatz fürs erste verschließen. Trotzdem sandte er noch an demselben Abend seinen Sohn D. Lourenço auf der »Flor de la mar« in Begleitung von »Gabriel« sowie fünf Karavellen[1] nach Coulão ab, wohin Ruy Freire ohne Kunde von dem Geschehenen bereits unterwegs war. Nach rascher Fahrt trafen sie dort unerwartet ein und vernichteten trotz heftiger Gegenwehr ohne eigene Verluste 25 Schiffe, die im Hafen lagen, mitsamt ihrer meist aus Gewürznelke, Zimt und andern Spezereien bestehenden Ladung und der Artillerie; denn ein einsetzender Landwind trieb die brennenden Fahrzeuge führerlos ins Meer hinaus, in dem sie versanken[2]. Eine weitere Genugtuung freilich erreichte D. Lourenço nicht. Die indischen Behörden, mit deren Einverständnis der Portugiesenmord stattgefunden hatte, schickten keine Gesandtschaft und taten nichts zur Beilegung der Feindseligkeiten. Daß sechs von den verbrannten Sambuken muhamedanischen Untertanen des Rajas von Cananor, die fünf von Jusarte zerstörten Schiffe nach Kayan-Kulam gehörten, gab hier wie dort Anlaß zu Schwierigkeiten[3].

Der Urheber des ganzen Unglücks, João Homem, erhielt während des Kampfes um die Schiffe einen Bombardenschuß, der ihm Schild und Brustpanzer durchschlug, außer einer Quetschung

[1] Bericht Almeidas aus Cochin vom 16. Dezember 1505.

[2] Ebd.

[3] In dem Rechtfertigungsbrief, den der neue Raja von Cananor am 6. Dezember 1507 an den König richtet, wird der Vorfall (Cartas d'Affonso d'Albuquerque, Bd. II, S. 402) unter den Gründen angeführt, die schließlich zum Bruch und zu der langen Belagerung der portugiesischen Feste von Mai bis Ende August dieses Jahres geführt hätten. Die Schwierigkeiten mit dem Raja von Kayan-Kulam wegen der Ladung s. im folgenden.

in der Herzgegend aber keinen Schaden tat. »Sein Glaubenseifer«, so urteilt João de Barros, »bei Ausführung des ersten Handstreichs war anscheinend so rein, daß er um deswillen sich nicht schuldig machte; denn das bezeugte ihm Gott in dem, was er zu seiner Rettung tat«. Almeida freilich dachte anders; denn obwohl D. Lourenço, der wie viele angesehene Edelleute dem Unverwüstlichen geneigt war, ihn bei der Rückkehr der Flotte vorausschickte um dem Vizekönig die erste Meldung von dem Gelingen der Strafexpedition zu machen und ihm so dessen Gnade wieder zu gewinnen, enthob ihn Almeida, der anscheinend inzwischen genaueren Bericht über die Vorgeschichte des Unglücks von Coulão erhalten oder andere Torheiten des Ritters erfahren hatte, seines Kommandos. »Er hat zahlreiche Mißgriffe begangen und sich ziemlich viele Vergehen zu schulden kommen lassen, würde das auch, wenn ich es zugelassen hätte, weiter getan und schließlich noch sein Schiff zugrunde gerichtet haben«, schreibt der Vizekönig in dem Briefe vom 16. Dezember 1505. Das hat ihn nicht gehindert, als ein Jahr später João Homem nach Portugal zurückkehrte, ihn der Gnade des Königs angelegentlich zu empfehlen, weil er sehr gut gedient habe und mehrfach von Bombardenschüssen getroffen worden sei, so in der großen Seeschlacht, die D. Lourenço am 16. März 1506 der Flotte des Samorin von Calicut in der Bucht von Cananor lieferte und in der auch ein Sohn von João Homem mitfocht[1].

VII. Cochin und die Ladung der Schiffe.

Die Stadt Cochin (Kochchī, 10° n. Br., 76° 12' ö. L.), vor der Eroberung Goas durch Affonso d'Albuquerque Hauptstützpunkt der Portugiesen in Indien, lag auf einem schmalen, sandigen Streifen Landes, den im Westen das Meer bespülte, im Osten weithin sich erstreckende Strandseen von wechselnder Breite, das sogenannte »Hinterwasser von Cochin«, vom Festland abtrennten, am Südufer eines etwa 700 m breiten Flusses, der hier zur See durchbrach und Cochin von der benachbarten Insel Vaipin schied, etwas landeinwärts, aber noch im Bereich von Ebbe und Flut. Der Boden war feucht; überall fand man in geringer Tiefe Wasser[2]. Stattliche Palmenhaine belebten die flache Landschaft und von Osten schauten über die wohlangebaute Ebene und das Hügelland die hier noch ansehnlichen Höhen der Ghat herüber. Die Stadt war seit dem

[1] Cartas de Affonso de Albuquerque, Bd. II, S. 392 und Castanheda a. a. O., l. II, c. 25f.

[2] Q. U., S. 147.

Erscheinen der Portugiesen im Osten der größte Pfeffermarkt von Malabar geworden. Erstreckte sich das Gebiet, in dem der meiste und beste Pfeffer-wuchs, auch vom Kap Komorin bis in die Gegend von Cananor[1], so war weitaus am ergiebigsten doch das Hinterland von Cochin, und die zahlreichen von den Ghats herabkommenden und durch Strandseen unter sich verbundenen Flüsse erleichterten seinen Transport nach dem Hafenplatz.

Den Raja Trimumpate (Trimumpara), der 1500, nach dem Portugiesenmord in Calicut, Cabral gastlich aufgenommen und ihm Ladung verschafft, der trotz aller Drangsale, welche die aus seiner Portugiesenfreundlichkeit erwachsene Feindschaft mit dem Samorin über ihn und sein Land gebracht, an dieser Freundschaft treu festgehalten und so den neuen Ankömmlingen ermöglicht hatte in Indien festen Fuß zu fassen, fand Almeida bei seiner Ankunft nicht mehr auf dem Throne. Hochbetagt hatte er die Herrschaft niedergelegt und sich dem Weltleben entsagend in einen Tempel unter seine Brahmanen zurückgezogen[2]. Das Erbe hatte der Landessitte gemäß einer seiner Schwestersöhne angetreten, nicht ohne daß innere Wirren den Frieden des Landes störten; denn ein ursprünglich zum Nachfolger bestimmter älterer Schwestersohn Trimumpates, der in dessen Kämpfen mit dem Samorin — wie einer der größten Vasallen, der Herr von Repelim am Fuße des Ghat[3] — gegen seinen Oheim und die Portugiesen in Waffen gestanden hatte, von der Nachfolge deswegen ausgeschlossen und mit dem Herrn von Repelim ins Gebirge vertrieben worden war, hatte ihm den Thron bestritten, freilich ohne Erfolg. Der neue Raja aber hatte im Sinne seines Oheims die freundschaftlichen Beziehungen zu Portugal bisher getreulich weitergepflegt. Von diesen Ereignissen erfuhr Almeida, als er am Tage nach der Ankunft vor Cochin an Land ging, durch den portugiesischen Handelsagenten am Orte, Diogo Fernandes Correa, und er sah sich dadurch in eine gewisse Verlegenheit versetzt.

Mit einem Ableben des greisen Trimumpate in nicht zu ferner Zeit hatte man in Lissabon gerechnet und hätte es gern gesehen, wenn in diesem Falle die Wahl zum Nachfolger auf den portugiesischen König gefallen wäre. Almeidas Instruktion enthält[4] die Bestimmung, daß er bei Erledigung des Thrones unter Hinweis auf die Vorteile und die Sicherheit, die dem Lande daraus erwachsen würden, in jeder möglichen Weise, aber ohne die Gefühle der

[1] Garcia d'Orta, Aromatum et . . . medicamentorum apud Indos nascentium historia, Antverpiae 1593, S. 87 f.

[2] Barros, Dec. I, l. IX, c. 5.

[3] Barros, Dec. I, l. VII, c. 1.

[4] A. a. O., S. 323.

einheimischen Bevölkerung zu verletzen, dieses Ziel verfolgen soll. Das war nun zwar hinfällig geworden; aber er brachte von Portugal einen Brief und Geschenke Manuels für den Raja von Cochin mit, die als Anerkennung für dessen Treue gedacht waren, darunter eine goldene Krone im Wert von 900 Cruzados: sollte er die Geschenke in die Hände Trimumpates oder in die des neuen Herrschers legen? Der letztere besuchte ihn kurz nach seiner Ankunft an Land und versicherte, daß er mit der gleichen Treue und Ergebenheit wie sein Oheim den Portugiesen zugetan sei; allein der Vizekönig beschloß wegen der Geschenke zunächst doch die Meinung seiner Edelleute und Kapitäne einzuholen, von denen freilich ein großer Teil D. Lourenço auf der Strafexpedition nach Coulão begleitete. Als Trimumpate in seiner Pagode, wohl durch den Brief Manuels, Kenntnis von der Sachlage erhielt, ließ er den Vizekönig für seine Person um die Geschenke bitten. Aber der alsbald von Almeida berufene Rat entschied sich nach lebhaftem Hin und Her für den neuen Raja; man befürchtete im andern Fall Unstimmigkeiten, ja Wirren zwischen beiden und hielt es für richtiger sich die Freundschaft des regierenden zu erhalten, zumal in einem Augenblick wie diesem, wo es infolge des Portugiesenmordes von Coulão auch unter den Muhamedanern in Cochin gärte und die bisherigen Pfefferlieferanten wenig Neigung zeigten Ladung zu geben[1]. So fand denn in der Festung — wohl sehr bald nach Allerheiligen[2] — unter dem üblichen Gepränge die Übergabe der Geschenke an diesen statt. Feierlich wurde er als Herrscher anerkannt und er wie seine Nachfolger von jeder Art Gehorsams- und Abhängigkeitsverhältnis zu Calicut, wie es vor Ankunft der Portugiesen in Indien bestanden hatte, freigesprochen.

---

[1] Brief Gaspars da Gama in Cartas d'A. d'A., Bd. III, S. 203.

[2] Die Zeitangaben des Barros, Goes und Castanheda sind ungenau und widersprechend für diese Tage. Die zwei letzteren setzen fälschlich Almeidas Ankunft auf den 30. Oktober, an dem »Rafael«, »Lionarda« und das Schiff des Antão Gonçalves (»Judia«) Cochin erreichten; Barros gibt für Almeidas Ankunft richtig den 1. November an, läßt aber Fernão Suares (»Rafael«) gleichzeitig mit ihm eintreffen. Bei Goes und Castanheda verschieben sich die Ereignisse durch den Irrtum zeitlich etwas. Die Überreichung der Geschenke wird nicht vor dem 2. November angesetzt werden dürfen, aber der Natur der Sache und den Bestimmungen der Instruktion gemäß (a. a. O., S. 295) gleich in den ersten Novembertagen stattgefunden haben. Ob D. Lourenço da von Coulão und Calecoulão (Kayan-Kulam) schon wieder zurück sein konnte, wie die genannten Quellen angeben, ist zweifelhaft. Bei der Übergabe der Geschenke war er selber jedenfalls nicht zugegen; denn nach dem Zeugnis der Urkunde in Cartas de Affonso de Albuquerque, Bd. II, S. 361, sah ihn der Raja am 30. Dezember 1505 bei anderer Gelegenheit zum erstenmal.

Sie sollten das Recht haben Gold-, Silber- und Kupfermünzen in ihrem Lande zu schlagen und jedes andere Vorrecht von Königen genießen. Als Ehrengehalt wurden ferner ihm selbst und seinen Nachfolgern 640 Cruzados jährlich für einen goldenen Becher angewiesen, Zeichen ehrender Erinnerung an die drei Prinzen des Hauses, die in den Kämpfen des alten Rajas mit dem Samorin 1503 gefallen waren, und zahlbar von jenem 24. April 1504 an, wo mit Najern Trimumpates und seinem Häuflein tapferer Portugiesen Duarte Pacheco an der Furt bei Cochin den Samorin besiegt und eine portugiesische Bombardenkugel, in dessen unmittelbarer Nähe einschlagend, die Sänfte des Herrn von Repelim zertrümmert, die Sonnenschirme beider, die Abzeichen ihrer Würde, zu Fall gebracht und ihnen neun Mann getötet, der stolze Herr von Calicut aber, selbst bespritzt von dem Blute des Brahmanen, der ihm den Betel reichte, zu eiliger Flucht seinen Palankin verlassen hatte[1]. Dagegen sollte er in Erinnerung an das Gute, das König Manuel dem alten Raja getan, ihm die gleiche Treue wie dieser beweisen, den Portugiesen gegen ihre Feinde jederzeit beistehen wie sie ihm gegen die seinen. Nachdem der neue Herrscher erwidert und steteTreue gelobt, Almeida aber feierlich in der Kirche den Vertrag beschworen hatte, setzte der Vizekönig ihm vor den zahlreich versammelten vornehmen Portugiesen und Indern die Krone aufs Haupt, die Vertragsurkunden wurden ausgetauscht und der Raja kehrte dann inmitten eines festlichen Zuges, in dem die Geschenke vor ihm hergetragen wurden, nach seinem Palaste zurück.

Am nächsten Morgen begannen die Gewürzschiffe des Königs und die des deutsch-italienischen Handelskonsortiums alsbald Pfeffer zu laden. Ihre rechtzeitige Abfertigung war während der nun folgenden Wochen die wichtigste, der Ausbau der Feste in Cochin eine zweite Hauptaufgabe des Vizekönigs. Nachdem der erste Krieg, den der Samorin 1503 gegen den Raja von Cochin geführt hatte um den Portugiesen diesen wichtigsten Stützpunkt ihres Handels in Indien zu entziehen, durch das Erscheinen der Flotte unter den beiden Albuquerque Anfang September mit seinem Rückzug aus dem bis auf die Insel Vaipin bereits eroberten Land unrühmlich zu Ende gegangen war, hatte der von dem Admiral Vasco da Gama 1502 in Cochin zurückgelassene Handelsagent, der umsichtige,

[1] Castanheda a. a. O., l. I, c. 75; dazu ergänzend und berichtigend die drei im wesentlichen inhaltsgleichen Beschwerdebriefe, die der Raja von Cochin über Albuquerques Friedensschluß mit Calicut im November und Dezember 1513 an König Manuel richtet (Cartas de Affonso de Albuquerque, Bd. III, S. 73ff.), und (ebd., S. 256ff.) den Bericht des Alvaro Vaz an den König vom 24. Dezember 1504 aus Cochin, S. 265. Vgl. auch ebd., Bd. IV, S. 42.

kühne und energische Diogo Fernandes Correa, den Francisco d'Albuquerque bestimmt etwa 3 km unterhalb der Stadt gegen das Meer zu am Fluß eine Festung anzulegen. Sie wurde Mitte September tatkräftig in Angriff genommen, unter Beihilfe des Rajas rasch in Holz ausgeführt und lag an der Stelle, wo später in der Portugiesenstadt Cochin das große Strandlagerhaus stand (Casa do armazem da Ribeira)[1]. In den schweren Kämpfen, die im folgenden Jahr mit dem Samorin auszufechten waren und vor allem durch den Heldenmut des Duarte Pacheco entschieden wurden, hatten die Portugiesen dann ein weiteres, ebenfalls hölzernes Festungswerk zur Sperrung einer aus dem angrenzenden Gebiete des Samorin herüberführenden Furt angelegt. Aber auf die Dauer

---

[1] Barros, Dec. I, l. VII, c. 2. Castanheda sagt, daß man sie am Ufer des Flusses von Cochin, oberhalb der Stadt nach dem Innern zu angelegt habe, »weil sie hier sicherer sei und den Heeren von Calicut den Eintritt wehre« (l. I, c. 57). Ist das schon an sich nicht wahrscheinlich, weil dadurch die wichtigste Verbindung, die mit der See, gefährdet worden wäre, so widerspricht ihm, außer der bestimmten Angabe des gut unterrichteten Barros, auch eine Stelle in dem Brief, den Francisco d'Albuquerque am 27. Dezember 1503 von Cochin aus an König Manuel schrieb und von dem eine frühe deutsche Übersetzung aus dem Nachlaß Konrad Peutingers erhalten ist (Tagebuch des Lukas Rem, ed. B. Greiff, Augsburg 1861, S. 139—157). Es heißt dort (S. 144): »Item, es deucht uns das pest zu sein, daz wir das schloß bei dem wasser, das durch die statt Cutzin fleußt, unten am mer machen, dann es sunst in der statt nit vil sterk het. Was den Namen betrifft, so wird dort berichtet (S. 147): »Und am montag (d. h. 18. September) huob wir an ze graben das fundament, und gaben dem schloß den namen: Castello Dalberquercke.« Castanhedas Irrtum bez. der Lage beruht auf Verwechslung: in l. I, c. 58 sagt er, daß die von den beiden Albuquerque erbaute Holzfeste den Namen »Manuel« erhalten habe, »zu Ehren unseres Herrn und zur Erinnerung an den König Manuel, dessen Vasallen ihre Erbauer waren«. »Manuel« hieß nun aber in Wirklichkeit ein anderes, von Diogo Fernandes erst 1505, nach der Abreise des Lopo Suares, erbautes Festungswerk, das in der Tat zwei Leguas flußaufwärts von Cochin lag. In dem Bericht von Almeidas Sekretär Gaspar Pereira an den König (Cartas d'A. d'A., II, S. 356) heißt es: »que se fose para riba jumto com o castello manuell, que diogo fernandes depois da hida de lopo soares fez«, und in dem Bericht Almeidas vom 16. Dezember 1505: »Senhor, ontem derradeiro dia de novembro fui ver huuma torre de madeira, que Dieguo Fernandez (fez) duas legoas por este rio acima . . . e la entramos dentro na torre a qual é tam boa e tam forte e esta tam bem aparelhada d'artilharia que soo por ella merece Dieguo Fernandez muita mercé porque a fez em luguar muito proveitoso e muito necesario sem a qual este rio nunqua estevera bem seguro porque a tiro de bombarda della esta a terra del Rei de Callecu«.

konnten diese Sicherungen dem Bedürfnis doch nicht genügen und so hatte Diogo Fernandes, nicht nur Handelsagent, sondern auch Burgvogt in Cochin, bereits vor Almeidas Ankunft im Einverständnis mit dem neuen Raja den Bau einer steinernen Feste begonnen, den Almeida in richtiger Erkenntnis seiner Bedeutung nun möglichst rasch und nachdrücklich zu fördern bestrebt war. Warm erkennt er Diogo Fernandes' Leistung an; sie scheint ihm ein Werk, das wenig kostet und dem König die ganze Produktion des Landes sichert. Die Mauer, wie sie begonnen ist, dünkt ihm an Stärke der besten in Portugal gleich. Von neuem greifen die Fidalgos und Ritter so gut wie der gemeine Mann zum Spaten, schieben Sandkarren und tragen Steine, während die Maurer mit Kelle und Mörtel am Werk sind. Vor Tagesanbruch geht man an die Arbeit; der Vizekönig selber und D. Alvaro de Noronha, der neue Burgvogt (alcaide mór) erheben sich täglich um 2 oder 3 Uhr morgens um ermunternd dabei zu sein. Zwei Stunden nach Sonnenaufgang zwingt freilich die Glut der Tropensonne zur Einstellung der Arbeit und erst am Spätnachmittag kann sie wieder aufgenommen werden. Auch unfreiwillige Unterbrechungen treten ein: drei, vier Tage bleibt gelegentlich der Stein ganz aus, der aus dem Innern herangeschafft werden muß und oft nicht in genügender Menge zur Stelle ist. Immerhin, es geht vorwärts und der Vizekönig hofft im Dezember, daß die Mauern, bis er nach Beendigung der Ladung Cochin verlassen wird, zwölf Fuß hoch aufgeführt, ein Turm mit drei Stockwerken fertig sein werden.

Auch sonst wird gebaut. Ein Hospital ist vor Jahresende bereits geschaffen, nicht so prächtig wie das in Lissabon, berichtet der Vizekönig, aber ein ordentliches Haus mit guten Betten und reichlicher Wäsche. Die letztere stammt aus der Beute von Quiloa und Mombasa. Es liegt unmittelbar bei der Kirche und die Kranken können von ihrem Lager aus das Christusbild am Hochaltar sehen und die Messe singen hören. Der Plan eine Ruderflotte zu bauen, die dauernde Stationierung eines Geschwaders im Osten macht Vorkehrungen für diese Zwecke erforderlich: schon im Dezember ist ein Magazin für Schiffsbedarf errichtet und der Verkehr darin so stark, daß der König sich wundern würde, wenn er ihn sähe, schreibt Almeida. Starke Flaschenzüge um Fahrzeuge zu bemasten, eine Windemaschine um kleinere Schiffe, wie Karavellen, an Land zu ziehen sind montiert. Woran es zunächst noch fehlt, sind die nötigen Schiffshandwerker und Materialien. Die Notwendigkeit, vor Antritt der Heimreise die von der langen Fahrt mitgenommenen Gewürzschiffe durch Brennen vom Bohrwurm zu reinigen, neu zu kalfatern und auszubessern, nimmt Zimmerleute und Kalfaterer stark in Anspruch, verschlingt viel von den mitgenommenen

Materialien. Darum geht auch die Zusammensetzung der zweiten Galeere zunächst nur langsam vorwärts. Dagegen kreuzt die in Anjediva erbaute unter João Serrão schon in der Nähe von Cochin; doch sind die Ruderer noch nicht vollzählig.

Zu Kaperkrieg und Unterbindung des muhamedanischen Seehandels wie zum Geleit der mit portugiesischem Paß fahrenden einheimischen Schiffe streifen drei Karavellen die Küste südlich von Cochin ab; ihre Kreuzfahrten gehen über Kap Komorin hinaus bis zu den Perlfischereien von Cail am Golf von Manaar, wo sie auf die von der Koromandelküste kommenden Schiffe lauern. Zwei davon haben auf offener See vier in Coulão beheimatete Fahrzeuge weggenommen und 80 Mann von der Besatzung getötet, ihre Reisladung erbeutet und die Schiffe dann verbrannt. Bei der Knappheit der Lebensmittel in Cochin kommt die Zufuhr sehr erwünscht. Drei oder vier weitere Schiffe sind zwischen Coulão und Kap Komorin am Strande von den Karavellen vernichtet worden. Andere Seestreitkräfte sind nach Norden abgegangen um die Herren der Meeresküste zu Vasallen des Königs zu machen. Die Kreuzfahrten, schreibt der Vizekönig, haben es nun allerdings mit sich gebracht, daß viele Waren, die sonst von Indien nach Portugal gebracht werden konnten, dies Jahr in der Ladung fehlen. Malabar selbst erzeugt nur Pfeffer und Ingwer, und »was von auswärts kommt, bleibt infolge der Furcht vor unsern Armaden aus«. Die muhamedanischen Kauffahrer, die von Malakka, Sumatra, Pegu und Bengalen mit Spezereien, Drogen, Edelsteinen und andern Kostbarkeiten dem reichen Cambaya, dem Welthafen Ormuz und dem Roten Meer zustrebten, nahmen um den portugiesischen Kreuzern zu entgehen ihren Weg, statt der Küste entlang, über die Malediven und den offenen Ozean.

Besonderes Augenmerk wandte Almeida der Sperrung des Hafens von Calicut zu. Vom Raja und den zwei großen muhamedanischen Lieferanten der Portugiesen in Cochin jeweils über geplante Abfahrt arabischer Handelsschiffe aus den Häfen des Samorin unterrichtet, ließ er die Küste ständig überwachen, im Gefühl unbedingter Überlegenheit der portugiesischen Schiffe und Waffen und des Heldenmutes von Führern und Mannschaften mit erstaunlich geringen Kräften und doch anscheinend wirksam. Gelegentliche Verluste blieben freilich auch nicht aus. Am 9. Januar liefen mit ihren Karavellen Lopo Chanoca und Nuno Vaz Pereira in Cochin ein, die Segel von Bombardenkugeln durchlöchert und zerfetzt, das Fahrzeug des Lopo Chanoca überhaupt übel zugerichtet. Sie hatten südlich von Calicut die Mündung des Flüßchens Chetua, über die angeblich Pfeffer ausgeführt werden sollte, umsonst nach muhamedanischen Kauffahrern abgesucht, waren dann aber bei dem wenig nördlicheren Panane, einem belebten Hafenplatz des Samorin, nahe der Küste von etwa 80 »Prauen« — Einbäumen zum Rudern, mit Segelvorrichtung[1] — und zwei großen Schiffen angegriffen worden. Windstille hatte ihnen nicht gestattet die überlegene Manövrierfähigkeit ihrer Karavellen voll zur Geltung zu bringen und die feindliche Artillerie sowie die vielen Pfeilschützen hatten ihnen aus geringer Entfernung hart zugesetzt. Schlimmer war aber, daß auf Chanocas Fahrzeug unter Deck beim Laden einer heiß geschossenen Bombardenkammer ein Funke ins Pulverfaß gekommen, durch die Explosion das Deck gesprengt worden war und viele dabei schwere oder leichte Brandwunden erlitten hatten. Obwohl von diesem Fahrzeug nicht mehr als vier Mann unverletzt geblieben waren, gelang es doch nach langem Kampfe den Feind schließlich zur Umkehr in den Hafen zu zwingen und mit einem Verlust von sechs Toten und zahlreichen Verwundeten, von denen im neu gegründeten Hospital noch einige starben, Cochin zu erreichen.

All diese rege Tätigkeit jedoch trat an Bedeutung hinter der Sorge für die rechtzeitige Abfertigung der Gewürzschiffe zurück. Der Portugiesenmord und der ihm folgende Kriegszustand mit Coulão hatte diesen Hafen, in dem andernfalls ein oder zwei Schiffsladungen Pfeffer zu kaufen gewesen wären, für dies Jahr verschlossen. Nach Beendigung der Strafexpedition gegen Coulão hatte D. Lourenço daher das in der Instruktion als möglichen Einkaufshafen genannte, wenig südlich von Cochin an einem ausgedehnten Hinterwasser gelegene Kayan-Kulam (Calecoulão) angelaufen um für das Schiff des Ruy Freire Pfefferfracht zu erhalten. Dort hatten auch die Indienflotten der drei vorausgehenden Jahre durch einen eingeborenen Thomaschristen mit Namen Matthias für je ein bis zwei Schiffe Gewürzladung bekommen[2] und mit diesem Manne unterhandelte man auch jetzt. Allein diesmal erhob der Herr des kleinen Ländchens, das damals anscheinend ganz oder halb selbständig, ein Jahrzehnt später dem Raja von Coulão untertan war[3], Einspruch gegen sofortige Lieferung: die fünf Schiffe, die Christovão Jusarte im Hafen von Coulão nach dem Portugiesenmord verbrannt hatte, waren Eigentum muhamedanischer Kaufleute aus Kayan-Kulam gewesen und der Raja forderte von Almeida dafür zunächst Entschädigung; im übrigen sei die Ladung dem Vizekönig sicher und werde es immer sein. Zu Unterhandlungen

[1] Lodovico di Varthema ed. Badger, S. 154.

[2] Vgl. seinen Brief vom 18. Dezember 1504 in Cartas de Affonso de Albuquerque, Bd. II, S. 268.

[3] Vgl. Lodovico di Varthema ed. Badger, S. 179f. und Duarte Barbosa in Collecção de Noticias, Bd. II, S. 348.

über diese Forderung fuhren mit D. Lourenço ein Bruder von Matthias und ein anderer Thomaschrist nach Cochin zum Vizekönig, während Ruy Freire in Kayan-Kulam blieb. Da aber Jusarte die Mannschaft der verbrannten Schiffe für mitschuldig an der Bluttat von Coulão erklärte und Almeida vor Abfertigung der Gewürzschiffe keine Zeit zu persönlicher Untersuchung des Falles blieb, erklärte er die Entscheidung bis dahin vertagen zu müssen, ließ aber dem Raja sagen, daß er von Antonio de Sá Waren des Königs gegen die Verpflichtung zur Pfefferlieferung erhalten habe und ihm daher zwei Schiffsladungen möge geben lassen. Er versprach, daß Schiffe und Hafen von Kayan-Kulam dafür volle Sicherheit genießen sollten. Einstweilen sandte er ihm ein Geschenk in Edelsteinen und die Abgesandten waren befriedigt. Inzwischen hatte aber Ruy Freire an Ort und Stelle auf eigene Faust unterhandelt und alles verdorben durch das Angebot mit mehr Ware zu bezahlen, das Gegenteil dessen, was die indischen Kaufleute wollten, die vor allem Edelmetall verlangten. Es war darüber zum Unfrieden gekommen und er hatte ohne Ladung abfahren müssen. In der ersten Dezemberhälfte sah der Raja sich dann freilich, wie es Almeida vorausgesehen hatte, zum Einlenken genötigt; ob die von Matthias damals geführten Verhandlungen [1] ein Ergebnis gehabt haben, erfahren wir nicht.

In Cananor, wo Ingwer und kleinere Posten Pfeffer eingekauft werden konnten, scheinen die Lieferungen auch nicht in den gewünschten Mengen und mit der gerade in diesem Jahr so nötigen Raschheit erfolgt zu sein; die Verbrennung der Schiffe in Coulão, von der muhamedanische Untertanen des Rajas mitbetroffen worden waren, hatte in Verbindung mit dem Bau der Festung, der gegen Ende Dezember nahezu vollendet war, und mit der Tätigkeit der portugiesischen Kaperschiffe den Haß der Moplah von Cananor weiter verschärft, und nachdem João Serrão mit der Galeere nach Cochin abkommandiert worden war, hatte ein bewaffneter Angriff auf die noch nicht in die Festung verlegte Faktorei stattgefunden und nur das rechtzeitige Eingreifen des Rajas schweres Blutvergießen verhindert. Auch danach erhielten die Portugiesen mehr schöne Worte als Gewürzladung [2].

Besser ließ, nachdem Verhandlungen mit dem Raja und den Kaufleuten die wegen der Vorgänge in Coulão herrschende Spannung gemildert hatten, Einkauf und Verladung sich zunächst in Cochin an. Hier lagen zu diesem Zweck die drei Schiffe der deutsch-italienischen Handelsgesellschaft, »Jeronimo«, »Rafael« und

---

[1] Bericht Almeidas vom 16. Dezember 1505.

[2] Cartas de Affonso de Albuquerque, Bd. II, S. 359f.

»Lionarda«, ferner die »Judia« (d. h. »Jüdin«), die dem Neuchristen, also getauften Juden Fernando de Noronha gehörte, einem großen Reeder in Lissabon und Ritter des königlichen Hauses, der vom König damals den Handel mit Brasilholz von der Terra Nova (Brasilien) um 4000 Cruzados jährlich gepachtet hatte und dorthin jedes Jahr seine Schiffe sandte. Es wird derselbe sein, nach dem die Insel gegenüber der brasilianischen Küste benannt ist, die ein Fernão de Noronha 1503 entdeckt hatte[1]. Daß das Fahrzeug in Wirklichkeit nicht den für ein portugiesisches Schiff der Manuelischen Zeit und ein Jahr vor dem großen Judenmord in Lissabon äußerst auffallenden Namen trug, daß vielmehr boshafter Witz es im Hinblick auf den Eigentümer aus einer »S. Christovão« zur »Jüdin« gemacht hat, ergibt eine Urkunde Almeidas vom 30. Oktober 1505[2]. Von königlichen Schiffen lud in Cochin sicher die »Magdalena«, dagegen »Conceição«[3] und, wie es scheint, »Botafogo« in Cananor. »Gabriel« und »Flor de la mar« hätten nach der Instruktion in Indien bleiben sollen, und weil sie von den dazu bestimmten Schiffen die größten, ihre Kapitäne aber beide angesehene Männer waren, so enthielt Almeidas Instruktion die Bestimmung, daß, wenn bei Bildung kleinerer Schiffsverbände für besondere Zwecke einer der beiden Edelleute einem solchen angehöre, er Geschwaderkommandant sein solle. Es scheint, als ob diese Bestimmung dem Vizekönig unbequem gewesen wäre. Er kannte die trefflichen Eigenschaften seines Sohnes, in dem hoher Heldensinn sich mit einer Liebenswürdigkeit und Menschlichkeit paarte, die ihm die Herzen gewann, und er wußte, daß er D. Lourenço jede Aufgabe anvertrauen durfte. João da Novas hochfahrende Art dagegen erbitterte die Gemüter; man hätte ihm nur widerwillig gehorcht[4]. Konnte Almeida also ihn und Vasco Gomes d'Abreu in guter Art und ohne Verletzung ihrer Ehre nach Portugal zurückschicken, so war ihm das jedenfalls erwünscht. Seine Instruktion[5] bot dazu die Möglichkeit: Änderung der vom König getroffenen Bestimmungen im ganzen wie im einzelnen war ihm gestattet, wo nach Zeitpunkt und Sachlage ein anderes Verfahren mehr im Interesse des Königs zu liegen schien. Nun war für ein Fahrzeug von der Größe der »Flor de la mar« ein Überwintern in dem seichten Hafen von Cochin in der Tat nicht ungefährlich; deswegen hatte er Ende November noch daran gedacht sie mit dem Schiff des Felipe Rodrigues unter D. Lourenço als Geschwaderchef nach Quiloa zu schicken um beim

[1] Q. U., S. 119 Anm. 141.
[2] Cartas de Affonso de Albuquerque, Bd. III, S. 178.
[3] Cartas de Affonso de Albuquerque, Bd. III, S. 180.
[4] Bericht vom 16. Dezember 1505.
[5] A. a. O., S. 332.

ersten günstigen Wetter von dort zu Kaperfahrten nach dem Eingang des Roten Meeres aufzubrechen. Daß »Gabriel« mit Ladung nach Portugal zurückgehen sollte, hatte er mit Vasco Gomes damals schon vereinbart. Die Expedition nach dem Roten Meer, die in der Instruktion für die Zeit nach Abfertigung der Gewürzflotte vorgesehen war und für die ein paar größere Schiffe von Wert gewesen wären, hatte er um zuvor die drei wichtigen Festungsbauten in Indien zu Ende zu führen aufs folgende Jahr verschoben; Schiffe vom Geschwader des Pero d'Anhaia, die er zur Aufnahme von Gewürzfracht noch erwartete, waren ausgeblieben, Ladung aber durfte er hoffen in genügender Menge für die »Gabriel« zu erhalten. Ihre Anwesenheit, schreibt er an den König, würde ihn stattlicher machen, aber er könne sie entbehren, »und, so Gott will, wird sie in Portugal 150000 Cruzados wert sein«. Vasco Gomes war es leid, fügt er hinzu, aber die Vorstellung, daß dem König mehr damit gedient sei, bestimmte ihn die Heimkehr nicht zu verweigern. Ob der Vizekönig mit ähnlichen Gründen auf João da Nova eingewirkt hat, ob dieser selbst die wiederholte Unterordnung unter den jungen D. Lourenço unangenehm empfand, jedenfalls wurde als letztes Gewürzschiff die »Flor de la mar« im Januar 1506 in Cochin geladen.

Über das Leben, das während der Monate November, Dezember und Januar in der portugiesischen Feste, an der Wage und im Hafen von Cochin herrschte, sagen unsere Reiseberichte fast nichts, aber wir können uns aus Urkunden eine Vorstellung davon machen. Die Dienstvorschriften waren sehr streng. An Land gehen durften nur der königliche Handelsagent und sein Schreiber und auch diese nur an den Tagen, für die der Vizekönig das Ein- und Ausladen von Waren anordnete, die sie von dem Handelsagenten des Königs im Lande zu empfangen oder ihm zu übergeben hatten und bei deren Übergabe und Annahme sie zugegen sein mußten. Andern Personen an Bord, auch den Kapitänen und Leuten von Stellung, konnte die Erlaubnis nur vom Vizekönig selber erteilt werden und nur, wo ein dienstliches Interesse vorlag. Übernachten an Land war bei strenger Strafe untersagt; war es unvermeidlich, so mußte der von Bord Beurlaubte in der Faktorei schlafen, bei Beschäftigung an Land auch dort wohnen. Ein Kapitän, der sich gegen diese Bestimmungen verfehlte, verlor sein ganzes Gehalt für die Reise und verfiel außerdem noch einer vom König zu verhängenden Strafe; Schiffsmeister und Steuerleute gingen ihres Gehaltes, ihrer Freigüter und jeder Ware, die bei ihnen gefunden wurde, verlustig, wurden für eine vom König zu bestimmende Zeit nach St. Helena verbannt und, wenn das Geschwader auf der Rückreise die Insel berührte, dort zurückgelassen, andernfalls auf

Lebenszeit nach S. Thomé verwiesen; der gemeine Mann wurde noch überdies ausgepeitscht und die entehrende Bestrafung auf allen Schiffen durch Ausrufer bekannt gegeben. Es galt Desertionen zu verhindern, die gerade in diesen ersten Jahren der indischen Unternehmungen besonderes Unheil stiften konnten, wie das Beispiel der zwei Mailändischen Geschützgießer zeigt, die Lodovico di Varthema 1505 in Calicut traf[1], ferner Zwistigkeiten und Unruhen zu verhüten, wie sie aus Verletzung der Kastenbräuche und Ausschreitungen jeder Art entstehen konnten[2].

Die Hauptarbeit an Bord jedes Schiffes hatte zunächst der königliche Handelsagent (feitor) mit seinem Schreiber. Er hatte mit diesem vor der Ausreise in Lissabon die Waren, die durch die Faktorei seines Schiffes gingen, unter Prüfung von Gewicht, Maß oder Zahl, je nach der Art der Ware, von der Casa das Indias e de Guiné zu übernehmen und Empfangsbestätigung darüber auszustellen; seinerseits erhielt er von Faktor und Schreiber des Indienhauses ein Verzeichnis aller empfangenen Waren, die er unter den gleichen Sicherungen an den königlichen Handelsagenten des Platzes abzuliefern hatte, an dem er im Osten Ladung einnahm. Die Quittung, die er von ihm darüber erhielt, war bei der Rückkehr dem Indienhause vorzulegen. Die gleiche Ordnung galt für die Ladung der Spezereien und der andern Erzeugnisse des Ostens. Fehlte bei der Übergabe der indischen Waren an die Casa das Indias mehr, als billigerweise für normalen Verlust angesehen werden konnte, so hatten es zu dem in Lissabon geltenden Preis der Ware der Faktor des Schiffes und der verantwortliche indische Agent des Königs zu zahlen; fehlte bei der Übergabe der europäischen Waren in Indien etwas, so hatte es der Schiffsfaktor, der sie hingebracht, nach Maßgabe der in Indien dafür geltenden Preise zu ersetzen. Art und Menge der Spezereien, die mit den dafür bestimmten Schiffen zu schicken waren, setzten, soweit möglich, im voraus Faktor und Schreiber des Indienhauses fest; das Verzeichnis dessen, was er zu verladen hatte, erhielt jeder der Handelsagenten in Lissabon. Eine Zusammenstellung über die Gesamtmenge der zu ladenden Gewürze sowie Vorschriften über den Preis der europäischen Waren und die Art ihres Verkaufes enthielt sodann ein dem Vizekönig von dem vedor da fazenda D. Martinho in Lissabon übergebenes Schriftstück. Maßgebend sollten bei Ein- und Verkauf im Osten für Almeida die Preise sein, die Lopo Suares bei der vorgehenden Reise dort gezahlt und erhalten habe. Darunter sollte bei den Spezereien auch dann nicht

[1] Ausgabe von Badger, S. 260 ff.

[2] Hierzu wie zum Folgenden vgl. die Instruktion Almeidas a. a. O.

herabgegangen werden, wenn die indischen Kaufleute sie billiger anbieten würden, die Tauschwaren auch dann nicht teurer verkauft werden, wenn sich ein höherer Preis als der erzielen ließe, zu dem sie Lopo Suares abgegeben habe; hier wie dort jedoch sollten die Preise nicht unter die von dem Admiral im Jahr 1502 bewilligten und verlangten herabgehen; man müsse den indischen Kaufleuten Vertrauen einflößen, den Glauben an Stetigkeit in den gegenseitigen Handelsbeziehungen wecken.

Falls Pfeffer sich in den vorgesehenen Mengen auf den malabarischen Märkten nicht fände, sollte nach Almeidas Instruktion guter Lack, soviel man erhalten könne, und von feinem Zimmet und Ingwer das Doppelte der vorgeschriebenen Mengen verladen werden. Alle Spezerei aber — und das ist eine der wichtigsten Bestimmungen — durfte nur durch die an Ort und Stelle in Indien stationierten königlichen Handelsagenten und ihre Beamten eingekauft werden und von niemandem sonst. Daher mußten die Gelder nicht nur des Königs, sondern auch aller Freigutberechtigten, soweit Pfeffer dafür eingekauft werden sollte, diesen übergeben werden. Damit das richtig vorbereitet war, zahlten vor der Ausreise von Lissabon der Kapitän und die sonstigen Personen jedes Schiffes, die vom König Erlaubnis hatten noch über ihr Freigut hinaus Pfeffer zu laden, desgleichen die Kommandanten, Faktoren, Angestellten und das sonstige Personal der Festungen dem Faktor ihres Schiffes all das Geld ein, das sie zum Ankauf des Pfeffers wie auch der andern ihnen erlaubten Waren mitnahmen. Aufbewahrt wurde es zusammen mit dem des Königs vom Kapitän. Der von jedem eingezahlte Betrag wurde vom Schiffsschreiber verbucht und außerdem als Einnahme des Königs unter besonderem Titel und auf den Namen der Person in die Bücher des Indienhauses eingetragen mit dem Zusatz, daß das Geschäft auf Gefahr des Einzahlers gehe. Dort wurde auch jedem Quittung ausgestellt. Schiffsmeister, Steuerleute, Matrosen und sonstige Bemannung behielten das Geld für ihre Freigüter während der Reise in eigener Verwahrung. Erst nach der Ankunft in Indien übergaben sie die Beträge für Freigut dem Handelsagenten des Schiffes; dessen Schreiber trug sie in sein Buch sowie in ein von ihm und dem Faktor angelegtes und unterzeichnetes Heft ein, das ein Vertrauensmann der Seeleute so lang in Verwahrung behielt, bis ihm der Schiffsfaktor die ordnungsmäßigen Quittungen des königlichen Handelsagenten am Ort ausgehändigt, dem er die Beträge der einzelnen zum Einkauf übergeben hatte. Gegen diese Quittungen erhielten die Seeleute dann in Lissabon ihre Freigüter; das zurückgegebene Heft diente dem Schiffsfaktor zu seiner Entlastung. Die eine Hälfte des für das Geld der Freigutberechtigten eingekauften

Pfeffers fiel als Abgabe an den König, die andere erhielten sie zu freier Verfügung. Fehlte am Gewicht etwas, so teilten sie sich mit dem König in den Verlust; ging Schiff oder Ladung unterwegs zugrunde, so wurde für dadurch verlorene Freigüter kein Ersatz geleistet.

Außer dem Freigut an Pfeffer durften Kapitäne, Schiffsmeister, Steuerleute, Mannschaften jede Art Drogen und Apothekerwaren, ferner Edelsteine, Perlen, Wohlgerüche, Gewebe u. a. einführen gegen eine Abgabe von 1/4 und 1/20 an den König. Für den Einkauf dieser Waren hatte der Vizekönig eine zuverlässige Persönlichkeit, die mit den Verhältnissen im Osten vertraut war, zum Handelsagenten (feitor para a compra das cousas miudas) zu ernennen und ihr einen Schreiber beizugeben. Dieser zeichnete die seinem Faktor von den Parteien übergebenen Beträge auf und beide leisteten einen Eid, sich ihrer Aufgabe nach bestem Wissen und Gewissen zu entledigen. Beide durften zu den vom Vizekönig bestimmten Zeiten an Land gehen und wurden hier gehalten wie die andern Handelsagenten und Kapitäne. Bezüglich der Preise, die sie zahlten, hatten sie sich nach dem Gutachten der örtlichen portugiesischen Handelsagenten und ihrer Beamten zu richten. Konnten sie die gewünschte Menge der verlangten Waren nicht erhalten, so stand die Verteilung des von ihnen Gekauften dem Vizekönig oder dem Geschwaderkommandanten der jeweils im Hafen liegenden Schiffe zu. Waren Perlen, Edelsteine oder andere Wertgegenstände dabei, so wurden sie nach der Teilung gezählt, mit dem Namen des Eigentümers ins Buch des Schiffsschreibers sowie in ein Buch eingetragen, das der Kapitän, der Schiffsfaktor und Faktoreischreiber sowie ein von den Beteiligten ernannter Vertrauensmann unterzeichneten, und dasselbe mit den Kostbarkeiten in eine verschlossene Truhe gelegt, zu der die Genannten je einen Schlüssel führten. Dies Verfahren bei den kleinen, leicht zu verbergenden Stücken diente dazu, die Abgabe an den König wie das Eigentum der einzelnen sicherzustellen. Jede Truhe sollte ferner noch ein vom Vizekönig oder, wo er nicht am Orte sei, vom Geschwaderkommandanten unterfertigtes Verzeichnis der darin niedergelegten Sachen enthalten und außerdem in zwei Exemplaren auf zwei verschiedenen Schiffen ein von Almeida durch Unterschrift beglaubigtes Gesamtverzeichnis eingeschickt werden.

Irgendwelche Ware durfte ohne Erlaubnis des Königs von niemandem nach Indien eingeführt werden, weder auf eigene noch auf fremde Rechnung, bei Strafe des Verlustes der Ware und des Soldes und, wenn es ein Kaufmannsschiff war, des Schiffes an den König.

»Das Geld von den Schiffen der Kaufleute werdet Ihr«, so lautet die für die Deutschen wichtigste Bestimmung der Instruktion Almeidas, »unserm Faktor übergeben lassen, damit sie aus seiner

Hand mit dem Ihrigen kaufen, gemäß den Bedingungen der Verträge, von denen Ihr Abschriften mitnehmt, die Euch D. Martinho geben wird. Und ebenso werdet Ihr es mit den Waren halten, die sie mitnehmen«[1]. Jeder direkte Verkehr mit den einheimischen Kaufleuten war ihrem Agenten also untersagt; Kauf und Verkauf gingen völlig durch die Hände der portugiesischen Faktoren in Cochin und Cananor. Das sind die wesentlichen Bestimmungen, die für den Handel 1505/06 maßgebend gewesen sind.

Am 2. November begannen, wie gesagt, nach Sprenger die Gewürzschiffe in Cochin zu laden. Diogo Fernandes Correa hatte offenbar trefflich vorgesorgt. Es war gut getrockneter Pfeffer von der vorhergehenden Ernte. Vermittelt wurden die Käufe durch einen damit beauftragten Handelsbeamten des Rajas, Candagora[2], Hauptlieferanten der Portugiesen waren der schon in dem Bericht des Francisco d'Albuquerque vom 27. Dezember 1503[3] genannte Cherina Mercar sowie Mamale Mercar, zwei muhamedanische Kaufleute[4]. 20 200 Quintal Pfeffer hatte Candagora dem Vizekönig zu liefern versprochen und die Ladung ging bis in die erste Dezemberhälfte auch nach Wunsch und ohne Störung von statten. Soweit ihn nicht der Bau der Festung in Anspruch nahm, überwachte Almeida selbst, außer ihm D. Alvaro de Noronha und vor allem der rastlos tätige Diogo Fernandes das Geschäft des Wiegens und des Transportes der Ware zu den Schiffen. Die Instruktion mahnte in dieser Beziehung zu genauester Kontrolle, Vorsicht besonders mit den fremden Gewichten[5]. Landesüblich war für Pfeffer im Osten das Bahar. Bezüglich seines Verhältnisses zum portugiesischen Quintal scheint man sich nicht von Anfang an einig gewesen zu sein; wenigstens gibt Francisco d'Albuquerque in dem Brief vom 27. Dezember 1503 aus Cochin[6] es auf drei portugiesische Quintal an, während es dort nach Matteo di Begnino[7] 1502/03 auf 3 Quintal 22 Pfund berechnet worden und nach dem Lyvro dos pesos da Ymdia des Antonio Nunes von 1554[8] sogar 3 Quintal 30 Pfund alten Gewichtes[9] gleich war. An der Ladung der Schiffe des Affonso d'Albuquerque hatte denn auch viel gefehlt[10].

---

1 A. a. O., S. 323.
2 Ebd., S. 360.
3 Tagebuch des Lukas Rem, S. 148.
4 Cartas de Affonso de Albuquerque, Bd. II, S. 361.
5 A. a. O., S. 329.
6 A. a. O., S. 148.
7 Vgl. Hümmerich, Vasco da Gama, München 1898, S. 200.
8 Collecção de monumentos ineditos, Bd. V, S. 33f.
9 S. o. S. 24 Anm. 2 und S. 25.
10 Cartas de A. de A., Bd. II, S. 301f.

Mit der Entschuldigung, daß Bahar und Quintal nicht zusammenstimmten, suchten im übrigen ungetreue Beamte der Faktoreien ihr Arbeiten in die eigenen Taschen zu verschleiern[1]. Wirksame Beaufsichtigung des Wiegens und des Transportes zum Schiff wurde erschwert durch die weite Entfernung der Pfefferwage; sie befand sich mehr als 3 km oberhalb der Festung in der Inderstadt. Im Interesse des Königs dachte daher Almeida, wie er im Dezember an Manuel schreibt, ernstlich daran sie in die Nähe der Festung zu verlegen, war mit dem Raja und den Kaufleuten auch bereits einig darüber geworden. Der größere Teil des Pfeffers, der zu Verlust gegangen ist, meint er, wird auf dem Weg von der bisherigen Wage zum Schiff aus den Booten weg gestohlen worden sein — tatsächlich lagen nach Sprenger die Schiffe eine Legua, über 6 km, von der Stadt entfernt im Strom —; er hat gegen die Diebstähle Maßregeln ergriffen und hofft, daß nichts mehr vorkommt.

Auch an der Wage begann die Arbeit, nachdem Diogo Fernandes um 2 oder 3 Uhr aufgestanden war und in der Festung eine Messe gehört hatte, in den frühesten Morgenstunden und endete erst mit Eintritt der Dunkelheit; der Faktor nahm an der Wage auch seine Mahlzeiten ein. Bis in die Nacht hatte er dann noch mit seinen Schreibern die Berechnungen zu machen. Gewogen wurden in den ersten Wochen täglich 800, 900, ja 1000 Quintal Pfeffer und mehr. Solange die zahlreichen Schiffsboote zur Verfügung standen, vollzog sich auch die Beförderung an Bord ohne Störung.

Dort nützte man jeden verfügbaren Laderaum nach Möglichkeit aus. Schiffszwieback und Wasserbehälter sowie alle Lebensmittel, die das vertrugen, wurden schon vor Beginn der Ladung aus den unteren in die an Deck befindlichen Kammern gebracht. Auf die Tonne Laderaum sollten 12 Quintal verstaut, Pfeffer und andere Waren in wohlverschnürten Ballen in die Kammern unter Deck befördert werden, die des Königs mit seinem Zeichen versehen und mit Angabe des letzteren vom Schiffsschreiber verbucht, unter besonders sorgfältiger Überwachung der Freigutpfeffer, den jedes Schiff führte, an Bord ohne Verpackung abgewogen, verbucht und in doppelt gezeichneten Ballen mit dem übrigen in den Kammern sicher verstaut werden. Bei der Beschleunigung, mit der in diesem Jahr das Laden vorgenommen werden mußte, und unter erschwerenden Umständen, die gegen Mitte Dezember eintraten, konnten indes, wie es scheint, manche Vorschriften hinsichtlich der Ladung nicht genau befolgt werden. Eine Stelle in

[1] Brief des Gaspar da Gama von 1506 a. a. O., S. 379.

Almeidas Bericht an den König vom 16. Dezember, die allerdings verstümmelt und nicht ganz klar ist, zeigt es. Offenbar war eine vom König angeordnete genaue Schätzung der Anteile der einzelnen Parteien auf den Schiffen der Kaufleute bei der Ladung unmöglich gewesen und Almeida hatte daher mit deren Kapitänen und Handelsagenten vereinbart, daß der gesamte auf ihren Fahrzeugen verfrachtete Pfeffer in Lissabon in ein Lagerhaus gebracht werden und der König einem jeden sollte geben lassen, was ihm zukäme, und ebenso bei den andern Waren. Ende Dezember mußte ferner die »Lionarda«, nachdem sie in Cochin bis zum 18. Dezember beträchtliche Mengen Pfeffer alter Ernte eingenommen und bezahlt hatte, in Cananor 2600 Quintal davon an »Rafael«, immerhin eins der Schiffe des Konsortiums, aber auch an die »Conceição«, ein Fahrzeug des Königs, abgeben und sollte dafür ohne Bezahlung Ersatz von dem königlichen Handelsagenten in Cananor erhalten. Bei der Abfahrt des ersten Geschwaders am 2. Januar 1506 fehlten ihr angeblich noch »bey 1000 Centner[1]«. Ihre Abfahrt nach Portugal wurde dadurch sehr verzögert und sie kam in eine für die Reise wesentlich ungünstigere Jahreszeit als »Jeronimo« und »Rafael«. Zudem scheint es, daß in Cananor entsprechende Mengen Pfeffer gar nicht zu erlangen waren — man dachte an Rückkehr nach Cochin — und sie statt dessen Zimmet einnehmen mußte, während der bezahlte Pfeffer, gemäß Almeidas Versprechen an den Faktor der »Lionarda«, als zu günstiger Bedingung auf der »Flor de la mar« verladen gelten und den Kaufleuten aus dem Drittel (genauer 30 %) ersetzt werden sollte, das an den König als Abgabe zu entrichten war[2]. In letzter Stunde erreichte der in Cochin bis 11. Januar 1506 zurückgebliebene Faktor, daß ihm dort wenigstens noch 400 Quintal Pfeffer, wahrscheinlich aber schon aus der neuen Ernte, je zur Hälfte von Diogo Fernandes und seinem Nachfolger Lourenço Moreno gegeben und mit der Karavelle des Nuno Vaz Pereira auf Gefahr des Königs nach Cananor gesandt wurden um dort an Bord der »Lionarda« genommen zu werden.

Die Gründe, weshalb Almeida die Umladung von der »Lionarda« auf die zwei andern Schiffe vornehmen ließ, waren einerseits die mangelhafte Anlieferung von Gewürzen in Cananor, wohin zur Vervollständigung ihrer Ladung, besonders wohl mit Ingwer und

[1] Q. U., S. 150. Die Richtigkeit der Angabe ist mir zweifelhaft. Der Befehl zum Umladen kam am 26. Dezember; am 2. Januar fuhren die »Rafael« und »Conceição« ab: wenn innerhalb dieser wenigen Tage »Lionarda« 1600 Quintal in Cananor ersetzt bekommen konnte, wozu dann überhaupt das Umladen? Warum verlud man nicht unmittelbar auf die beiden andern?

[2] Bericht des Gaspar Pereira in Cartas de A. de A., Bd. II, S. 364.

Pfeffer, bereits am 26. November drei Schiffe, darunter »Rafael« und »Judia«, von Cochin abgegangen waren[1], anderseits die Notwendigkeit, instruktionsgemäß einen Teil der Schiffe möglichst bald nach Portugal abzufertigen, und endlich Rücksichten auf die Segelleistung der einzelnen: es sollten nicht die besseren Segler durch die schlechteren — und zu diesen gehörte die »Lionarda«, wie es scheint — in der Fahrt behindert werden[2]. Das erste Geschwader ging von Cananor am 2. Januar 1506 ab. Es bestand aus der »Rafael«, deren Kapitän Fernão Suares Geschwaderkommandant war, der »Jeronimo« und der »Judia«, Kapitän Antão Gonçalves[3], sowie den königlichen Schiffen »Botafogo« und »Conceição«, Kapitän der letzteren Bastião de Sousa.

Die »Lionarda« war am 20. Dezember geladen von Cochin nach Cananor abgegangen, kam am Weihnachtsabend an und wartete dort auf die zwei Schiffe, in deren Gesellschaft sie die Rückreise machen sollte, nämlich »Gabriel« und »Magdalena«. Die Ladung dieser beiden ging langsamer vor sich als die der ersten Schiffe. Trotz Abmahnung seitens der Portugiesen hatte der Raja sich in der ersten Dezemberhälfte zu kriegerischen Maßnahmen — wie es scheint, gegen einen aufsässigen Vasallen oder den verbannten Kronprätendenten — veranlaßt gesehen und seitdem stockten die Zufuhren. Während vorher 800—1000 Quintal täglich gewogen worden waren, brachte man es nun nicht mehr über 300. Dabei war, was jetzt geliefert wurde, Pfeffer neuer Ernte, noch ungenügend getrocknet und mit tausend Mängeln behaftet. Auch die Beförderung an Bord war schwieriger, seitdem die großen Boote der bereits abgefahrenen Schiffe dafür nicht mehr zur Verfügung standen; ununterbrochen mußte der Vizekönig den Raja, seine Handelsbeamten und die Kaufleute mahnen, nach Kulis und Prauen für das Ladegeschäft suchen und der Ärger nahm kein Ende.

Wiederholt schon hatte der Raja die Portugiesen um Hilfe für seine kriegerischen Unternehmungen ersucht. Einen Tag nach Abfahrt der »Lionarda«, am 21. Dezember[4], Sonntag, nahmen diese nun unter D. Alvaro de Noronha an einem Streifzug des Rajas nach einer benachbarten Insel, flußaufwärts von Cochin, teil. Die Karavelle des Lopo Chanoca war am vorhergehenden Abend bereits

---

[1] Q. U., S. 119 und 148.

[2] Bericht Almeidas vom 16. Dezember 1505.

[3] Das ergibt sich mit Wahrscheinlichkeit aus Cartas de A. de A., Bd. II, S. 354, Zeile 7—10 im Zusammenhalt mit Bd. III, S. 178, Zeile 10 f.

[4] Das »onze de novembro« in Cartas de A. de A., Bd. II, S. 356 ist Versehen.

nach der Feste Manuel vorausgefahren und erwartete dort die Ankunft der zwei großen Boote von »Gabriel« und »Magdalena« sowie eines kleinen Bootes und eines malabarischen Caturs, die mit mehr als 200 portugiesischen Edelleuten und Mannschaften besetzt und mit Bombarden ausgerüstet frühmorgens zu den 5000—6000 Mann starken Kräften des Rajas stießen, von denen etwa zwei Drittel Najer waren. Zu irgendwie ernsthaftem Eingreifen fand indes D. Alvaro keine Gelegenheit; nicht viel mehr als ein paar Schreckschüsse abzugeben gestattete ihm der Raja. Ein kämpfender Feind kam den Portugiesen während des ganzen Tages kaum zu Gesicht und das Unternehmen bestand fast nur darin, daß die Najer des Rajas ohne jede Ordnung hier und da an Land gingen, längs dem Ufer ein paar ärmliche Hütten niederbrannten, Kokosnüsse in ihre Einbäume sammelten und von den Palmen eine Anzahl fällten; »denn das Umhauen der Kokospalmen, sagen sie, ist der Sieg« — so berichtet Gaspar Pereira[1] an den König. Hatte die kampflustigen Portugiesen schon die ihnen aufgenötigte Untätigkeit geärgert, so erregte der Raja ihren Unwillen vollends durch die dringende Bitte, während der ganzen Aktion seiner Leute nichts zu essen oder zu trinken: wenn sie es täten, würde das eine schlechte Vorbedeutung sein. So waren sie froh, als am Nachmittag der indische Herrscher die Seinen mit lautem »Cucuya« (Mal. Kūkkuya) zum Sammeln und Zurückgehen rufen ließ. Er war in gedrückter Stimmung; denn der Tag hatte ihn vier Tote und sieben oder acht Verwundete gekostet. Während er und seine Leute in größeren und kleineren Booten nach Cochin zurückkehrten und die Portugiesen in der Feste »Manuel« und auf der Karavelle ihr Essen einnahmen, strömten, teils zur Befriedigung der Neugier teils zur Plünderung der zerstörten Hütten, in zahlreichen Caturen und großen Prauen heidnische Inder und Muhamedaner, Untertanen des Rajas wie des Samorin herbei, dessen Gebiet ja der Feste »Manuel« gegenüber begann, und doch war außer dem bißchen Holz, aus dem die Hütten bestanden, und den paar Schemeln, die ihren Hausrat bildeten, nichts zu holen. Auf dem Rückweg versuchten D. Alvaro und sein Gefolge, als sie am Palaste des Rajas bei der Inderstadt mit den Booten vorüberkamen, noch eine Audienz zu erlangen, wurden aber nicht vorgelassen; Tag und Stunde, ließ er ihnen am Tor sagen, sei ganz ungünstig: ihm sei vor kurzem eine Katze über den Weg gelaufen[2]; am nächsten Morgen könnten sie ihn sprechen. »Semsaborias«, »Abgeschmacktheiten« — mit diesem Worte faßt Almeidas Sekretär

[1] a. a. O., S. 357.

[2] Gaspar Pereira a. a. O., S. 359; vgl. auch Duarte Barbosa a. a. O., S. 332.

Gaspar Pereira, der im Gefolge D. Alvaros gewesen war, die Eindrücke dieses Tages zusammen. In der Festung erstattete man dem Vizekönig noch Bericht und hörte, daß wieder sehr wenig Pfeffer zur Wage gekommen war. Ging hier das Ladegeschäft unbefriedigend, so hatte D. Lourenço in Cananor nicht mehr Glück, wohin der Vizekönig ihn zur Ladung und Abfertigung der »Flor de la mar« geschickt hatte. Er kehrte von dort am 26. Januar nach Cochin mit dem Schiff zurück, dem noch 4000—5000 Quintal Pfeffer zur vollen Ladung fehlten.

Der oberste Handelsbeamte des Rajas, Candagora, hatte nun schon wiederholt bei den Dolmetschern des Vizekönigs, Gaspar da Gama und seinem Sohne Balthasar, sowie bei Gaspar Pereira darauf hingewiesen, daß er durch seine Bemühungen um die 20 200 Quintal Pfeffer und mehr, deren Lieferung er den Portugiesen vermittelt, sich wohl das Geschenk verdient habe, das ihm Almeida dafür versprochen, und daß er von Lopo Suares 60 Cruzados und einen goldenen Armring im Werte von 40 Cruzados erhalten habe. Der Vizekönig ließ ihm daher am 28. Dezember im Beisein der Genannten durch Diogo Pires in der Festung 100 Cruzados aushändigen, ihm für seine Mühewaltung danken und ein weiteres Geschenk versprechen, wenn er noch 4000 bis 5000 Quintal Pfeffer für die »Flor de la mar beischaffen würde. Der Inder versprach und bekräftigte es durch Handschlag — »wie sie es gewöhnlich tun und in den meisten Fällen dabei lügen«, berichtet Gaspar Pereira an den König[1]. Willkommen war bei der mangelhaften Pfefferanfuhr, daß am 31. Dezember mit portugiesischem Geleitsbrief, begleitet von der Karavelle des Nuno Vaz Pereira ein indisches Schiff mit Zimmetladung in Cochin einlief. Ein Teil des Zimmets wurde sogleich als Freigut auf die »Gabriel« verladen, obwohl die dort Freigutberechtigten an Diogo Fernandes Geld für Pfeffer gegeben hatten. Am 4. Januar 1506 war Vasco Gomes d'Abreu reisefertig und fuhr am 6. in Begleitung von drei Schiffen muhamedanischer Kaufleute, die Pfeffer geladen hatten und Sicherheitspässe vom Vizekönig führten, nach Cananor um dort noch Lebensmittel einzunehmen. Er sollte sehen, ob die »Lionarda« reisebereit sei, und auf die allein noch in Cochin zurückbleibende »Magdalena« warten um mit den beiden zusammen als Geschwaderkommandant[2] die Heimreise auf der »Gabriel« anzutreten.

Sonntag den 11. Januar war auch die Ladung dieses Schiffes beendigt; zum Kapitän hatte Almeida den bisherigen Handelsagenten in Cochin, Diogo Fernandes bestimmt, dessen dreijährige

---

[1] A. a. O., S. 360.
[2] A. a. O., S. 362.

Amtszeit ablief, und derselbe sollte sich in der Nacht mit seinem Personal und dem noch in Cochin anwesenden Faktor der »Lionarda« auf der »Magdalena« einschiffen, als der Raja nachmittags dem Vizekönig seinen Besuch in der Festung anmelden ließ: er wolle von Diogo Fernandes Abschied nehmen. Spät abends kam er dann auf einem Palankin, begleitet von seinen Handelsbeamten, und mit ihm gleichzeitig in einem Boote die muhamedanischen Kaufleute Cherina Mercar und Mamale Mercar. Almeida und sein Sohn empfingen den Raja am Tor der Festung, führten ihn hinauf, und nachdem alle Platz genommen, ließ der Inder sich zunächst von dem verlustreichen Seegefecht bei Panane erzählen, von dem die Karavellen des Lopo Chanoca und Nuno Vaz Pereira zwei Tage vorher zurückgekommen waren. Die Kaufleute erkundigten sich besorgt, ob unter diesen Umständen ihre drei Schiffe im Geleite der »Gabriel« wohl auch genügend sicher seien, und Almeida beruhigte sie mit festem Selbstbewußtsein. Dann wandte das Gespräch sich der Abreise des Diogo Fernandes zu. Der Raja bat ihn vor dem Vizekönig noch einmal Zeugnis dafür abzulegen, wie er und sein Land den Portugiesen immer zu Diensten gewesen seien, und in diesem Sinn daheim auch dem König zu berichten, Seiner Hoheit aber zugleich namens des Rajas zu sagen, daß Diogo Fernandes auch auf dessen Nutzen gesehen, daß er seine Abrechnungen ordnungsmäßig gemacht, alles bezahlt und jeden zufriedengestellt, auch die Abgaben an ihn in vollem Betrag entrichtet habe, so daß er hohe Ehre und Gnade von seiten des Königs verdiene. Dann bat er den Vizekönig, den neuen Festungskommandanten sowie den neuen Handelsagenten nach dem Abgang des bewährten Diogo Fernandes so wie dieser seinen Interessen und denen des Landes gerecht zu werden. Almeida versprach das, rühmte Diogo Fernandes als trefflichen Ritter, erklärte sich aber seiner Instruktion entsprechend für verpflichtet, vor dessen Abreise den Raja und jedermann im Lande zu fragen, ob der Handelsagent irgend jemandem etwas schuldig geblieben sei. Alle Anwesenden verneinten das; nur erklärten sie, daß der Admiral, sein Neffe Estevão da Gama und sein Oheim Vicente Sodré sowie Pedro d'Aguiar, der gleichfalls mit der Flotte des Admirals 1502/03 in Cochin gewesen war, 25 Bahar Zimt gekauft und nicht bezahlt hätten. Diogo Fernandes erwiderte, daß er von der Sache nichts wisse, weil die Ladung damals in großer Eile vor sich gegangen sei, daß die Kaufleute ihm aber tatsächlich von jener Schuld gesprochen hätten. Man versicherte, daß ihn keinerlei Verantwortung treffe, es wurde aber beschlossen, wenn Gaspar da Gama, der den Admiral 1502/03 begleitet hatte und zur Zeit in Cananor war, die Forderung der Kaufleute als zu Recht bestehend anerkenne, so solle der Vizekönig sie begleichen und man den Betrag von Vasco da Gama, oder wer sonst zahlungspflichtig sei, in Portugal wieder einziehen. Darauf bestieg der Raja seinen Palankin und nahm mit Tränen in den Augen von Diogo Fernandes und dem ebenfalls heimkehrenden Ruy d'Araujo und Ruy d'Abreu Abschied, wobei er den Wunsch aussprach den Handelsagenten sowie Ruy d'Araujo, einen sehr fähigen jungen Mann, der sich von Sprache und Sitte des Landes gute Kenntnisse erworben hatte, künftig einmal wiederzusehen. Dem Diogo Fernandes hatte er, wie man sich erzählte, schon vorher fünf Schnüre Perlen, die er um den Hals trug, die Kaufleute aber zwei Ringe geschenkt und einen dritten erwartete er noch. Mit acht Fackelträgern, die ihm der Vizekönig mitgab, kehrte sodann der Raja nach Cochin zurück, während seine Handelsbeamten bis tief in die Nacht hinein in der Festung blieben, wo man zwei Briefe, die der indische Fürst in der Landessprache, dem Malayāḷam, an König Manuel geschrieben hatte, ins Portugiesische übersetzte um beide Fassungen dem Diogo Fernandes auf der »Magdalena« mitzugeben. In der Nacht zum 13. Januar fuhr das Schiff mit vielen Edelleuten und Rittern an Bord und in Begleitung der Karavelle des Nuno Vaz, die die oben erwähnten 400 Quintal Pfeffer für die »Lionarda« mitführte, nach Cananor ab, mit einem sehr ausführlichen Bericht an den König aus der Feder von Almeidas Sekretär Gaspar Pereira. Er enthält alles, was in der Zeit vom 18. Dezember 1505 bis 12. Januar 1506 an Bemerkenswertem vorgefallen war, ist erhalten[1] und die Quelle der im Vorhergehenden für diese Zeit gegebenen Darstellung; eine ähnliche, jedenfalls aber umfänglichere Darstellung der Zeit vom 25. März bis zum 18. Dezember 1505, die mit dem Geschwader des Fernão Suares abgesandt worden war[2], ist uns verloren. Am 21. Januar traten »Gabriel«, »Lionarda« und »Magdalena« von Cananor aus die Heimreise an und es blieb nur »Flor de la mar« in Cochin zurück, die am 8. Januar dort zu laden begonnen hatte und am 2. Februar allein nach Portugal in See ging. Des Vizekönigs nächste Aufgabe in Indien war damit glücklich erledigt, aber die Erfahrungen, die er mit dieser ersten Ladung gemacht hatte, bestimmten ihn zu dem Rat an den König, im kommenden Jahr (1506) keinen Pfeffer von Indien holen zu lassen; er werde dann zur rechten Zeit im voraus und mit Muße die nötigen Mengen einkaufen und in guten Magazinen anhäufen lassen, so daß die Schiffe bei ihrer Ankunft nur zu laden brauchten. Auf diese Weise würde man von der augenblicklichen Marktlage unabhängiger sein und

[1] Cartas de Affonso de Albuquerque, Bd. II, S. 354–369.
[2] Cartas de A. de A., Bd. II, S. 354.

möglicherweise erreichen, daß mehr mit Waren und weniger mit Geld gezahlt werden könne. Dieser Rat, so einleuchtend er ist, war leichter zu geben als zu befolgen: die Kosten der jährlichen Indienflotte, deren man zum Ausbau der Machtstellung Portugals im Osten doch auch für 1506 nicht hätte entraten können, waren zu groß, als daß die Krone ein Jahr auf die Einkünfte aus dem Gewürzhandel verzichten konnte.

Von Mitte September bis Ende Januar hatte der Aufenthalt der »Lionarda« in Indien gedauert, der von »Rafael« bis Anfang Januar. Wenn trotzdem weder der Bericht Sprengers noch der von der »Rafael« viel in Indien Gesehenes und Erlebtes enthält, so ist daran vor allem wohl die Schwierigkeit schuld in Cochin an Land zu kommen. Sprenger läßt Indien bei Onor, also unter 14° 17' n. Br. beginnen, dem ersten Orte des Festlandes, den er berührt hat. Das ist ein Irrtum, denn als Anfang des »Ersten Indien« wird z. B. bei dem ungefähr gleichzeitigen Duarte Barbosa [1] das bedeutend nördlichere Reich Gudscherat bezeichnet. Unter dem seit dem späten Altertum mit wechselnder geographischer Beziehung gebrauchten Namen India Maior, Großindien, versteht Sprenger die Gebiete südlich von Cananor, also in erster Linie Malabar. Die bedeutendsten Häfen dieser Küste sind ihm bekannt: er weiß von dem im Mittelalter und zu seiner Zeit noch besuchten Hafenplatz Pandarane (etwa 11° 26' n. Br.), dessen Name in der Form Pantalānī heute an einem elenden Fischerdorf haftet, von dem Welthafen Calicut; zwischen diesem und Cochin hat er Chāliyam am Südufer des Beypoor-Flusses und Tānūr im Vorbeifahren nennen hören, in Cochin fast drei Monate vor Anker gelegen und genauere Kunde über die Lage von Kayan-Kulam (9° 11' n. Br.) und Kollam (8° 53' n. Br.) erhalten. Was darüber hinausgeht, kennt er nur von unsicherem Hörensagen: er hat nebelhafte Vorstellungen von dem Reich des Narasiṃha (Vijayanagar), das er nach der portugiesischen Bezeichnung Narsinga Arsinien nennt, wo täglich zwölf Könige zu Hofe reiten, je einer reicher als der andere, und wo das Grab St. Thomas' des Apostels liegt. Und eines der Reiche, über die die Vasallen Narsingas herrschen, wäre nach Sprenger Persien, woher er auch einen der Heiligen drei Könige stammen läßt; den zweiten lokalisiert er im Bildertext auf Anjediva [2] und in Cochin [3], in der »Merfart« »hynder Kananor, Kallakuten und Gutzyn [4]«, den dritten im arabischen Ostafrika [5]. Die muhame-

[1] A. a. O., S. 267.
[2] Q. U., S. 17.
[3] S. 19 ebd.
[4] ebd., S. 125.
[5] ebd., S. 16 und 123.

danischen, schiitischen Perser aber sind ihm »ein gentil volck und betten Christum unsern erlöser an / Der selb kunig furt auch groß krieg umb Christus' glaubens willen wider die onglaubigen und heyden[1]«. Den Namen Malakka hat er gehört und gibt die Entfernung dieses östlichen Welthafens von Kollam auf 800 Meilen an. Es ist Festland, sagt er; »dar inn ligen zwo Inseln / da kommen Negelein un nüß here / die eyn Insel heißt Bandam / dar uff wachssen Negelein und kein ander spetzerey Die ander Naguarij / unn wescht nicht dann rot und weißer Sandel dar inn«. Die Deutung des Namens Naguarij in der »Merfart«, wofür Sprengers Text zu den Burgkmairschen Holzschnitten anscheinend »Thanagora oder Naguaria« bot, auf Nagore an der Koromandelküste und von Thanagora auf den Bezirk von Tanjore[2] ist sprachlich bestechend, sachlich aber völlig unsicher; zum mindesten würde die Angabe der Lage ganz unrichtig sein; Sprengers »Bandam« hat man vermutlich auf die Banda-Inseln zu beziehen, von denen freilich nicht die Gewürznelke kam, sondern die Muskatnuß. Die Vorstellungen sind hier ebenso unklar wie die Aussagen widersprechend. Da die Gewürzinseln von den Portugiesen erst im folgenden Jahrzehnt erreicht wurden, kann das nicht verwundern. Jedenfalls kennt er den großen Stapelplatz Malakka, wo außer Nelken, Muskatblüte und -nuß das Sandelholz von Timor, der Kampher von Borneo, Gold von Sumatra und Zinn von Banka, Seide und Porzellan von China auf den Markt kam. Er gibt sich im übrigen auch nicht den Anschein mehr zu wissen, als er wirklich zu wissen glaubt. So gesteht er von den nördlichen Gestaden des Indischen Ozeans (des »Golfs von Mekka«) keine bestimmte Vorstellung zu haben; er hat gehört, daß Mekka (Megen) und Cambaya daran liegen, sagt aber ausdrücklich, daß deren Entfernung von einander ihm unbekannt ist[3].

Was das Klima betrifft, so hat Sprenger den Wandel der Jahreszeiten in Indien selbst erlebt und beobachtet, aber von den Monsunen, den Jahreswinden, schweigt er, obwohl auf ihrem regelmäßigen Wechsel die Schiffahrt sowohl der Araber als auch der Portugiesen im Indischen Ozean beruhte.

Hinsichtlich der Erzeugnisse ist ihm »Großindien« »ein reich land von edelgesteyn unn Spetzerey[4]«. Bei den Edelsteinen wird man, soweit das ihm bekannte Malabar in Frage kommt, mehr an die dort überall geübte Verarbeitung als an die Gewinnung

---

[1] Q. U., S. 126.
[2] ebd., S. 126 Anm. 223.
[3] Q. U., S. 125.
[4] ebd., S. 124.

denken; Hauptorte der letzteren waren das hinterindische Pegu, Ceylon und die Diamantfelder von Dekan.

Von der Pflanzenwelt des tropischen Landes fallen ihm die Palmen ins Auge: »Und wann du in dem selben land bist«, heißt es von Cochin, »so gestu under den Palmiten bawmen[1]«. Palmwein und Palmsyrup wird er wohl meinen, wenn es heißt: »Da wachßt guoter Wein, vil hönig[2]«. Beides mag er, wie auch Palmzucker, vor allem in Cochin kennen gelernt haben — vielleicht auch schon in Quiloa —; denn Almeida ließ während der Ladezeit die Schiffe der Kaufleute ebenso wie die des Königs unentgeltlich mit den Erfrischungen versorgen, die das Land darbot. Es war bei ihnen auch besonders nötig; hatten sie doch, wie er tadelnd an den König schreibt, geradezu sträflich schlechte Lebensmittel mitgebracht[3]. Auch von den Früchten Indiens hat man ihnen so zweifellos manches zukommen lassen, schon deshalb, weil vermutlich so wenig wie sonst Skorbutkranke an Bord gefehlt haben werden. So lernt er die »indische Feige« (port. figo da India) kennen und hebt neben dem angenehmen Geschmack bewundernd ihre Größe wie die der Früchte des Tropenlandes überhaupt hervor. Köstlich mundet ihm das Reiskorn und er rühmt, daß es an Weiße dem heimatlichen Semmelmehl nicht nachstehe[4]. Der an Stämmen oder Stützen emporkletternde Pfeffer erinnert ihn dadurch wie durch den freilich mehr ährenförmigen Fruchtstand an die heimische Rebe. Er hörte, daß man um den schwarzen Pfeffer des Handels zu gewinnen die Früchte noch grün abpflückt und auf Tüchern an der Sonne trocknet, daß sie um Martini oder Weihnachten, in der heißesten Zeit, reif werden und daß der Hauptstapelplatz des Pfeffers Cochin ist. Der Verfasser des Berichtes von der »Rafael« weiß auch von den wilden Zimmetbäumen, der Canella brava der Portugiesen, in den Bergen gegenüber Anjediva, deren Blätter er mit denen des Lorbeerbaumes vergleicht. Sie bilden übrigens einen charakteristischen Bestandteil auch der Flora von Cochin[5].

Von der Tierwelt »Großindiens« nennt Sprenger den Elefanten, spricht im Vorbeigehen von »dem mancherlei wilden und wunderlichen Getier, das man nicht beschreiben kann[6]«, von der Menge der Büffel, die als Haustiere namentlich in den Deltaländern und tiefgelegenen, feuchten Gegenden gehalten werden, und der Rinder,

[1] Q. U., S. 124.
[2] ebd., S. 18.
[3] Bericht vom 16. Dezember 1505.
[4] Q. U., S. 18f.
[5] Q. U., S. 124 und 145.
[6] ebd., S. 19.

die in mehreren Arten, besonders der Zeburasse, vortrefflich gedeihen, z. T. aber auch minderwertig sind. Daß die Kuh, wie bei dem südindischen Hirtenvolke der Toda der Büffel, in ganz Indien heilig gehalten wurde, Schlachten des Tieres als Frevel galt, hat er offenbar gehört; er erwähnt freilich nur, daß man sie nicht tötete[1].

Mehr weiß er über die Bevölkerung von Malabar zu berichten. Als braunschwarz schildert er ihre Hautfarbe; Männer und Frauen tragen das schwarze Haar lang und gehen nackt, nur daß sie ein Stück Tuch um die Hüften legen, das er für Leinwand hält[2]; in der Tat war es Baumwolle, bei Vornehmen auch wohl Seide[3], gelb, rötlich, scharlachrot, besonders aber weiß. »Die kaufleut der selben land haben all weyß hembder an / und weyß tucher umb die köpff gewickelt«, heißt es an anderer Stelle; zutreffend ist das für die fremden Muhamedaner, die vielen arabischen, persischen, gudscheratischen Kaufherrn, in deren Händen ein großer Teil des malabarischen Handels lag; denn die einheimischen Muhamedaner, die Moplah, gingen bis auf das Lendentuch nackt wie die Najer und trugen nur, zum Unterschied von den Heiden, kleine Mützen (carapucinhas) auf dem Kopf und lange Bärte. Frauen der höheren Stände sind anscheinend Sprenger nicht zu Gesichte gekommen; denn diese hüllten, außer den Najerfrauen, auch den Oberkörper in sehr feine weiße Stoffe ein.

Von den malabarischen Kasten hat er, wie es scheint, eine dunkle Vorstellung, kennt ihrer freilich nur drei: Brahmanen (»Bremen«), Najer und Mukkuvar (»Mugua«). Von den Brahmanen weiß er, daß sie Heiden und einflußreich sind und in der Kastenordnung über den Kaufleuten stehen; denn das will er wohl mit den Worten sagen: »die selben haben die gantz kauffmanschaft underthan diesser land[4]«. Unter den verschiedenen Arten von Brahmanen standen die eigentlichen Malabar-Brahmanen (Mal. nambūdiri) in den malabarischen Staaten am höchsten; sie übten im religiösen wie im politischen Leben den maßgebenden Einfluß und trieben ihrerseits keinen Handel, wie sie auch keine Waffen trugen. Sie »sind wie Brüder vom guten Leben«, sagt der Bericht von der »Rafael[5]«, »und wegen ihrer Heiligkeit schlafen sie bei der Frau des Königs; und darum erbt nicht der Sohn des Königs, sondern sein nächster Schwestersohn, weil man nicht weiß, ob der Sohn vom König stammt oder von einem Brahmanen«. Daß sie dem Verfasser des Berichtes als »Brüder vom guten Leben«

[1] Q. U., S. 18.
[2] ebd., S. 17.
[3] ebd., S. 117 Anm. 130.
[4] Q. U., S. 124.
[5] ebd., S. 147.

erscheinen, hat seinen Grund jedenfalls in der Strenge der Kastenbräuche in Bezug auf Nahrung, Lebensführung und religiöse Übungen. Das Erbrecht der Schwestersöhne hing mit der in der Najerkaste herrschenden Polyandrie und Ehelosigkeit zusammen; den Najern aber gehörten die Rajas mancher südindischen Staaten an, und die Freiheit der Najerfrauen im Geschlechtsverkehr mit Männern der eigenen wie einer höheren Kaste galt auch für die Frauen des Fürsten.

Die Najer (Mal. nāyar), der stolze landbesitzende Kriegerstand von Malabar in jener Zeit, sind zwar von der Sudra-Kaste, nehmen aber den Rang der Kschatriya ein. Als den Adel des Landes bezeichnet sie mit einem gewissen Rechte nicht nur Sprenger. Alle aus Najerblut entsprossen, vom Raja selber zu Rittern geschlagen und in Listen geführt, von Jugend auf nur für den Kriegsdienst geübt und in eigenen Fechterschulen ausgebildet[1], stellten sie die verlässige und todesmutige Streitmacht der malabarischen Rajas dar. Für gewöhnlich barhäuptig, das Haar etwas seitwärts zum Schopf aufgebunden, in Kriegszeiten den roten Turban auf dem Kopfe und ein gleichfarbiges Tuch um die Hüften geschlungen, begleiteten sie, jederzeit in Waffen, den Herrscher oder großen Herrn, in dessen Dienst sie standen. Sie wohnten außerhalb der Stadt, von dem übrigen Volke gesondert; ihr Viertel war von hohen Wällen umgeben, hatte seine eigenen Palmenhaine und ausgemauerten Badeteiche. Männer wie Frauen mieden als befleckend jede körperliche Berührung mit Angehörigen niederer Kasten, die sich bei Begegnung auf der Straße in angemessener Entfernung zu halten hatten, andernfalls von dem Najer kurzerhand erschlagen werden durften[2].

Zu den niederen Kasten gehörten die in der »Merfart« genannten Mukkuvar. Sie sind hier als »Buren« bezeichnet, waren aber den Bauern, den »armen Leuten« der Zeit Sprengers, höchstens in der niedrigen sozialen Stellung vergleichbar; die Kaste der Ackerbausklaven bildeten in Cochin tatsächlich die Puliyar, während die Mukkuvar damals wie heute eine küstenbewohnende, wenig geachtete Fischer- und Seemannsbevölkerung waren[3].

Als fremdartiges Element inmitten der heidnischen Inder nennt Sprenger die malabarischen Juden, die damals wohl wie heute[4] teils unvermischte »weiße« oder »Jerusalem-Juden« teils reine Inder mosaischen Glaubens oder Mischlinge waren. Juden begegnen in Malabar seit früher Zeit. Vor Ankunft der Portugiesen in Indien

[1] Duarte Barbosa a. a. O., S. 326 ff.
[2] Duarte Barbosa a. a. O., S. 329.
[3] Cartas de A. de A., Bd. I, S. 270 und Duarte Barbosa a. a. O., S. 337.
[4] Francis Day, The land of the Permauls, or Cochin, Madras 1863, S. 339.

war ihre bedeutendste geschlossene Siedelung noch in Cranganor 25 km nördlich von Cochin, in der zweiten Hälfte des 16. Jahrhunderts wird dann das letztere ihr Hauptsitz im Lande, so daß der Raja von Cochin damals wegen der Menge seiner jüdischen Untertanen den Spottnamen König der Juden führte [1]. Ganz unansehnlich kann ihre Kolonie in der Stadt bereits 1505 nicht gewesen sein; das bezeugt die kleine Geschichte, die ein Zeitgenosse Sprengers, der Portugiese Gaspar Correa, in seinen »Lendas da India« (»Indische Geschichten«) erzählt [2]. Mit Almeidas Flotte war João Cotrim [3], Sohn eines hohen Hofbeamten in Lissabon, nach Indien gekommen. Er brachte, mit Bewilligung des Königs, von Portugal eine Truhe voll hebräischer Thorarollen mit, die sein Vater entweder selbst hatte schreiben lassen oder, was wahrscheinlicher ist, anläßlich der Vernichtung der Synagogen in Portugal, die mit der 1497 erfolgten Austreibung oder gewaltsamen Bekehrung der portugiesischen Juden zusammenhing, an sich gebracht hatte. Nach der Ankunft in Indien verkaufte João Cotrim in der Tat eine Anzahl davon für schweres Geld an die in der Stadt ansässigen Juden. Unglücklicherweise aber erfuhr der Vizekönig von der Sache, ließ in ehrlicher Entrüstung über den Handel, der seinem strenggläubigen Gemüt als ein Frevel gegen Gott erschien, die verkauften Exemplare durch Vermittlung Candagoras wieder einziehen, das dafür bezahlte Geld den Juden zurückgeben, die Kiste mit den Thorarollen aber versiegeln und unterbreitete den Fall dem König. Manuels Entscheidung fiel, wie eine resignierte Stelle in einem von Correa [4] mitgeteilten Bericht Almeidas vom Jahr 1508 erkennen läßt, gegen den Vizekönig aus. Wenn Correas Angabe richtig ist, daß die 13 von João Cotrim verkauften Thorarollen einen Preis von über 4000 Pardaos erzielt hatten, so müssen in der jüdischen Gemeinde von Cochin sehr wohlhabende Leute gewesen sein; denn der Silberpardao, der als die gangbarere Münze wahrscheinlich hier gemeint ist, hatte um 1550 einen Goldwert von 6,65, der Goldpardao einen solchen von 7,98 Mark. Dieser Reichtum war jedenfalls durch kaufmännische Tätigkeit erworben; denn die Juden nahmen am Handel von Malabar, besonders wohl dem mit Gewürzen [5] und Edelsteinen, einen regen Anteil. Edelsteinhändler war z. B. Gaspar da Gama gewesen [6].

---

[1] João de Lucena, Vida de S. Francisco de Xavier, S. 54.

[2] Bd. I, S. 656.

[3] Cartas de Affonso de Albuquerque, Bd. II, S. 394.

[4] a. a. O., S. 900.

[5] Thomé Lopes in Collecção de Noticias, Bd. II, S. 184.

[6] Brief Manuels an den Kardinal-Protektor in Boletim da Sociedade de Geographia de Lisboa, VI (1886), S. 674.

Von den einheimischen Thomaschristen Südindiens, Nestorianern, hat Sprenger Kunde: in Kollam, sagt er, lebten ihrer viele; auch das angebliche Grab des Apostels Thomas — in Mailapur an der Koromandelküste — ist ihm vom Hörensagen bekannt[1]. Von Fremden im Lande erwähnt die »Merfart« Türken, deren übrigens wenig erhebliche Beteiligung am indischen Handel der gleichzeitige, im Osten weit herumgekommene Lodovico di Varthema[2] bestätigt. Da aber Sprenger von den Arabern und Moplah ganz schweigt, ferner Cananor, wo die letzteren besonders zahlreich saßen, als den Ort der kaufmännischen Tätigkeit der »Türken« bezeichnet und sagt, daß sie in Indien viele Schiffe besäßen, wofür wir sonst kein Zeugnis haben, und daß ihr Handel nach Mekka und Cambaya gehe[3], so liegt es nahe an eine Verwechslung mit Arabern oder Moplah zu denken.

Ein besonderes Interesse hat für den deutschen Reisenden begreiflicherweise der Raja von Cochin gehabt, den er offenbar einmal von seinen Najern begleitet im Palankin in die Festung hat kommen und im Boot eine Wasserfahrt hat machen sehen. Auf dem Palankin inmitten der Seinen zeigt ihn das Hauptstück der Burgkmairschen Holzschnittfolge von 1508, »der Kunig von Gutzin« und dessen Nachbildung in dem Druck der »Merfart« von 1509; seinen Aufzug zu Land aber wie seine Fahrt im Boote schildert Sprenger in der »Merfart« mit den Worten[4]: »Und so der Kunig von Gutschin wil in einem kleinen schif spatzyren faren so sytzen sein Edellüt vorn und hinden im schif mit yren waffen / und der Kunig uff eym banck under ynen mit geschrengkten fussen und stet alweg einer vor ym und helt ein rundt gedeck über yn da mit er ym schatten macht das yn die Son nit brenn. und gat alweg eynem an seiner handt Und so er spatzyren wil so volckt ym fur unnd nach sein hofgesinde unn volck mit yren wapen unn waffen Seyten unn andern frewden spielen Truommeten /Bögen/ Hörner Schalmeyen etc. mit grosser zal und frolockung«. Eine Reihe von Einzelheiten der Tracht und Bewaffnung, die hier nicht erwähnt sind, aber der Wirklichkeit entsprechen, zeigen die Holzschnitte: den Haarschopf der Najer, ihre Ohrgehänge, die klirrenden Ringe án ihren Schwertgriffen, die langen Lanzen mit den großen Eisen, den edelsteinbesetzten, breiten Gürtel des Rajas und seine hohe Kopfbedeckung. Die Art seines Sitzens — »mit geschrengkten fussen« — hat der Künstler freilich, wohl aus Schönheitsrücksichten,

---

[1] Q. U., S. 126.
[2] ed. Badger, S. 151.
[3] Q. U., S. 125.
[4] Q. U., S. 125.

nicht genau wiedergegeben; er sitzt, sagt der Italiener Giovanni da Empoli, der 1503/04 mit Affonso d'Albuquerque in Indien war, »mit untergeschlagenen Beinen wie ein Schneider[1]«. Die »wapen«, von denen Sprenger in seiner Schilderung spricht, sind auf die verschiedenen Muster zu beziehen, die in allen Farben, Gold, Silber, Azurblau, Rot und Schwarz[2], auf den fein lackierten, großen, aber leichten, mit vergoldeten Nägeln beschlagenen hölzernen Rundschilden der Najer angebracht waren. Sprengers »Bögen« — eine alte schwäbische Sprachform — sind Pauken, das »rundt gedeck« die »chatta«, der Sonnenschirm, eins der Abzeichen der Würde im Osten.

Ist, was er über Stände und Kastenbräuche in Erfahrung gebracht hat, nicht viel, so schweigt er über anderes ganz. Eine malabarische Stadt mit der weitläufigen, zerstreuten Anordnung der Gebäude, mit den wenigen festeren Steinbauten muhamedanischer Kaufherrn, den aus Lehmwänden, Matten und Holz bestehenden, mit Palmwedeln gedeckten niedrigen Häusern der einheimischen Bevölkerung, ihren steinernen Pagoden, Palmengärten und ausgemauerten Teichen[3] scheint er überhaupt nicht betreten, von Lebensweise, staatlichen Einrichtungen, religiösem Glauben und Aberglauben der Eingeborenen so gut wie nichts gesehen und gehört zu haben, und was in der vlämischen und lateinischen Wiedergabe der verlorenen letzten Abschnitte seines Textes zu Burgkmairs Holzschnittfolge über staatliche Anordnung gemeinsamen Säens und Erntens steht, ist sachlich kaum zutreffend und hinsichtlich der Echtheit die ganze Stelle verdächtig, da die »Merfart« nichts dem Entsprechendes enthält. Allein diese Unzulänglichkeiten sind in den Verhältnissen begründet und können Sprenger nicht zum Vorwurf gemacht werden. Der Bericht von der »Rafael«, für Ostafrika so ergiebig, hat hier gleichfalls nur spärliche Angaben, unter anderem die, daß die Leichen der Vornehmen in Malabar verbrannt wurden. Die Tage waren eben mit geschäftlichen Pflichten an Bord und allenfalls in der Faktorei ausgefüllt; man sah die fremde Welt vor sich liegen, aber einen tieferen Blick hineinzutun hatten die Besatzungen der Gewürzschiffe nur wenig Gelegenheit.

---

[1] Ramusio, Navigationi et Viaggi, Venezia 1550, f. 157v.

[2] Pyrard de Laval ed. Gray-Bell, London 1887, Bd. I, S. 436 und Ramusio a. a. O., f. 136r.

[3] Osorius, De rebus Emmanuelis, Coloniae 1581, l. II, f. 35v; Barros, Dec. I, l. IV, c. 7 Ende; Lodovico di Varthema ed. Badger, S. 136; Ramusio a. a. O., f. 136r; Pyrard de Laval ed. Gray-Bell, Bd. I, S. 401 ff.

VIII. Heimfahrt und Ergebnisse .

Am 2. Januar 1506 war das erste Geschwader unter Fernão Suares, fünf Schiffe stark, von Cananor in See gegangen. Die Fahrt über den Indischen Ozean dauerte vier Wochen. Die Steuerleute glaubten dabei den üblichen Kurs auf Moçambique eingehalten zu haben, waren aber, ohne es zu merken, südwärts abgetrieben. Am 1. Februar kam Land in Sicht; die Messung ergab eine Breite von 14 ^{0} und man glaubte die afrikanische Küste südlich von Moçambique erreicht zu haben. Noch konnten ja die Längen nur ganz unsicher nach den Zahlen der schätzungsweise zurückgelegten Meilen ermittelt werden. Unter Windstillen kreuzte man längs dem Lande nach Süden, als am 7. d. M., einem Sonntag, zehn Einbäume mit viel Volks vom Ufer her sich näherten. Die Eingeborenen, die die Boote ruderten, hatten schwarzbraune Haarfarbe und krauses Haar; alle trugen dünne Assagaie mit Eisenspitzen und Schilde sowie Bogen und Pfeile. Sie fuhren um die Schiffe herum und machten Zeichen, wie wenn sie freies Geleit erbäten. Darauf ließ Fernão Suares ihnen in gleicher Weise bedeuten, daß ein Teil der Bootsinsassen auf die »Rafael« kommen könne. Ihrer 25 machten von dieser Erlaubnis Gebrauch und bestiegen das Schiff, das sie wie etwas noch nie Gesehenes betrachteten. Alle waren nackt und beschnitten, was zu der irrtümlichen Annahme verleitete, daß sie Muhamedaner seien. Eine Verständigung mit ihnen gelang keinem der Dolmetscher. Fernão Suares befahl den braunen Gästen Speise und Trank vorzusetzen und Stücke von Baumwollenzeug zu schenken. Sie nahmen alles

---

[1] Über die Ladung und Abfahrt der Gewürzschiffe von Cochin und Cananor in diesem Jahr sind die portugiesischen Historiker des 16. Jahrhunderts (Castanheda a. a. O., l. II, c. 23; Goes, Chron., p. II, c. 11; Barros, Dec. I, l. IX, c. 5; Correa, Lendas, Bd. I, S. 615ff.) ganz mangelhaft unterrichtet. Ihre Angaben werden widerlegt, richtig gestellt und ergänzt teils durch Sprenger teils durch den Bericht von der »Rafael« und einen in Lissabon zwischen dem 22. Mai und 3. Juni geschriebenen Brief (Q. U., S. 149ff. und 92f.), teils durch Gaspar Pereiras bis zum 12. Januar 1506 reichenden Bericht an den König. Die genannten Historiker zählen außer Correa nur acht Gewürzschiffe, während es mit »Flor de la mar« neun waren, und lassen »Gabriel« mit dieser, die Anfang Februar allein ausfuhr, die Reise machen. Daß die übrigen in zwei Geschwader geteilt und zu verschiedenen Zeiten gefahren sind, weiß keiner von ihnen. Von den Ereignissen der Heimreise kennen sie nur die Entdeckung der Ostseite von Madagaskar — Correa auch diese nicht —, über die am ausführlichsten Castanheda und etwas kürzer Goes berichten, während Barros sie nur im Vorbeigehen erwähnt.

sehr bereitwillig und ließen sich das Essen schmecken; sobald sie aber damit fertig waren, ergriffen sie auch das Geschirr, und ehe man sich's versah, hatten sie ihre Boote bestiegen, stießen damit ab und erwiderten die erwiesene Gastfreundschaft, indem sie auf Fernão Suares mit Pfeilen schossen. Ein paar Bombardenschüsse trieben sie in rasche Flucht. Unterdes hatten sich andere Einbäume dem nahe der »Rafael« fahrenden Schiff des Ruy Freire genähert. Auf einen von Fernão Suares alsbald übermittelten Befehl ließ dieser sie dicht herankommen und anlegen, dann aber bereit gehaltene Mannschaften bewaffnet in die Boote hineinspringen um die Insassen zu Gefangenen zu machen; ein Teil von diesen warf sich ins Meer und entkam schwimmend, aber 21 fielen in die Hände der Portugiesen. Danach wurde die Fahrt entlang der Küste fortgesetzt, die größtenteils gebirgig war. Mehr und mehr zweifelten die Steuerleute daran, daß man das afrikanische Festland vor sich habe. So kam man zu einer Landspitze und der Mündung eines Flüßchens, wo man in 14 Faden Tiefe Ankergrund fand und in viertägigem Aufenthalt Wasser und Holz einnahm, nicht ohne feindlichen Zusammenstoß mit Eingeborenen, wobei ein Portugiese verwundet wurde. Wieder ging es längs der Küste gegen Süden. Allabendlich nach Sonnenuntergang wurde das Wetter stürmisch und nachts gingen heftige Gewitter und Regengüsse nieder; mit gerefften Segeln lief das Geschwader gelegentlich vom Abend bis zum Morgen 30 Leguas. Ein besonders heftiges Gewitter hatten sie am 18. Februar nachts; der Blitz schlug in den Fockmast der »Rafael« ein und riß ein paar Splitter Holz davon weg, richtete jedoch weiteren Schaden zum Glück nicht an. Am 1. März endlich verlor sich die Küste zur Rechten und man stellte den Inselcharakter des Landes fest: es war Madagaskar, an dessen Ostküste Fernão Suares als ersten Portugiesen der Zufall geführt hatte. 14° waren bei der ersten Berührung gemessen worden, 24° maß man beim Verlassen der Küste. Da die Nordspitze der Insel, das Amber-Kap, unter 12°, die Südspitze, Kap Ste. Marie, auf $25^{1}/_{2}$° liegt, so hatte man, wenn beide Messungen zutrafen, die Ostküste fast ihrer ganzen Länge nach befahren.

Madagaskar war den Arabern schon seit langem unter den Namen Qamara (Mondinsel) und Qomr bekannt gewesen, an deren zweiten heute noch die Komoren-Gruppe (Qomaïr = Kleine Qomr-Inseln) erinnert. In Portugal hatte man bestimmtere Kunde von der großen Insel wie von Ostafrika überhaupt durch Pero de Covilhã erhalten; gefunden hatte sie nach Entdeckung des Seewegs um das Kap von den portugiesischen Kapitänen zuerst Affonso d'Albuquerque, und zwar auf seiner ersten Reise nach Indien im Jahr 1503. Von ihm hat sie damals auch den Namen »Insel des hl.

Laurentius« erhalten[1]. Hatte Albuquerque sie von Westen gesichtet — eine Landung hat 1503 anscheinend nicht stattgefunden —, so war nun der Verlauf der Ostküste im wesentlichen festgestellt worden. Die Kenntnis der Küstenumrisse Madagaskars ist in den folgenden Jahren durch Tristão da Cunha und Diogo Lopes de Sequeira rasch gefördert, 1511 in dem nachmaligen Fort Dauphin die erste europäische Handelsniederlassung gegründet worden und 1517 zeichnete der Portugiese Pedro Reinel in Sevilla eine Karte davon, die in bezug auf Genauigkeit in Lage und Umrissen zweieinhalb Jahrhunderte nicht übertroffen worden ist.

Der von dem Geschwader befahrene Küstenabschnitt ist heute fast ganz von den lichtsepiabraunen Betsimisaraka und Tanala bewohnt. Sie sind, wie das Völkergemisch großer Teile der Insel überhaupt, in ihrer Grundlage nicht gleich den Bewohnern des

[1] Die erste Entdeckung Madagaskars ist ein strittiger Punkt. Von den verlässigeren portugiesischen Historikern des 16. Jahrhunderts weiß keiner Bestimmtes darüber zu sagen. Nach Goes und Castanheda war Fernão Suares der erste, der Madagaskar »auf der Außenseite« entdeckte (Q. U., S. 93f.); keiner von beiden gibt aber von einer früheren Berührung der Innenseite der Insel durch ein portugiesisches Schiff Kunde. Nach Barros wäre Suares der erste gewesen, der sie »an der Südseite auffand«, aber auch in seinem Werk ist nicht die Rede davon, daß ein anderer sie an anderer Stelle vorher berührt hätte. Dagegen berichtet Correa in den Lendas da India (Bd. I, S. 153–158) von einer Entdeckung eben der Ostseite Madagaskars durch den Bruder des Bartolomeo Dias im Jahr 1500 und von einem längeren Besuche der Insel durch Diogo Fernandes Peteira im Jahr 1503 (Bd. I, S. 418). Auf die erste Angabe hat Alfred Grandidier in seinem auf etwa 40 Bände berechneten Riesenwerk über Madagaskar (Bd. I, S. 36ff. und Bd. IV, tom. I, p. II, S. 418) die Ansicht gegründet, daß die Insel bereits 1500 auf Cabrals Indienfahrt von den Portugiesen entdeckt worden wäre, und seine Autorität hat ihr Geltung verschafft (vgl. Vivien de St. Martin, Dictionnaire de Géographie, und Encyclopaedia Britannica s. v. Madagascar). Ich habe nun in Q. U., S. 95ff. gezeigt, daß Correas Darstellung der Reise von 1500–1501 im allgemeinen ebenso unzuverlässig und unzutreffend ist wie die der Entdeckungsfahrt Vascos da Gama (vgl. Hümmerich, Vasco da Gama, München 1898, S. 109ff.), habe betont, daß von den Quellen erster Hand, die uns für Cabrals Indienfahrt zur Verfügung stehen, dem Bericht eines Steuermanns seiner Flotte, dem Brief Vespuccis an Lorenzo dei Medici, datiert vom Cabo Verde 4. Juni 1501, und der Copia de una littera del Re de Portagallo mandata al Re de Castella (Roma 1505) keine von der Entdeckung der Rieseninsel etwas weiß, obwohl alle die abenteuerliche Fahrt des Diogo Dias erwähnen und in dem Vespucci-Brief gerade das geographische Interesse das vorherrschende ist, habe weiter darauf hingewiesen, daß während der nächsten Jahre nichts dazu getan worden ist die angebliche neue Entdeckung weiter auszubauen. Bezüglich des

Hochlands von Imerina echte Malayen, sondern nach der einen Anschauung negroide, in Sitte und religiösen Anschauungen auf Melanesien zurückweisende, nach der andern echt afrikanische, aus dem Süden des Kontinents eingewanderte Volkselemente, wenn auch ihre Sprache ein Dialekt der von allen Madagassen gesprochenen einheitlichen malayischen (indo-melanesischen) Sprache ist und darum von keinem der portugiesischen Dolmetscher verstanden wurde. Die Küstenstämme von Madagaskar haben stellenweise etwas arabisches Blut in sich aufgenommen, woran einzelne heut noch lebendige Familientraditionen und — freilich stark entartete — islamitische Religionsgebräuche hier und dort erinnern. Im Nordwesten fand Tristão da Cunha 1506/07 größere arabisch-muhamedanische Siedelungen vor. Daß aber die Eingeborenen der Ostküste, mit denen das Geschwader des Fernão Suares in Berührung kam,

---

Diogo Fernandes Peteira steht Correas Angabe zudem in Widerspruch mit der Darstellung des sonst zuverlässigen Chronisten König Manuels, des Damião de Goes (Chron., p. I, c. 81). Die bisher von keinem portugiesischen Schiff angelaufene Insel, auf der Peteira überwintert hat, wäre danach – und diese Angabe bestätigen Antonio Galvão (Tratado dos desvairados caminhos . . . e dos descobrimentos ed. Bethune, London 1862, S. 102), Osorio (De rebus Emmanuelis, Coloniae Agr. 1581, l. III, f. 85r) und Barros (Dec. I, l. VII, c. 11 Schluß) – nicht Madagaskar gewesen, sondern Sokotora. Das stimmt genau zu der besonderen Aufgabe des Geschwaders, dem er angehörte, (Q. U., S. 94 f.): sie bestand in Erkundung des Eingangs ins Rote Meer und in Kaperfahrten zwischen Kap Guardafui und der Küste Arabiens. Damit haben sich tatsächlich die beiden anderen Schiffe des Geschwaders und nach Barros' Bericht auch er selbst beschäftigt. Hiernach muß die alleinstehende Angabe des Correa bei seiner notorischen Unzuverlässigkeit im Tatsächlichen als mindestens unwahrscheinlich gelten. Den Namen Ilha de S. Lourenço soll Madagaskar nach Goes 1506 durch Ruy Pereira erhalten haben, der zur Flotte des Tristão da Cunha gehörte und von dieser durch Sturm getrennt am Tage des hl. Laurentius (10. August) die Insel entdeckt hätte, oder 1508 durch Diogo Lopez de Sequeira. Beides ist unmöglich; denn der Name kommt bereits in der Instruktion für Cide Barbudo (Cartas de Affonso de Albuquerque, Bd. II, S. 350) vor, der von Lissabon im November 1505 nach dem Indischen Ozean abgegangen ist (Q. U., S. 149 Anm. 79). Dagegen haben wir eine andere, sehr bestimmte Angabe über den ersten Entdecker: kein Geringerer als König Manuel bezeugt, daß es Affonso d'Albuquerque war, und zwar in dem Brief an den Erzbischof von Braga vom 19. Juni 1508 über die Taten des Tristão da Cunha im Osten, Cartas de Affonso de Albuquerque, Bd. II, S. 424: ›Item: na terra e ilha de sam lourenço que o dito tristam da cunha foy ver quando llogo de ca foy, e onde fez gramde estraguo nos mouros, a qual ilha he a que achou affomso dalbuquerque, se acha muito gengibre.‹ Auch wann er sie gefunden hat, läßt sich bestimmen. In den von Albu-

alle oder auch nur in der Mehrzahl Muhamedaner gewesen wären, wie der Bericht von der »Rafael« sagt, ist schwerlich richtig. Das war hier sicher nur sehr vereinzelt der Fall.

Abgesehen von der Erkundung der Ostküste Madagaskars ist die Heimreise der fünf Schiffe des Fernão Suares ohne Ereignis rasch und glücklich verlaufen. Am 1. März ließ man die Insel hinter sich und schon am 8. d. M. wurde das Kap passiert. Hier trennte sich das königliche Schiff »Conceição« von den andern; es leckte so stark, daß Umkehr nach Moçambique notwendig schien. Die übrigen vier sichteten weiterfahrend 450 Leguas vom Kap entfernt auf hoher See am 22. März ein großes Schiff und eine Karavelle, doch vermochte wenigstens die »Rafael« sie nicht zu erreichen. Es waren die Fahrzeuge des Cide Barbudo und Pero Quaresma, die mit besonderen Aufträgen am 19. November 1505 von Lissabon abgegangen waren, vor allem um nach überfälligen Schiffen der

querques Sohn Bras geschriebenen Commentarios do grande Affonso Dalboquerque, p. I, c. 10 findet sich die Stelle: »Partido o Capitão mór (Tristão da Cunha), dali a poucos dias foi aver vista do parcel de Sancta Maria, que he huma coroa d'area em 17 graos e meio daltura, sessenta legoas de Moçambique que Affonso Dalboquerque descobrio a primeira vez que foi a India.« Dies »parcel de Sta. Maria« ist ein Teil dessen, was auf zahlreichen Karten des 16. Jahrhunderts als »Baixos do pracel (parcel)« eingetragen ist, nämlich der Untiefen, die der Westküste von Madagaskar etwa zwischen dem 16. und 19. Breitengrad vorgelagert sind. Diese hat Affonso d'Albuquerque also — wie sein Sohn sagt, als er das erstemal nach Indien ging — entdeckt. Über die erste Indienfahrt des großen Kolonialhelden (1503/04) wußten die portugiesischen Historiker des 16. Jahrhunderts, was die Reise selbst anbelangt, fast nichts. Sie geben ihm z. B. nur drei Schiffe, während es nach dem Zeugnis des Italieners Giovanni da Empoli, der sie mitmachte und einen Bericht darüber geschrieben hat (Ramusio a. a. O., f. 156r—158r), vier gewesen sind. Das Schiff des Giovanni da Empoli wurde zu nicht näher bestimmbarer Zeit, aber jenseits des Kaps, das alle vereinigt am 6. Juli passiert hatten, durch Stürme, in denen die »Catelin Dias« unterging, von den andern getrennt und traf erst, als es von Patta aus bereits 14 Tage nach der indischen Küste unterwegs war, mit den zwei übriggebliebenen, darunter dem Flaggschiff, wieder zusammen. Am 11. September erreichte das Geschwader Cananor. Am 6. Juli also hatte Albuquerque das Kap doubliert; dann war in der Bucht von S. Bras Wasser eingenommen worden. Die Stürme hatten das Geschwader von der Küste abgetrieben; das Schiff des Giovanni da Empoli erreichte sie mit Mühe wieder bei Sofala, Albuquerque ist, da man ihn in Melinde und Patta vergebens erwartete, nicht wieder zu ihr zurückgekehrt; er hat in der ersten Augusthälfte die Untiefen an der Westküste von Madagaskar und, wie Manuel in dem Brief bezeugt, auch die Insel selbst entdeckt und ihr, fügen wir hinzu, den Namen Ilha de S. Lourenço ge-

Indienflotten von 1503 und 1504 längs der afrikanischen Küste zu forschen, und die am 12. März die Angra das Areas auf etwa 16½° s. Br. zur Fahrt nach dem Kap verlassen hatten (Q. U., S. 149 und Ca Masser a. a. O., S. 25). Am 31. März kam die Insel Ascension in Sicht, die der Bericht von der »Rafael« als eine mäßig hohe, etwa sechs (in Wahrheit rund vier) Leguas lange Felsinsel schildert, kahl und ohne Baumwuchs, Niststätte unzähliger Seevögel. Man lief sie nicht an, weil es kein Wasser dort gab. Am 8. Mai war man in Breite der Azoren, verfehlte aber die Inselgruppe selber und lief mit östlichem Kurs dem Heimathafen zu. Am 22. Mai warf das kleine Geschwader vor Rastello Anker und zwölf Tage später lief auch die »Conceição« dort ein[1]; sie hatte also die Reise nach Portugal doch fortzusetzen vermocht.

War die Fahrt dieses Geschwaders vom Glück in seltenem Maße begünstigt gewesen, so hat die des Vasco Gomes d'Abreu

geben. Der Tag des hl. Laurentius ist der 10. August. Das stimmt bezüglich der Zeit genau: vier Wochen hat Fernão Suares von Cananor bis an die Ostküste Madagaskars gebraucht, in etwas über vier Wochen hat Affonso d'Albuquerque seine Fahrt von der Westküste der Insel bis Cananor gemacht. Dem widerspricht es nicht, wenn eine Karte (Hydrographia) von Übelin und Essler in dem Straßburger Ptolemäus von 1513 (Lelewel, Géographie du Moyen Age, Atlas, Tafel 43), deren portugiesische Vorlage in den Jahren 1501–1504 (Lelewel a. a. O., Bd. II, § 196ff.) entworfen zu sein scheint, bei Madagaskar neben diesem Namen und Comorbinam (statt Comor-diva) die Bezeichnung S. Laurentii aufweist. Da Albuquerque zwischen dem 11. und 30., der von ihm vorausgesandte Antonio do Campo am 10. September 1504 in Lissabon eintraf (das beweisen entgegen den sich widersprechenden Angaben der Historiker und des Bras d'Albuquerque die Diarii di Marino Sanuto, Bd. VI, Sp. 55, 82, 86, 103, 105), kann jene Vorlage ihn ganz wohl schon enthalten haben; andernfalls würde, da die Herausgabe der Ptolemäus-Karte beim Tode Renés II. von Lothringen (10. Dezember 1508) nur vorbereitet war und erst 1513 wirklich erfolgt ist, später erlangte Information zugrunde liegen. Für einen Zweifel scheint mir danach kein Raum mehr: Madagaskar ist am 10. August 1503 von Affonso d'Albuquerque entdeckt und nach dem Kalenderheiligen des Tages benannt worden. Dies zur Ergänzung und Berichtigung meiner Ausführungen in Q. U., S. 95ff., bei deren Abfassung mir der II. Band der Cartas de Affonso de Albuquerque und die darin enthaltenen Urkunden noch nicht zugänglich waren. Der in der oben herangezogenen Instruktion des Cide Barbudo an der zitierten Stelle genannte Lopo d'Abreu gehörte der Flotte des Lopo Suares von 1504/05 an (Barros, Dec. I, l. VII, c. 11) und die Untiefen osö. von Sofala, die er entdeckt hatte und die Cide Barbudo kartographisch genau festlegen soll, sind offenbar die Baixos da India (oder Judia) der portugiesischen Karten des 16. Jahrhunderts (Bassas da India).

[1] Ca Masser a. a. O., S. 23.

mit »Gabriel«, »Lionarda« (Kapitän Diogo Correa) und »Magdalena« (Kapitän Diogo Fernandes Correa) unter einem wenig günstigen Stern gestanden. Am 21. Januar 1506 fuhren die drei Schiffe von Cananor ab und zunächst der Küste entlang bis Anjediva; man vermied auf diese Weise die gefährliche Fahrt zwischen den Korallenriffen der Lakkadiven hindurch. Von den Orten, an denen sie auf dieser Küstenfahrt vorüberkamen, nennt Sprenger den belebten Handelsplatz Baticala (13° 59' n. Br.) und bezeichnet ihn ohne nähere Begründung als portugiesenfeindlich, wohl wegen der vielen muhamedanischen Kaufleute, die hier ansässig waren[1]. Am 5. Februar kreuzte das Geschwader, wenn Sprengers Datum richtig ist, die Linie, muß dann aber durch Ungunst der Winde nur sehr langsam vorwärts gekommen sein; denn erst viereinhalb Wochen später, am 8. März, befand es sich, falls die von Sprenger mitgeteilte Schätzung der Steuerleute bezüglich der Entfernung vom Festland und von der Komoreninsel S. Christovão zutraf und mit der letzteren Mayotta gemeint ist[2], bei dem Hauptinselchen der kleinen Glorioso-Gruppe, die auf 11° 35' s. Br. und 47° 25—30' ö. L., ungefähr westlich von der Nordspitze Madagaskars liegt; er nennt es »Fastnacht«; Ilha d'Entrudo oder de Carnaval müßte es also geheißen haben oder von Vasco Gomes d'Abreu damals genannt worden sein, ein Name, der auf den portugiesischen Seekarten nicht nachweisbar ist. Am 11. März kam eine der Komoren, S. Christovão — »sant Christoffel« sagt Sprenger —, am wahrscheinlichsten Mayotta, in Sicht. Er erzählt, daß die Insel fruchtbar und reich an Fleisch und andern Lebensmitteln sei und daß Ingwer darauf wachse; von wem diese Angaben stammen, sagt er nicht[3]. Daß es dem Geschwader trotz zweitägiger Anstrengung nicht glückte an die Insel heranzukommen, fände, wenn »S. Christoffel« das heutige Mayotta war, seine Erklärung schon in den das hohe Komoren-Eiland rings umgebenden Korallenriffen, anderseits war aber auch der Wind so heftig, daß Vasco Gomes d'Abreu sich schließlich gezwungen sah den Landungsversuch aufzugeben. Die

---

[1] Duarte Barbosa a. a. O., S. 292.

[2] Q. U., S. 77 ff.

[3] Auf der Karte des Diego Ribero vom Jahre 1529 findet sich in der Tat bei den Komoren ein Eintrag, daß sie außer Lebensmitteln viel Ingwer hervorbrächten, und wenn von der einen der im mittelalterlichen Handel gangbaren Sorten dieses Gewürzes, dem »Ingwer von Mekka«, ein Teil wirklich, wie Heyd als möglich annimmt (Levantehandel, Bd. II, S. 603) und schon Affonso d'Albuquerque in einem Brief vom 10. November 1507 vermutet (Cartas d'A. d'A., Bd. I, S. 418), von Madagaskar gekommen sein sollte, so dürfte man auch die nahen Komoren wohl in sein Erzeugungsgebiet einrechnen.

100 Leguas, die man nach der Schätzung der Steuerleute noch von der ostafrikanischen Küste entfernt war, wurden vor ungestümem Wind in der Zeit vom Abend des 12. bis zum 14. März zurückgelegt und man erreichte das Festland 60 Leguas nördlich von Moçambique, also ungefähr in der Breite der Masimbwa-Bucht. Vom 14. an ging die Fahrt der Küste entlang nach Süden und am 19. kam man vor Moçambique an.

Wie das beträchtlich größere Quiloa und Mombasa war auch dies Araberstädtchen [1] auf einer festlandnahen, kleinen Insel angelegt, die, sandig und palmenbestanden [2], die größte und zugleich innerste von vieren, am Eingang der nach Südost sich öffnenden Bucht von Mosoril lag. Politisch gehörte Moçambique, wenigstens dem Namen nach, zum Machtbereich von Quiloa. Vasco da Gama hatte hier 1498 die erste Berührung mit dem ostafrikanisch-arabischen Kulturkreis gehabt, hatte zunächst freundliche Aufnahme gefunden, dann aber im Unfrieden nach einer wirkungslosen Beschießung die Stadt verlassen. Indes konnte schon die Indienflotte Cabrals (1500) friedlich in dem Hafen vor Anker gehen, ihre Vorräte ergänzen und einen Lotsen zur Fahrt nach Quiloa an Bord nehmen [3], auf der Rückreise sogar die Schiffe hier überholen, reinigen und neu kalfatern [4]. Der Admiral D. Vasco da Gama schloß dann 1502 Frieden und Freundschaft mit dem Scheich von Moçambique [5] und legte eine Faktorei an um für die portugiesischen Schiffe, die den Hafen anliefen, den jeweiligen Bedarf an Lebensmitteln bereitzuhalten [6]. In der Folgezeit entwickelte sich Moçambique zum verhältnismäßig belebtesten Anlegehafen für die portugiesischen Ostindienfahrer; fast alle liefen auf der Hin- und Rückfahrt zur Einnahme von Wasser und Lebensmitteln die Insel an, einzelne Schiffe wie ganze Geschwader warteten hier nicht selten den Monsunwechsel ab und von Moçambique aus wurde der Handel geleitet, der den Portugiesen in Sofala und an den Sambesi-Mündungen (Cuama) im Austausch gegen indische Baumwollstoffe Gold und Elfenbein zubrachte [7]. Auch eine kleine Festung ist noch im ersten Jahrzehnt des 16. Jahrhunderts hier angelegt worden [8]. Die Erzeugnisse des

---

[1] Collecção de Noticias, Bd. II, S. 112.

[2] Expedição de Francisco Barreto (1569) in Boletim da Sociedade de Geographia de Lisboa, IV (1883), S. 496.

[3] Coll. de Not., Bd. II, S. 112f.

[4] ebd., S. 136.

[5] ebd., S. 163f.

[6] Castanheda a. a. O., l. I, c. 44.

[7] Tombo do Estado da India (1554 vollendet) in Colleção de Monumentos Ineditos, Bd. V, S. 7f.

[8] Castanheda a. a. O., l. II, c. 90.

Landes selber waren freilich immer knapp und man mußte die erforderlichen Lebensmittelvorräte vielfach von Quiloa, Pemba und Sansibar beziehen [1].

Bei der Einfahrt des kleinen Geschwaders in die Bucht von Mosoril traf die »Magdalena« ein Mißgeschick: sie verfehlte die Fahrrinne, geriet auf Grund und bekam ein Leck, so daß man sie für verloren hielt. Es gelang zwar sie wieder flott zu machen, aber die Ausbesserung zwang, da das Schiff vollständig entladen und aufgelegt werden mußte, zu einer sehr unerwünschten Verlängerung des Aufenthaltes. Man benutzte die Zeit um die knapp gewordenen Lebensmittelvorräte der Schiffe durch Ankauf von Ziegen, Hühnern und Fischen zu ergänzen, die Fahrzeuge vom Bohrwurm zu reinigen und zu kalfatern und trat dann am 14. April aufs neue die Fahrt an. Nur mühsam arbeitete das Geschwader sich, bald in Landnähe bald auf hoher See kreuzend, im beständigen Kampf mit Sturm und Wellen in Richtung auf das Kap vorwärts. Ein besonders schlimmer Tag war der 19. Mai. Mit völlig eingezogenen Segeln lief die »Lionarda« in schwerem Wetter. Da, gegen Abend schlug eine mächtige Woge über das Vorderkastell, brach dieses sowie die herabgelassene große Rahe mit dem Segel in Stücke und schüttete eine solche Wassermasse über das Deck, daß es den Leuten bis zur Achselhöhle stand. Zugleich neigte das Schiff sich so, daß die linke Seite völlig unter Wasser zu liegen kam, und blieb in dieser Lage »als lang eyner eyn pater noster mocht betten«. Im rechten Augenblicke gelang es indes noch die vordere Rahe hochzubringen und ein Segel zu setzen: die »Lionarda« lief vor dem Wind und richtete sich wieder auf. Aber die Wassermasse hatte auch eine Luke aufgerissen und sich zum Teil in die unter dem Oberdeck liegenden Räume ergossen. Tag und Nacht mußten alle Mann an Bord sich unablässig mit zwei Pumpen mühen des Wassers Herr zu werden. Zum Unglück brach auch noch eine Pfefferkammer auf und die herausstürzenden Ballen erschwerten die Arbeit des Auspumpens und steigerten die Not aufs höchste. Der Mannschaft drohten die Kräfte zu versagen; »do was grosser cleglicher iomer erschröcklich zu sagen und hören / dann das schiff und wir waren gantz verloren. Aber dye kunigin aller barmhertzigkeit unn der heilig sant Jacob theten an uns groß wunderzeichen«. Extrarationen von Brot und Wein, die den Erschöpften gereicht wurden, belebten die Kräfte. Am 20. wurden große Rahe und Segel ausgebessert und am 21. Mai war diese Gefahr überwunden, die »Lionarda« wieder manövrierfähig. Auch die beiden andern Schiffe, von denen der Sturm sie

---

[1] Tombo do Estado da India a. a. O., S. 16.

getrennt hatte, kamen um Mittag wieder in Sicht. Aber die vorherrschenden Westwinde hemmten immer aufs neue die Fahrt. So liefen sie notgedrungen in die flache heutige Algoa-Bucht, die Bahia da Lagoa (Bucht der Wasserstelle) der Portugiesen, ein, damals auch Bahia da Roca (Bucht des Felsens) genannt. So ungestüm aber war auch da der Wind und Wellengang, daß »Lionarda« und »Gabriel« je zwei Anker verloren, was Vasco Gomes d'Abreu veranlaßte mit seinem Schiff wieder in See zu gehen. Die zwei andern folgten am 1. Juni in Richtung auf das Kap zu. Inzwischen waren auf der »Lionarda« der Wein und alle Lebensmittel bis auf Schiffszwieback und Wasser ausgegangen. Aber der Westwind hielt mit großer Stärke an, der Zustand aller Schiffe war offenbar wenig befriedigend und so gab der Geschwaderführer, mit dem man sich wieder vereinigt hatte, noch am selben Tage Befehl zur Umkehr nach Moçambique; er hatte offenbar beschlossen dort zu überwintern. Auf der »Lionarda« schlug dieser Befehl wie ein Blitz ein. Man verhandelte mit der Mannschaft und kam mit ihr überein die Reise nach Portugal unter allen Umständen fortzusetzen; denn die Vorräte reichten nur für höchstens drei Monate noch und in Moçambique, sagt Sprenger, hätten sie alle Hungers sterben müssen und Schiff und Gut wären verloren gewesen. Am 3. Juni teilte man Vasco Gomes d'Abreu diesen Entschluß mit, allein er gebot dem Kapitän, Schiffsmeister und Steuermann bei Gut und Leben zu gehorchen. Bis zum 8. Juni fuhr in der Tat »Lionarda« noch im Geschwaderverband mit auf Moçambique zu — es scheint, daß der Wind nichts anderes zuließ —, an diesem Tag aber bestürmten der Faktor des Schiffes und die gesamte Mannschaft unter Hinweis auf den bedrohlichen Mangel an Lebensmitteln mit dem flehentlichen Ruf: »Misericordia, Misericordia!« den Kapitän nach Portugal umzukehren. Diogo Correa willigte ein und nach Sonnenuntergang verließ »Lionarda« das Geschwader in Richtung des Kaps, mußte aber durch Gegenwind gezwungen am 11. Juni aufs neue in die Bahia da Roca einlaufen. Hier wurde ein schriftlicher Protest gegen den Befehl des Kommandanten aufgesetzt und unterzeichnet um dem König gegenüber den Ungehorsam zu rechtfertigen[1]. Vom 13.—15. Juni legte das Schiff den Weg bis zur St. Francisco- und Kromme-Bucht (Bahia da Lagoa[2]) zurück, wo gefischt wurde. Am 16. fuhren sie weiter, sahen sich aber durch Gegenwind genötigt am 18. Juni dahin zurückzukehren und bis zum 26. festgehalten. In diesen acht Tagen trat man in Tauschverkehr mit den Anwohnern der Bucht, viehzüchtenden Hotten-

[1] Q. U., S. 121 Anm. 177.
[2] Q. U., S. 71 ff.

totten[1] und vervollständigte durch Fleisch, Wasser und Holz in erwünschter Weise die knappen Vorräte der »Lionarda«. Was die Eingeborenen für ihr Vieh in Tausch nahmen, war besonders unbearbeitetes Eisen, dann Messer; Geld kannten, Gold und Silber schätzten sie nicht; für eine Messingschelle mittlerer Größe dagegen kaufte man 1503 eine Kuh von ihnen[2]. Über ihren Kulturzustand berichtet Sprenger verhältnismäßig ausführlich.

Er unterscheidet von der Westküste Afrikas zwischen Bezeguiche (Cabo Verde) und dem Kap, »Guinea« im weitesten Sinn[3], das »Land Allago« (»Bahia da Lagoa«), dem er im Bildertext eine Erstreckung von 550 Meilen (Leguas) längs der Küste ostwärts vom Kap zuspricht[4] und das er an »Arabia«, d. h. das arabische Ostafrika, im besondern an Sofala, angrenzen läßt. »Es ist ain schön lustig land von guotem wasser unnd wolriechenden kreuter«[5]. Der Boden ist sandig und trägt viel stechendes Dorngestrüpp, weshalb Männer und Frauen auf breiten Sandalen von e i n e m Stück Leder, »beynoh den grossen panthofeln gleichformig«, gehen. Das Land nährt viel treffliches Vieh, Schafe, Kühe und Ochsen — »so groß wie die im Alemtejo«, sagt der Roteiro von Gamas Reise, »und erstaunlich fett« —, die den einzigen Reichtum der Bewohner bilden. Die Hottentotten nennt er wie die Neger »schwartze oder moren«, »ein halb wild volck«[6]; die Verschiedenheit der Farbe und der Körpergestalt von der der Neger des Grünen Vorgebirges ist ihm anscheinend nicht aufgefallen, während der Begleiter des Vasco da Gama, dem wir den Roteiro von dessen Entdeckungsreise verdanken, sie deutlich hervorhebt und Giovanni da Empoli, der 1503 die nahe Mosselbucht besuchte, andere charakteristische Züge des Typus mit den Worten schildert: »Sie haben keine Haare; ihr Kopf ist grindig und unförmlich, die Augen triefend.« Auch die langen, hängenden Brüste der Frauen fielen dem Italiener unangenehm auf[7]. Beide Geschlechter gingen nackt; bei denen, die Kleidung trugen, waren es behaarte Tierfelle, die wie kurze Mäntel umgehängt bis zum Gürtel reichten. Die Weiber trugen Kopfbedeckung von Schaf- oder andern Tierfellen — »für schlair«, wie Sprenger etwas undeutlich sagt — und am Mantel befestigten sie

---

[1] Q. U., S. 110 Anm. 53.

[2] Giovanni da Empoli bei Ramusio a. a. O., f. 156v.

[3] Q. U., S. 108 Anm. 43 und 110 Anm. 53.

[4] Vgl. den Bericht von der »Rafael« in Q. U., S. 135, wo für die Ilhas Derradeiras die Entfernung vom Kap auf 565 Leguas beziffert wird.

[5] Q. U., S. 15.

[6] Q. U., S. 110.

[7] Ramusio a. a. O., f. 156v.

buschige Tierschwänze, die vorn und hinten herabhingen[1]. Die Haare waren bei vielen Männern mit Klebemitteln künstlich untereinander verpicht und Metallplättchen und -knöpfe oder Glaskorallen als Schmuck darin befestigt[2]. Am auffälligsten aber erschien dem deutschen wie den andern Beobachtern der ersten Jahre der Kulkroß, die Schamhülle der Männer, die auch damals wohl wie zwei Jahrhunderte später zu Peter Kolbs Zeit mittels zweier um die Hüften gelegter Riemen befestigt wurde; er sagt darüber im Bildertext: »Die man tragen köcher oder schayden von holtz oder leder über yr scham / Aber die weiber«, fährt er fort, »bedecken sich mit aim beltzflecken / . . . Den yungen knäblin binden sy ire schwentzlin über sich.« Die Schamhülle trugen also Knaben noch nicht[3]. Von den Waffen der Hottentotten scheint er mit den »weißen stäblin« die einen Fuß langen, zum Parieren von Geschossen und Hieben gebrauchten Kirristöcke zu meinen, vielleicht bezieht es sich aber auch auf die drei Fuß langen und daumendicken, am einen Ende zugespitzten Rakkumstöcke (Wurfhölzer). Ihre Kraft und Geschicklichkeit im Gebrauch der langen, mit Eisenspitzen versehenen Assagaie und im Schleudern von Steinen hebt Sprenger im Bildertext rühmend hervor. Unrichtig ist, was er hier wie in der »Merfart« von Erdwohnungen der Eingeborenen wissen will; einen Hottentottenkraal hat sicher er so wenig gesehen wie einer unserer sonstigen Berichterstatter aus den ersten Jahren. Trefflich charakterisiert er dagegen die Sprache, die er von den Eingeborenen hörte und die niemand verstand, im Bildertext als »ein schnaltzende red«. So hat er in den acht Tagen, während deren ihm an der Wasserstelle in der Bucht Gelegenheit dazu geboten war, doch mancherlei charakteristische Eindrücke von Land und Leuten erhalten.

Am 26. Juni trat bei günstigem Winde die »Lionarda« ihre Fahrt von neuem an und erreichte am 1. Juli die heutige Mosselbucht, damals Aguada de S. Bras; vom 2.—6. Juli wurden bei einem »guten, glückseligen Wind« die rund 60 Leguas von da bis zum Kap zurückgelegt, das man am 7. Juli glücklich doublierte. Wieder ging es im Winter der Südhalbkugel in den offenen Ozean hinein. »Es ist auch umbe den kaben etlich hundert meilen diesser zeyt so kalt als es in unsern landen um̄b weynachten / die tag sein kurtz und die nacht lang / und ist der winter in diessen zeyten am aller hertsten / so die best zeit des Sommers in unsern landen ist.« Unter schweren Stürmen und Angst und Not ging es vorwärts; am 21. Juli stieg die Insel St. Helena vor ihnen auf, aber

[1] Ramusio a. a. O., f. 156v.
[2] Q. U., S. 111 f. Anm. 57.
[3] Q. U., S. 111 Anm. 55.

sie vermochten nicht ans Land heranzukommen. Bald darauf lag man ein paar Tage in Windstille. Ascension wurde gesichtet und verschwand. Mitte August waren die Inseln des Grünen Vorgebirges erreicht; man lief die größte der ganzen Gruppe, Santiago, an und zwar wahrscheinlich Porto da Praya an der Südküste (14° 50'), wo 1497 auch Vasco da Gama anlegte[1]. Alle Vorräte an Bord waren wieder arg zusammengeschmolzen und so nahm man Lebensmittel, Wasser und Holz ein. Da Rinds- und Ziegenhäute sowie Unschlitt neben Baumwolle im beginnenden 16. Jahrhundert die wichtigsten Ausfuhrgegenstände der Kapverden waren[2], gab es Fleisch in genügender Menge und an Früchten war kein Mangel, wenn die Gärten auch freilich künstlicher Bewässerung bedurften: Orange und Zitrone, Granatbaum und Feige gediehen, wenigstens gegen die Mitte des 16. Jahrhunderts, in verhältnismäßiger Fülle[3]. Gerühmt wird die feine Baumwolle von Santiago, die hier auch zu verschiedenen Sorten gestreifter Stoffe verarbeitet wurde. Die letzteren führte man nach den Negerländern aus um Sklaven dafür einzutauschen[4]. Das Klima war damals, knapp ein halbes Jahrhundert nach ihrer Entdeckung (1460) durch Diogo Gomes und Antonio de Nolle, nicht minder heiß und unzuträglich wie heute. »Diese Inseln«, schreibt Valentim Fernandez[5], »waren anfangs so gesund, daß alle Aussätzigen, die dorthin kamen, gesund wurden; aber jetzt sind sie so gesundheitsschädlich, daß die gesunden Leute krank werden. Ich glaube, daß die Neger, nachdem man sie hier eingeführt hatte, das Klima verdorben haben wie in ihrem Lande, das ungesund ist.« Von dem Glauben bezüglich der Aussätzigen hat auch Sprenger gehört: »Uf Ylen de may«, berichtet er, »da werden die sundersichen wyder gesunt, wann sie zwey oder drew iare daruff sein oder aber sterben / unn welch also gesunt werden die zyhen darnach wyderumb wo hyn sie wollen und bleiben hie fur gesunt.« Man schrieb ihre angebliche Heilung zum Teil dem Gebrauch des Fettes der von Mai bis August zahlreich vorkommenden Meerschildkröten zu[6]. Für die Kapverden insgesamt gibt Sprenger die Zahl von neun (statt zehn) Inseln an; die Namen weiß er nur von dreien der südlichen Gruppe, nämlich Ilheo do Fogo (»Ylleu der fuga«), Santiago und Mayo (»Ylle de may«). Er

---

[1] Ravenstein, A journal of Vasco da Gama's first voyage, S. 3.

[2] Duarte Pacheco, Esmeraldo in Boletim da Sociedade de Geographia de Lisboa 1904, S. 136.

[3] Bericht des Steuermannes bei Ramusio a. a. O., f. 125^r und v^.

[4] Ebd.

[5] Münchner Handschrift, f. 184^r^.

[6] Ebd. f. 66^r^.

weiß, daß ein Teil der Eilande bewohnt, ein anderer unbewohnt ist und daß sie dem König von Portugal gehören.

Schon am 18. August hatte die »Lionarda« sich mit dem Nötigen versorgt; man rechnete auf keine allzu lange Fahrt mehr und trat in Gesellschaft einer Karavelle, die von Guinea herübergekommen war, die Weiterreise an. Aber Windstillen ließen die Schiffe nur äußerst langsam vom Fleck kommen und am 8. September war man erst 60 Leguas von Santiago entfernt, als ein Sturm die zwei Schiffe überfiel und in die Nähe der Kapverden zurückwarf. Inzwischen waren die Vorräte der »Lionarda« wiederum fast aufgezehrt und der Schiffszwieback so knapp geworden, daß die tägliche Ration auf sechs Unzen (zu 29 g) hatte gekürzt werden müssen. Unter diesen Umständen sah man sich gezwungen Santiago zum zweitenmal anzulaufen, kam dort am 13. September an und versah sich mit Wasser, Fleisch, Reis und Durra (Mohrenhirse), die auf den Kapverden wie auf dem Festlande den Hauptbestandteil der täglichen Nahrung bildete[1]. Am 20. des Monats ging man erneut unter Segel, aber nun brach kurz nach der Abfahrt ein heftiges Fieber an Bord der »Lionarda« aus; am 1. Oktober lagen daran zwanzig Mann darnieder und es starben an der Krankheit im ganzen drei Mann. Am 23. Oktober war gleichwohl Funchal auf Madeira erreicht und man hielt sich elf Tage dort auf. Hier endlich gelang es das Schiff wieder mit frischem Zwieback und Wein zu versorgen. Am 3. November wurden dann die Anker zum letztenmal gelichtet, am 12. stieg die Felswand des Kaps S. Vicente an der portugiesischen Küste auf und am 15. November 1506 lief die »Lionarda« im Hafen von Lissabon ein[2]. »(Wir) hatten do mit diesse Reyß in dem namen gottes volnbracht und geendet / Dem sey Ere und glory ymmer und ewigklichen Amen« — mit diesen Worten schließt Sprenger in der »Merfart« seinen eigentlichen Reisebericht: er mochte nach all den Gefahren, Mühen und Entbehrungen, zumal der Rückreise, aufatmen, als er den Boden des heimatlichen Kontinents wieder unter den Füßen spürte.

Drei von den neun Schiffen, die der Vizekönig mit Gewürzen nach Portugal abgefertigt hatte, standen bei Sprengers Rückkehr noch aus: die »Gabriel« und »Magdalena«, die von der Bahia da Roca nach Moçambique zurückgekehrt waren, und die »Flor de la mar«, die am 2. Februar allein die Heimreise von Indien angetreten hatte. Von den zwei erstgenannten kann keines vor Ende 1506 nach Portugal gelangt sein; denn Pero Quaresma, der mit Cide Barbudo

---

[1] Q. U., S. 84ff.

[2] Lukas Rem gibt im Tagebuch, S. 8, jedenfalls irrtümlich, den 24. November an. Das Datum Sprengers ist sicher das richtige.

am 19. November 1505 von Lissabon abgefahren war, traf bei seiner Ankunft in Moçambique am 27. Juli 1506 den Vasco Gomes d'Abreu und Diogo Fernandes Correa, wie er am 31. August d. J. dem König berichtet, in großer Not noch dort an. Der Zustand ihrer Schiffe muß schlecht, die Instandsetzung wegen Mangels an Materialien schwierig gewesen sein. Pero Quaresma überließ ihnen, was er an Segeltuch bei sich hatte, ferner Teer und Unschlitt und dazu den größten Teil seines Schiffszwiebacks[1]. Auch Pero Ferreira Fogaça, der Kommandant von Quiloa schickte, wie er am 22. Dezember 1506 an den König schreibt, dem Vasco Gomes d'Abreu nach Moçambique, was für dessen Fahrt Zweckdienliches in Quiloa zur Verfügung stand[2]. Am 31. August, als Pero Quaresma seinen Bericht an König Manuel abschloß, waren die zwei Schiffe noch in Moçambique: offenbar sollten sie selbst das Schreiben nach Portugal mitnehmen. Anderseits ist Vasco Gomes d'Abreu mit dem Oberkommando über die Festung in Sofala und eine von ihm in Moçambique zu erbauende Feste bereits am 23. April 1507 wieder nach Afrika abgegangen[3]; von Verlust eines der beiden Schiffe weiß kein Historiker etwas und so müssen »Gabriel« und »Magdalena« gegen Ende 1506 oder Anfang 1507 in Lissabon eingetroffen sein.

Anders die »Flor de la mar«. João da Nova war infolge der späten Abfahrt von Indien gezwungen gewesen in Ostafrika zu überwintern und zwar anscheinend in Sansibar. Er hatte dann, sobald es die Jahreszeit gestattete, von dort aus die Heimfahrt angetreten. Schon war das Kap erreicht, als bei Windstille[4] die »Flor de la mar« derartig leck wurde, daß Schiffsmeister und Steuermann sich nicht getrauten die Reise fortzusetzen. Man kehrte um, versuchte auf den Angocha-Inseln das Schiff in stand zu setzen, mußte das aber nach ein paar Tagen als aussichtslos aufgeben und fuhr nach Moçambique um dort die Ankunft der Indienflotte von 1507 abzuwarten und zu sehen, ob sich dann eine Möglichkeit zu gründlicher Instandsetzung ergeben würde. Krank langte João da Nova dort an. Kurz nachher, etwa in der zweiten Februarhälfte[5], lief das Geschwader des Tristão da Cunha in Moçambique ein, das

[1] Alguns Documentos, S. 148.

[2] Ebd., S. 157.

[3] Castanheda a. a. O., l. II, c. 43.

[4] Commentarios do grande Affonso d'Alboquerque, p. I, c. 11.

[5] Am 6. Februar, als Albuquerque den Brief (Cartas de Affonso de Albuquerque, Bd. I, S. 1 ff.) schrieb, war Tristão da Cunha noch nicht zurückgekehrt nach Moçambique; Albuquerque traf ihn erst, als er selbst nach dem Aufbruch von dort die Komoren erreicht hatte, und kehrte mit ihm um (Commentarios, p. I, c. 11).

eben von der verlustreichen Fahrt zur Entdeckung der Westseite Madagaskars zurückkehrte. Tristão da Cunha freute sich lebhaft über das Zusammentreffen, da er mit João da Nova befreundet war, und leistete ihm jede mögliche Hilfe. Die Untersuchung des Schiffes ergab, daß ohne Löschen der Ladung die Wiederherstellung unmöglich war. Diesen Umstand benutzte Tristão da Cunha: er bestimmte den Freund ihm nach Instandsetzung der »Flor de la mar« wieder nach Indien zu folgen, ließ die Gewürzfracht des Schiffes auf ein Fahrzeug seiner Flotte umladen, das der König von einem Reeder in Lagos gechartert hatte[1], und schickte dasselbe mit Antonio de Saldanha als Kapitän nach Lissabon zurück, wo es kaum vor Sommer 1507 eingetroffen sein wird[2]. Immerhin war die »Flor de la mar« wie ihre wertvolle Gewürzladung gerettet.

Die Ankunft einer Indienflotte war für die Bevölkerung von Lissabon ein Fest[3]. 1506 freilich mag seinen Jubel das große Peststerben gedämpft haben, das in diesem Jahre begonnen und die Ausrüstung der Flotte des Tristão da Cunha sehr erschwert hatte[4] und dann über vier Jahre fast ohne Unterbrechung fortdauerte[5]. Die freudige Ungeduld der Heimkehrenden und die sehnsüchtige Erwartung der Angehörigen beim Einlaufen der Flotte mußte allerdings zunächst noch bezwungen werden. Hatten die Schiffe sich im Tejo vor Anker gelegt, so war den Insassen fürs erste jedes Anlandgehen bei Strafe des Galgens verboten[6]. Die Zollbeamten des Königs kamen an Bord und Offiziere wie Mannschaften, Handelsbeamte wie Kaufleute wurden der strengsten Leibesvisitation, ihre Kästen der genauesten Durchsuchung unterzogen um Schmuggel zu verhindern. Dann wurden die Kästen versiegelt und wie die Ladung des Schiffes in das Indienhaus gebracht, das König Manuel für diesen Zweck nach Aufnahme des Gewürzhandels mit Indien nicht weit vom Strand entfernt hatte bauen lassen. Es besaß 1506 nicht weniger als zwanzig große Warenspeicher[7]. Einer davon wurde jedem Schiff zum Einlagern seiner Ladung, mochte sie nun dem König oder einem Kaufmann gehören, zugewiesen und das Tor mit dem Zeichen des Fahrzeugs versehen. Hier wurde dann jedem sein nicht zollpflichtiges Eigentum ausgehändigt,

---

[1] Castanheda a. a. O., l. II, c. 30.

[2] Commentarios, p. I, c. 11.

[3] Albèri, Relazioni degli ambasciatori Veneti, Appendice, Firenze 1863: Relazione delle Indie Orientali di Vincenzo Quirini (1506), S. 13.

[4] Commentarios, p. I, c. 7.

[5] Tagebuch des Lukas Rem, S. 8f.

[6] Ca Masser a. a. O., S. 29.

[7] Ebd. und Quirini a. a. O., S. 13.

die Waren wurden gewogen, nach den Qualitäten sortiert und den Berechtigten ihr Freigut von einem Beamten des Indienhauses überwiesen.

Die Abgabe, die von den an einer Indienfahrt beteiligten Kaufleuten an den König zu leisten war, hat in den ersten Jahren nach der Entdeckung des Seewegs geschwankt; nach den 1506/07 geltenden Bestimmungen betrug sie, wenn die Ware auf einem königlichen Schiffe verfrachtet gewesen war, 60 % derselben [1]; war sie auf eigenem Schiff eingeführt, so hatten die Kaufleute von Spezereien wie von andern Waren ein Viertel an den König und ein Zwanzigstel an U. L. Frau von Bethlehem (Belem) abzuliefern, im ganzen also 30 % [2]. Die Entrichtung dieser Abgabe sicherzustellen war anfangs der alleinige Zweck, zu dem das Eigentum auch der Handelsherrn zunächst in den Speichern des Indienhauses niedergelegt werden mußte. War der Zollpflicht genügt, so wurde bis zum Ende des Jahres 1504 den Kaufleuten ihr Anteil zu freier Verfügung überlassen, nur mit der Auflage, daß sie unter den vom König für seinen Pfeffer festgesetzten Preis — 1503 waren das 20 Cruzados, 1506 bereits 22 für das Quintal [3] — nicht herabgehen durften. Dieser Zustand wurde durch eine königliche Verordnung vom 1. Januar 1505 geändert. Das bisherige Verfahren hatte nämlich zu starken Preisschwankungen geführt. Als im August 1503 die bevorstehende Heimkehr der Flotte des Admirals gemeldet wurde, fiel auf die Nachricht, daß sie 26 000 Quintal allein an Pfeffer geladen hatte, der Preis dieses wichtigsten Gewürzes in wenigen Wochen von 40 auf 20 Cruzados [4] und wäre unter 16 herab-

[1] Lukas Rems Tagebuch, S. 8, wo statt 1504 zu lesen ist 1505 und statt 1505 beide Male 1506, und Ca Masser, S. 29: »le qual spezierie, et ogn' altra cosa che se traze d'India, de quelle se ha a pagar de dreto a questo Serenissimo Re ss. (sessanta) per % (cento)«. Die Angabe des Quirini auf Seite 13: »Delle quali spezie quelle che sono de' mercadanti, e portate dalle navi del re, pagano nell' entrare ducati 50 per cantaro« kann so nicht richtig sein. Es liegt wohl Versehen des Herausgebers — die Ausgabe beruht auf einer sehr schlecht geschriebenen Kopie — oder des Abschreibers vor und die Stelle lautete »ducati 50 per cento«; 50 % war der 1503 vereinbarte Satz (Marino Sanuto, Diarii, Bd. IV, Sp. 546 und 665. Vgl. auch Bd. VI, Sp. 28). Unmöglich ist auch, was weiter folgt: »e oltre questo diritto pagano altrettanto per la fabbrica di un monasterio in Lisbona«; vermutlich hieß es im Original: pagano »altre 10 per cento« per la fabbrica usw., das cento oder per cento war in Abkürzung gegeben und ist vom Abschreiber falsch aufgelöst bzw. gelesen worden.

[2] Ca Masser a. a. O., S. 29.

[3] Quirini a. a. O., S. 13 und Marino Sanuto, Diarii, Bd. VI, Sp. 383/84.

[4] Marino Sanuto, Diarii, Bd. V, Sp. 133.

gegangen, wenn Manuel nicht einen Verkauf unter 20 Cruzados den Kaufleuten verboten und sich bereit erklärt hätte den gesamten auf der Flotte von ihnen verladenen Pfeffer um diesen Preis aufzukaufen [1]. Der jähe Preissturz hatte den Zusammenbruch einer Anzahl von großen Handelshäusern in Flandern, Deutschland und an andern Orten zur Folge gehabt und die Lust zu großen Gewürzankäufen in Lissabon stark herabgemindert. Von Affonso d'Albuquerques Eintreffen im September 1504 bis zu dem von Fernão Suares' Geschwader im Mai 1506 waren nach der Angabe des venezianischen Gesandten Vincenzo Quirini, der nach dem Tod Isabellas von Kastilien (26. November 1504) Philipp den Schönen (Frühjahr 1506) nach Kastilien begleitet und hier Erkundigungen über den portugiesischen Indienhandel eingezogen hatte, 54000 Quintal Gewürze in das Indienhaus eingelagert worden — fast genau die gleiche Zahl ergeben Ca Massers Zusammenstellungen [2] —, im Sommer 1506 aber noch nicht mehr als 14—15000 davon abgesetzt [3]. Nun konnte jederzeit der Fall eintreten, daß ein Kaufmann, um sein Betriebskapital rasch wieder flüssig zu machen, den königlichen Bestimmungen zuwider seinen Pfeffer unter dem vorgeschriebenen Preis verkaufte, und hatte er dabei große Vorräte zur Verfügung, so mußte der König mit dem seinen gleichfalls heruntergehen oder er konnte für längere Zeit auf Absatz nicht rechnen. Beides brachte empfindliche Verluste mit sich; nur bei hohen Erträgen des Gewürzhandels konnten aber die Kosten des indischen Unternehmens bestritten und ein den Einsätzen entsprechender Gewinn für die Krone erzielt werden. Diese Sicherheit und die für einen geordneten und raschen Absatz notwendige Stetigkeit der Preise zu erzielen war die Verordnung vom 1. Januar 1505 erlassen worden [4]. Sie entzog den Kaufleuten die freie Verfügung über die im Indienhaus für sie lagernden Spezereien und bestimmte, daß diese, genau wie die Vorräte des Königs, nur durch die Verwaltung der Casa da India, hier den vedor D. Martinho, verkauft und der Erlös ihnen von dort ausgezahlt werden solle. Die Verordnung war fünf Monate nach Abschluß des Vertrags der deutsch-italienischen Handelsgesellschaft mit der Krone und drei Monate vor der Abfahrt von Almeidas Flotte erlassen worden: konnten die wohlerworbenen Rechte der Kaufleute durch sie berührt werden? Diese Frage erhob sich, als am 22. Mai 1506 »Jeronimo«, »Rafael«, »Judia« und »Botafogo«, am 3. Juni »Conceição« und am 15. November die »Lionarda« in Lissabon eintrafen. Von den sechs

[1] Marino Sanuto, Diarii, Bd. V, Sp. 319.
[2] A. a. O., S. 19, 20 und 23 (53000 Quintal).
[3] Quirini a. a. O., S. 14.
[4] Ca Masser a. a. O., S. 29f.

Schiffen hatte bloß zwei, »Botafogo« und »Conceição«, der König ausgerüstet und beide zusammen trugen nach Ca Masser nicht mehr als 6300 Quintal Pfeffer, während »Jeronimo« allein 5000, »Rafael« 4000 Quintal Pfeffer, 700 Quintal Ingwer, 50 Quintal Nelken, 40 Quintal rotes Sandelholz und 10 Quintal Kampher, die »Judia«, das Schiff des Fernando de Noronha, 2000 Quintal Pfeffer, »Lionarda« mindestens das gleiche Gewicht Spezerei an Bord hatten[1]. Dazu kamen auf allen Schiffen zusammen für 3500 Cruzados feine orientalische Gewebe und 700 für den König gekaufte Perlen. Im ganzen ergeben sich nach Ca Massers Rechnung für die vier zuerst angekommenen Schiffe (ohne »Conceição«) Pfeffermengen von 13 800 Quintal (cantara). Das stimmt ziemlich genau überein mit den Angaben eines kaufmännischen Berichtes aus Lissabon von Ende Mai oder 1.—2. Juni 1506, dessen Einfuhrzahlen Marino Sanuto in seinem Tagebuch unterm 12. Juli d. J.[2] notiert. Er war ihm über Genua zugekommen und man möchte vermuten, daß er aus dem Kontor eines der genuesischen Kaufherrn stammte, die nach der Augsburger Chronik an dem Unternehmen des deutsch-italienischen Konsortiums beteiligt waren, so ins einzelne gehen die Angaben über die kleinen Posten verschiedener Gewürze und Drogen, die von Indien mitgekommen waren. Auf 761 Quintal werden die letzteren insgesamt beziffert, um 39 Quintal niedriger als bei Ca Masser; die Zahlen für die bei beiden angegebenen Waren sind nicht ganz gleich, verlässiger zweifellos die nach Genua mitgeteilten. Die Pfefferladung wird auf 13 500 Quintal (cantara) angegeben. »Bey 15 600 Centner nuornbergisch gewicht mererlo specery« gibt schätzungsweise den vier Schiffen ein ebenfalls zwischen dem 22. Mai und 3. Juni geschriebener deutscher Brief aus Lissabon, der uns in einer von Anton Welser eigenhändig gefertigten Abschrift aus Konrad Peutingers Nachlaß vorliegt. Die Umrechnung in Nürnbergisches Gewicht legt den Gedanken nahe, daß er an die Imhof oder Hirsvogel gerichtet war und etwa aus dem Kontor des einen oder andern dieser Häuser in Lissabon stammen könnte. Die Imhof zum mindesten hielten dort bereits

[1] Da sie in Cananor mehr als 2600 Quintal Pfeffer an »Rafael« und Conceição« abgeben konnte und das anscheinend nicht ihre ganze Ladung war — sonst würde Sprenger es wohl gesagt haben (Q. U., S. 119) —, darf man vielleicht annehmen, daß sie etwa 3000 Quintal tragen konnte. Was sie von Spezereien geladen hatte, können wir nicht genauer feststellen; Pfeffer allein war es nicht (Sprenger a. a. O.): hatte sie, wie Almeida ihrem Faktor am 4. Januar vorschlug, Zimt eingenommen anstatt eines Teils des bezahlten Pfeffers? Hatte sie bis zum 21. Januar doch noch vollen Ersatz bekommen?

[2] Bd. VI, Sp. 373.

einen Buchhalter und zur Zeit der Abfahrt von Almeidas Flotte befanden sich von der Familie nicht weniger als vier Mitglieder am Ort[1]. Die hier errechneten 15600 »Zentner« entsprächen alten Quintal. Über zwei Drittel der Ladung der oben genannten sechs Schiffe gehörten also den Kaufleuten. Das Schicksal der noch ausstehenden drei königlichen Schiffe, »Magdalena«, »Gabriel« und »Flor de la mar« aber war ungewiß. Da ihre Ladung mit derjenigen von »Conceição« und »Lionarda« auf 20000 Quintal geschätzt wurde, werden von den drei allein etwa 13500 Quintal erwartet worden sein. Die ohnehin ungünstige Lage auf dem Gewürzmarkte — darüber konnte kein Zweifel sein — verschlechterte sich für die Krone beträchtlich, wenn die Kaufleute mit ihren zum Teil weitreichenden Verbindungen ihre großen Massen Pfeffer in den Handel brachten. Der König befand sich in einer Zwangslage und zog daraus die Folgerung: er setzte sich über den Vertrag hinweg und wandte die Verordnung vom 1. Januar 1505 an[2]. Als die Gewürze in den Speichern der Casa da India eingelagert waren, erklärte er sie nicht freigeben zu können. Vielleicht bot er gleichzeitig den Kaufleuten an ihre Gewürze zu einem angemessenen Preis zu übernehmen, wie er es ja auch 1503 getan hatte. Allein diese wußten zu genau, daß auf Barzahlung seitens der Krone nicht zu rechnen war und für sie das Ergebnis des Handels kaum ein anderes sein würde, als daß sie die dem König überlassenen Gewürze zu einem höheren Preis von ihm später wieder in Zahlung nehmen müßten. So lehnten sie ab und beschritten

[1] Mitteilungen des Vereins für Geschichte der Stadt Nürnberg, 1. Heft, Nürnberg 1879, S. 101. Die Feststellung scheint auf Nachrichten des Imhofschen Familienarchivs zu beruhen; eine Quelle ist nicht angegeben. Da der Nürnbergische Zentner um 1800 noch 51,032 kg hatte und der Nürnberger Chr. Gottl. v. Murr, selbst städtischer Wagamtmann und mit der Geschichte der Nürnberger Maße und Gewichte wohlvertraut, in seiner »Beschreibung der vornehmsten Merkwürdigkeiten in der Reichsstadt Nürnberg«, 2. Aufl., 1802 sagt: »Das älteste Stadtgewicht ist dem jetzigen gleich«; da ferner die Archivalien über eine Gewichtsveränderung nichts enthalten, so darf dieser Wert unbedenklich auch für 1506 angenommen werden. Dann wäre der Nürnbergische Zentner fast genau dem alten portugiesischen Quintal (51,408 kg) gleich und die in dem Brief angenommene Gewürzmenge wesentlich höher als die bei Ca Masser und in dem genuesischen Geschäftsbrief angegebene; aber der deutsche Briefschreiber weiß noch nichts Sicheres: »und mag ir ladunge sein diser 4 nave bey 15600 Centner nuornbergisch gewicht mererlo specery«.

[2] Ca Masser a. a. O., S. 23: »le qual spezierie sono stà descargate in Sancruz . . . tutte in poder di Sua Altezza sotto par all' ordenazion antescritta«. Vgl. auch Chroniken deutscher Städte, Bd. 25, S. 279.

gegen die Krone den Prozeßweg [1]. Für die Welser hat Lukas Rem die über drei Jahre dauernden Rechtshändel durchgefochten, über deren Verlauf im einzelnen wir nicht unterrichtet sind. Er sagt mit Beziehung auf die Indienfahrt von 1505/06 im Tagebuch nur: »Die on mas enxtig mie, uberflisig arbait, gros widerwertikait mir damit gegnet, ist unerschreibenlich« und fährt, nachdem er die Rückkehr der »Jeronimo«, »Rafael« und »Lionarda« erwähnt hat, fort: »Da meret sich erst mie, anxt undt arbait. Sonder erhuben sich on mas fil grosse und schwere Recht, den ich aus wartet ob 3 Jar«. Da die Welser das an dem Handelsunternehmen mit dem größten Kapital beteiligte Haus waren, gehörte auch der größte Teil der in den Speichern des Indienhauses zurückgehaltenen Gewürze ihnen. Nach einer Urkunde vom 15. November 1509 hatten allein für sie die drei Schiffe der Handelsgesellschaft 2200 Quintal Pfeffer mitgebracht. Die Fugger und Höchstetter konnten ihrem Einsatz entsprechend nur mit etwa 400—500 Quintal, die andern deutschen Häuser mit noch weniger beteiligt sein. Die Haltung des Königs war anfangs schroff: mit dem Verkauf des den Kaufherrn gehörigen Pfeffers sollte erst dann begonnen werden dürfen, wenn im Indienhaus Pfeffer aus dem königlichen Anteil nicht mehr zur Verfügung stünde. Das war offenbar darauf berechnet sie einzuschüchtern und gefügig zu machen. Wenn die Handelsherrn trotzdem einen Vergleich nicht suchten, sondern den, wie sie erwarten mußten, langwierigen Prozeßweg beschritten, so leitete sie wohl die Hoffnung, daß der König bei der Notwendigkeit alljährlich neue Indienflotten auszurüsten sie auf die Dauer nicht entbehren könne und sich zu Konzessionen werde gezwungen sehen. Sie haben sich darin nicht getäuscht; freilich haben auch die Erfahrungen, die Manuel mit den bisherigen Formen des Gewürzhandels gemacht hatte, ihn zu einer neuen Gestaltung desselben im Lauf der folgenden Jahre geführt: das für den portugiesischen Gewürzhandel des 16. Jahrhunderts charakteristische System der Contratadores beginnt sich auszubilden. Der König verpflichtet sich seinen Pfeffer ausschließlich an eine eigens zu diesem Zwecke gebildete Handelsgesellschaft zu verkaufen und gibt dieser für den Vertrieb möglichst weitgehende Freiheiten, bindet sie nur an einen Mindestpreis, der gewöhnlich um 2—3 Cruzados den an die Krone zu entrichtenden Betrag übersteigt. Die Gewürzmengen, zu deren Abnahme die Contratadores sich verpflichten, bemißt das Indienhaus später so hoch, daß sie durch die gesamte jeweils zu erwartende Einfuhr nur eben erreicht werden konnten. Die Zahlung wird teils in bar teils in Waren geleistet,

[1] Ich folge hier der Darstellung Konrad Haeblers a. a. O.; sie ist auf Reste der Prozeßakten gegründet, die sich in der Torre do Tombo in Lissabon erhalten haben und mir nicht zugänglich waren.

wie sie der König für die Ausrüstung der Indienflotten und den Handel in Indien selber brauchte. Daß es im Zusammenhang mit diesem neuen Verfahren im Spezereihandel der Krone den Kaufherrn gelungen ist allmählich und in kleinen Posten einen Teil ihrer im Indienhause lagernden Gewürzmengen frei zu bekommen, macht einer der ältesten Contratos wahrscheinlich, die uns erhalten sind; er ist 1512 in Lissabon mit den Fugger abgeschlossen und enthält die Bestimmung, daß, solange genügend königlicher Pfeffer vorhanden wäre, 17/20 der im Vertrag (Contrato) vereinbarten Mengen aus diesen Beständen übernommen werden sollten, 3/20 aber die Fugger den Vorräten entnehmen dürften, die für die Kaufherrn im Indienhaus lagerten. Die Bedingungen, unter denen sie von den letzteren kauften, hätten sie mit diesen selbst zu vereinbaren. Der Fall wird kaum vereinzelt gewesen sein und so mögen auch die Welser, vermutet Konrad Haebler, allmählich zu einem Teil des ihnen vorenthaltenen Pfeffers gekommen sein.

War das ein Weg, so zeigt die schon erwähnte Urkunde vom 15. November 1509 sie uns auf einem andern, der zum gleichen Ziel führte. Danach hatten sie von den 2200 Quintal Pfeffer, die auf »Jeronimo«, »Rafael« und »Lionarda« für sie gekommen waren, 475 Quintal an den König verkauft und zwar zu 22 Cruzados das Quintal, während es sie, wie ihnen vorgerechnet wird, die Ausrüstung der Schiffe und alles einbegriffen, 8 Cruzados gekostet hatte. Nun erhielten sie aber die 10 450 Cruzados für ihren Pfeffer nicht bar ausbezahlt, sondern es wurden ihnen als Gegenwert 12 000 Arrobas (rund 174 000 kg) Zucker aus dem Kontingent zugewiesen, das die Pflanzer von Madeira zehnt- und abgabenfrei an den König zu liefern hatten, und zwar je 6000 Arrobas für die Jahre 1508 und 1509. Der Zucker mußte zwar am Erzeugungsort in Empfang genommen und auf Kosten der Welser ausgeführt werden, allein da die Arroba (14,5 kg) sie dort auf noch nicht einen Cruzado zu stehen kam, so konnte das Geschäft recht guten Gewinn abwerfen. Was aber im Zusammenhang mit der Indienfahrt von 1505/06 daran vor allem interessiert, ist ein Zusatz, durch den die Welser im Falle von Nichteinhaltung der Lieferfristen — und damit mußte bei Geschäften mit der Krone immer gerechnet werden — sich schadlos zu halten suchten: es wurde ihnen das Recht zugesprochen für jede nicht rechtzeitig gelieferte Arrobe Mengen je im Wert von einem Cruzado von den im Indienhaus für sie lagernden Gewürzen auszuführen. Da sie nun von den für 1508 ausbedungenen 6000 Arroben bloß 4000, von den 1509 fälligen weiteren 6000 keine 1200 Arroben erhielten, im ganzen also nicht einmal die Hälfte der vertragsmäßig zu liefernden Menge, so müssen sie über beträchtliche Posten ihres Pfeffers das Verfügungsrecht gewonnen haben. Selbst 1510 war die Krone noch mit nahezu 3000 Arroben Zucker im Rückstand. Diese Geschäfte sind offenbar, wie Haebler annimmt, der Anlaß für die zwei Reisen gewesen, die Lukas Rem sehr wider Willen 1509 nach Madeira gemacht hat, und daran vor allem wird man zu denken haben, wenn er von der »on mas enxtig mie, uberflisig arbait, gros widerwertikait« spricht, die ihm aus der Indienfahrt erwachsen ist. Anderseits war aber auch der Gewinn aus dem denkwürdigen Unternehmen der deutschen Handelshäuser kein geringer: Lukas Rem gibt[1] »bey 150 pro Cento« als »die nutzong diser armazion« an, die Augsburger Chronik[2] spricht unter Berufung auf das Zeugnis eines Beteiligten von 175 %. Das eine oder andere nachzurechnen reicht das uns erhaltene Material nicht aus[3].

Das Unternehmen der deutschen Kaufherrn vom Jahr 1505/06 ist in seiner Art ihr einziges geblieben; eigene Schiffe und einen eigenen Handelsagenten haben sie nicht mehr nach Indien geschickt. Aber für die Welser-Gesellschaft hatte sich, noch bevor »Jeronimo« und »Rafael« von der Reise zurückwaren, Lukas Rem bereits in anderer Form wieder an einer portugiesischen Indienfahrt beteiligt. Auf der Flotte des Tristão da Cunha, die wahrscheinlich am 5. und 6. April 1506 von Lissabon abfuhr[4], hatte er mit dem portu-

[1] Tagebuch, S. 8.

[2] Chroniken deutscher Städte, Bd. 25, S. 279: »Ich hab von ainem glabhaftigen gehert, der auch tail daran gehabt hatt, daß sie 175 pro zent gewunen haben, das ist also zuo verstan, daß sie an 100 Duc. alweg 175 Duc. über alle kostung gewunen haben.«

[3] Konrad Haebler legt bei Berechnung des Gewinnes der Welser für den Pfeffer einen Verkaufspreis von 20 Dukaten für das Quintal zugrunde. Den Bruttoertrag der Schiffe des Konsortiums an Pfeffer nimmt er zu 12000 Quintal an, wovon nach Abzug der 30 % des Königs noch 8400 als Nettoertrag des Anlagekapitals von 65400 Cruzados blieben. Bei 20 Cruzados Verkaufspreis ergäbe diese Menge 168000 Cruzados, was einem Gewinn von 157 % entsprechen würde und von Lucas Rems Angabe nicht weit entfernt bliebe. Nun ergibt sich aber aus dem Kaufmannsbrief vom 26. Mai 1506 aus Lissabon, der in den Tagebüchern des Marino Sanuto, Bd. VI, Sp. 383/84 erhalten ist (»piper sta im precio de ducati 22«), daß der Pfefferpreis bereits damals, vier Tage nach Eintreffen der »Jeronimo« und »Rafael«, 22 Dukaten betrug — auch Quirini (a. a. O., S. 13: »vendesi il pevere ducati 22 il cantaro«) gibt für 1506 diese Zahl — und das würde für die 8400 Quintal bei gleicher Berechnung auf 183 % führen, was mit Lukas Rems Angabe, der jedenfalls verlässigsten, doch nicht mehr zu vereinigen ist.

[4] Commentarios do gr. Aff. Dalboquerque, p. I, c. 7. So, d. h. 6. April, auch Goes, Chron., p. II, c. 21 und Castanheda a. a. O., l. II, c. 30, auch Ca Masser a. a. O., S. 21. Den 6. März gibt Barros, Dec. II, p. I, l. I, c. 1. Bei den Verzögerungen, die die Pest in der Ausrüstung der Flotte verursacht hatte, ist dieser ungewöhnlich frühe Termin wenig wahrscheinlich. Auch die späte Ankunft in Moçambique spricht dagegen.

giesischen Reeder Ruy Mendes de Brito und andern 1800 Cruzados auf dem Schiff »S. Vicente«, 1320 auf der »S. Maria da Luz« und 310 auf der »S. Antonio« angelegt. Allein diesmal war das Glück der Gesellschaft wenig günstig: die »S. Vicente« scheiterte auf der Hinreise in einem Sturm an der Nordwestküste Madagaskars, an dessen Erkundung teilzunehmen Tristão da Cunha die drei Schiffe mit »unmasiger gwalt« gezwungen hatte; auch die »S. Maria da Luz« ging, wie man aus Lukas Rems Worten schließen muß — die Historiker sagen nichts davon —, auf dieser Entdeckungsfahrt zugrunde, »S. Antonio« aber kam spät erst nach Lissabon zurück. Besatzung und Ladung der zwei gescheiterten Schiffe wurden zwar gerettet und in Indien Geld und Gut in Spezereien angelegt, aber da diese nun zum größten Teil auf königlichen Schiffen befördert werden mußten, waren 60% an Fracht und Abgaben dem König zu entrichten und mit Prozeß und Vergleich endigte auch dies Unternehmen. Immerhin war der Verlust wenigstens gering[1].

Trotz der unliebsamen Erfahrungen, die man im Handel mit der Krone gleich anfangs hatte machen müssen, sind die Verbindungen der süddeutschen Kaufleute mit Portugal während der nächsten Zeit immer lebhafter geworden. Die Fugger, Welser und Höchstetter, die Imhof und Hirsvogel, auch die Behaim und Tucher von Nürnberg unterhielten Zweiggeschäfte in Lissabon und trieben dort einen ausgedehnten Handel. Gegen deutsche Bergbauerzeugnisse, Schiffsbedarf für die Indienflotten, Getreide, vlämische Webereien kauften sie außer den eigenen Erzeugnissen Portugals, seinem Olivenöl, seinem Wein, seinen Früchten, solche aus den afrikanischen Besitzungen, wie Elfenbein und Baumwolle, vor allem aber die indischen Gewürze und in erster Linie Pfeffer. Mit der Ausgestaltung des portugiesischen Indienhandels zum Kronmonopol nahm dieser Gewürzhandel gegenüber 1505/06 neue Formen an: als Contratadores kauften sie von dem Indienhaus in Lissabon, nun dem Welthandelsplatz für die Erzeugnisse des Ostens, später von dem Handelsagenten des Königs in dem seit 1500 rasch emporblühenden Antwerpen, wo die Portugiesen ihre Gewürze jetzt selber auf den Markt brachten. Daß diese auch die Kosten für Fracht und Versicherung bis dorthin trugen, bedeutete eine wesentliche Vereinfachung des Geschäftes und Verringerung des Risikos für die Kaufherrn, wenngleich anderseits hier wie in Lissabon Saumseligkeit bei der Lieferung zu immer wiederholten Klagen führte. Trotzdem waren die Gewinne dauernd hoch. Daß die Gewürze ungeachtet der Massenzufuhr sich ständig verteuerten — 1520 stand

[1] Tagebuch, S. 8.

das Quintal Pfeffer bereits auf 34 Cruzados — daran trugen indes nicht sie in erster Linie die Schuld, sondern die rücksichtslose Ausnutzung des Gewürzmonopols durch die portugiesische Krone.

Venedig war damit aus der Stellung herausgedrängt, die es als weitaus wichtigste Vermittlerin der Spezereien an die abendländische Welt gespielt hatte. Der Hauptstrom des Welthandels, der über die Lagunenstadt nach Deutschland und dem nördlichen Europa geflutet war, hatte sich eine neue Bahn gesucht und befruchtete nun für ein Jahrhundert das Westgestade des Erdteils. Die schweren Befürchtungen, die man in Venedig an die Entdeckung des Seewegs von Anfang an geknüpft hatte, haben sich, wenn auch nur allmählich, erfüllt. Als in der Nacht vom 27. zum 28. Januar 1505, zwei Monate vor der Ausfahrt von Almeidas Flotte, der Fondaco dei Tedeschi in Venedig niederbrannte und die deutschen Kaufleute, die darin gewohnt hatten, sich fluchtartig in der Stadt hierhin und dorthin zerstreuten, da wird dem Marino Sanuto der Vorgang zum Symbol und er schreibt in sein Tagebuch: »Schlimmes Vorzeichen dies Abbrennen des Fondaco und die Nachrichten über Calicut[1]!« Die Republik hat den Deutschen ein neues, prächtigeres Haus bauen und von Tizian mit Fresken schmücken lassen, aber ihre teilweise Abwanderung nach dem neu aufstrebenden Welthafen der Gewürze am Tejo und das allmähliche Stillerwerden der Verkehrswege über die Alpen hat sie auf die Dauer doch nicht verhüten können. Die Durchstechung der Landenge von Sues, die damals ernsthaft erörtert worden ist und vielleicht Rettung hätte bringen können, mußte bei den rasch der Katastrophe zudrängenden politischen Verhältnissen in der Levante ein bloßer Gedanke bleiben; von den kostbaren Gewürzen, die in geringeren Mengen dem Verbrauch zugeführt wurden, ging zwar noch bis ins 17. Jahrhundert ein nicht unbeträchtlicher Bruchteil über die Levante und Italien, allein der Pfefferhandel, der weitaus wichtigste, war für Venedig endgültig verloren.

Aber auch für die oberdeutschen Städte, über die bisher dieser Warenzug des Welthandels von Venedig aus gegangen war, ist das verhängnisvoll geworden. Mit dem Aufblühen Antwerpens, an dem ihre Handelsgesellschaften einen so hervorragenden Anteil hatten, gewinnt die bequeme und trotz der vielen Zollstätten verhältnismäßig billige Wasserstraße des Rheins gesteigerte Bedeutung und auf diesem Wege gehen nun die Gewürzladungen der schwäbischen und fränkischen Kaufherrn ins innere Deutschland: die Binnenlage der oberdeutschen Städte und ihre weite Entfernung von der belebenden Verkehrsader des großen Stromes wird in Verbindung mit politischen Verhältnissen ein Grund zu ihrem wirtschaftlichen Niedergang.

---

[1] Diarii, Bd. VI, Sp. 126.

IX. Die Quellen.

Die Fahrt der ersten Deutschen nach dem portugiesischen Indien 1505/06 fügt sich in den Rahmen einer portugiesischen Indienfahrt ein. Da die Teilnahme fremder Kaufleute an diesen Unternehmungen der Krone im ersten Jahrzehnt nach Entdeckung des Seewegs zu den Gewürzländern nichts Ungewöhnliches war, so schweigen die portugiesischen Historiker des 16. Jahrhunderts von der Handelsfahrt der Welser und Fugger, der Höchstetter und Gossenprott, Imhof und Hirsvogel ganz, und Sprenger, der Kaufmann, der sie als Agent mitgemacht hat, sagt gerade von der kaufmännischen Seite des Unternehmens so gut wie nichts. So sind wir in dieser Beziehung nur unvollkommen unterrichtet. Ein nach Blatt 317 eingelegtes Blatt in der sehr verlässigen »Cronica alter und newer geschichten« von dem Augsburger Wilhelm Rem gibt uns allein genaueren Aufschluß über die deutschen Teilnehmer, deren einer ihm persönlich Mitteilungen darüber gemacht hat, und allgemeinen Aufschluß über die italienischen Teilnehmer sowie über die von beiden angelegten Summen, erwähnt auch die an den König und das Kloster Belem zu leistenden Abgaben, den an die Fahrt anschließenden Prozeß mit der Krone und den Gewinn der Kaufleute. Ebenso dürftig und zum Teil nur auf die Welser-Gesellschaft bezüglich sind die Angaben im Tagebuch des Lukas Rem, ganz kurz auch die des deutschen Briefes, der uns in Abschrift von Anton Welser in der Staats-, Kreis- und Stadtbibliothek Augsburg erhalten ist (Q. U., S. 149—151) und aus dem Lissaboner Kontor eines der beteiligten Nürnberger Häuser zu stammen scheint, geschrieben zwischen dem 22. Mai und 3. Juni 1506 und vor Ankunft der »Lionarda«, also ehe noch das kaufmännische Ergebnis irgendwie zu überschauen war und die Schwierigkeiten mit dem König sich ergeben hatten. Im übrigen sind wir auf das angewiesen, was aus den Berichten des Ca Masser und Vincenzo Quirini an die Signoria von Venedig vom Jahr 1506 allgemein über die Bedingungen der privaten Teilnahme am Indienhandel zu erschließen ist, was ferner die in den Diarii di Marino Sanuto, Bd. IV—VI (1501—1507) erhaltenen Briefe italienischer Großkaufleute in Lissabon, das wenig umfangreiche und auf die Handelsfahrt von 1505/06 und den Prozeß mit der Krone meist nur mittelbar sich beziehende Aktenmaterial der Torre do Tombo in Lissabon sowie die Instruktion Almeidas und ein paar Stellen in den Berichten vom 16. Dezember 1505 und 12. Januar 1506 ergeben, die er selbst und sein Sekretär Gaspar Pereira von Cochin aus an den König gesandt haben. Das Bild, das nach diesem von ihm größtenteils schon benutzten Material von dem kaufmännischen Teil der Reise entworfen werden kann, hat Konrad Haebler in seinem Werk »Die überseeischen Unternehmungen der Welser und ihrer Gesellschafter«, Leipzig 1903, S. 7 ff. in allen wesentlichen Zügen einwandfrei festgelegt.

So spärlich unsere Nachrichten in dieser Richtung sind, so reich und rein fließen die Quellen, vor allem deutsche und portugiesische, für die äußeren Ereignisse der denkwürdigen Fahrt Almeidas, und da die deutschen Schiffe, wie Sprenger sagt, mit »inn allen ferten und streytten waren«, so gehören auch diese in den Rahmen der ersten deutschen Handelsfahrt nach Indien. Wir besitzen zunächst vollständig oder im Auszug eine Reihe Berichte, die von Teilnehmern der Reise herrühren, zum Teil Männern, die in ansehnlicher oder leitender Stellung auch in das Einblick erhielten, wovon andere keine Kenntnis haben konnten. Zu den letzteren gehört Balthasar Sprenger nicht, aber seine auf Tagebuchaufzeichnungen gegründete, ohne Ortsangabe im Jahr 1509 erschienene »Merfart« und sein Text zu der prächtigen Holzschnittreihe von 1508, zu der Hans Burgkmair d. Ä. durch ihn angeregt worden ist, geben doch ein recht anschauliches und zuverlässiges Bild von dem, was er erlebt und gesehen hat, und über die stürmereiche und gefahrvolle Rückreise des zweiten Geschwaders, zu dem die »Lionarda« gehörte, erfahren wir Näheres überhaupt nur durch ihn. Wertvoller noch als der Bericht Sprengers war der von der »Rafael«, von dem uns die Valentin Ferdinand-Handschrift der Bayerischen Staatsbibliothek in München einen Auszug in portugiesischer Sprache erhalten hat. Ich war früher (Q. U., S. 90 ff.) mit Schmeller der Meinung, daß wir den dort in der Überschrift[1] genannten Deutschen, Hans Mayr, als Verfasser des Berichtes anzusehen hätten, und in Zweifel, ob er ihn ursprünglich deutsch oder portugiesisch abgefaßt habe. Genaue Vergleichung mit den Darstellungen des Castanheda und Goes hat mich zu der Überzeugung gebracht, daß er deren Hauptquelle gewesen ist und demnach wohl von Haus aus so wenig deutsch geschrieben war, wie das bei Valentin Ferdinand der Fall ist. Die auffällige Erscheinung, daß durchweg in der dritten Person dargestellt wird (»dhy forom ao porto dale, onde estiverom 9 dias«), als ob der Verfasser an den Ereignissen gar nicht beteiligt wäre, findet eine einfache Erklärung: der Bericht ist von Valentin Ferdinand nicht wörtlich abgeschrieben, wie man nach dem »trelladado da nao sam raffael« in der Überschrift meinen möchte, sondern er ist ein Auszug, bei dem die erste Person in die dritte umgewandelt wurde, freilich ein sehr ausführlicher und treuer. Das beweist z. B. die Stelle über

[1] f. 2r: »Do Viagem de dom francisco dalmeyda primeyro visorey da India E este quaderno foy trelladado da nao sam raffael em que hia hansz mayr por scrivam da feytoria E capitam fernam suarez«.

den Untergang der »Bella«. Castanheda schreibt (a. a. O., l. II, c. 1), nachdem er Tag und Umstände ebenso wie die Handschrift angegeben hat: (Bella) »se foy ao fundo, e salvou se toda a gente sem mais outra cousa se não huma arca de prata da capella do viso rey, e Pero ferreira foy ho derradeiro que se sahio da nao, a qual quando se meteo de baixo dagoa fez hum arroido muy temeroso e tamanho que se ouviria a huma legoa«. Bei Valentin Ferdinand heißt es: »e foy a fondo onde se salvou a gente e duas arcas de capella em que hia prata e ornamentos e a gente salvou seu dinheiro etc«. Das »etc.« kann nicht heißen »ihr Geld usw.« — denn es wurde ja nichts weiter gerettet —, sondern zeigt, daß etwas ausgelassen ist, was Valentin Ferdinand nicht weiter interessierte, nämlich das Geräusch, mit dem das Schiff sank. Ein anderer Fall: ein Bericht von der »Rafael« mußte natürlich alles Wichtigere enthalten, was besonderes Erlebnis gerade dieser Schiffsmannschaft war. Nun bezeugt Sprenger (Q. U., S. 115), daß zwischen Quiloa und Mombasa die »Rafael« in schwere Seenot geriet. Valentin Ferdinands Darstellung zeigt hier eine Kürze (Q. U., S. 129), die sprachlich bis zur Auslassung des Prädikates geht und sachlich nur das Datum des Aufbruchs der Flotte von Quiloa und der Ankunft in Mombasa nebst Angabe der gegenseitigen Entfernung beider Orte enthält. Castanheda dagegen stellt (a. a. O., l. II, c. 4) ausführlich das Erlebnis dar, und da er sonst dem Bericht von der »Rafael« folgt, ist das hier wohl erst recht mit Sicherheit anzunehmen. Ausführlicher und mit mehr ganz bestimmten Einzelzügen ausgestattet als der farblose, offenbar verkürzte Bericht bei Valentin Ferdinand ist auch die Darstellung, die Castanheda von der Entdeckung Madagaskars gibt und die sicher auf die gleiche Quelle zurückgeht. Der Verfasser des Berichtes von der »Rafael« scheint ein Mann von Geltung gewesen zu sein; sonst wäre ihm wohl schwerlich der Brief des Herrschers von Mombasa an den von Melinde in die Hände gekommen, den unsere Handschrift in wörtlicher Übersetzung zu bieten scheint; er wäre sonst wohl auch in Cananor bei der Zusammenkunft Almeidas mit dem Raja kaum zugegen gewesen, was seine Schilderung doch wohl wahrscheinlich macht. Sehr möglich, daß Fernão Suares selber, der Kapitän der »Rafael« und ein hochangesehener Mann, den Bericht verfaßt und daß ihn Hans Mayr, der Faktoreischreiber des Schiffes, geschrieben und eine Abschrift dem ihm bekannten Valentin Ferdinand für Anfertigung seines Auszugs zur Verfügung gestellt hat. Was die Benutzung des Originalberichtes durch Castanheda und Goes anlangt, so hat der erstere unmittelbar aus ihm geschöpft, während Goes' kürzere Darstellung in der Hauptsache auf der Castanhedas beruht. Ich setze eine charakteristische Stelle hierher. Valentin

Ferdinand (Q. U., S. 127): »2 dias de julho tormenta com trovoada tinham tanta que da capitayna cayrom 2 homens ao mar e ao lyonarda huum«; Castanheda: »aos dous de Julho lhe deu huma muyto grande torvoada com hum pee de vento tam bravo que rompeo as velas da capitaina e da nao de Diogo correa, de que forão tres homens ao mar«. Das »de que« ist der Vorlage entsprechend offenbar auf »capitaina« und »nao de Diogo« correa zu beziehen und heißt: »von denen (drei Mann ins Meer fielen)«; Goes aber bezieht es, was grammatisch natürlich ebenso möglich ist, bloß auf »nao« und schreibt: »lhe deo aos dous dias de Julho huma tão forte trovoada, que rompeo as velas da sua (nämlich Almeidas) nao e as de Diogo correa, da qual nao de Diogo correa cairão tres homens ao mar«. Dieser Irrtum kann nur aus dem Texte des Castanheda, nicht aus dem Bericht von der »Rafael« stammen (falls ihn Valentin Ferdinand getreu wiedergibt, woran wir keinen Grund haben zu zweifeln); denn der ist unzweideutig. Aller Wahrscheinlichkeit nach ist übrigens auch hier der Text bei Valentin Ferdinand gekürzt: die Vorlage wird sich nicht mit der an sich belanglosen Tatsache begnügt haben, daß drei Mann ins Meer stürzten, sondern wie Castanheda und Goes berichtet haben, daß zwei von ihnen ertranken, der dritte aber, Fernão Lourenço, sich eine ganze Nacht schwimmend über Wasser hielt und dadurch am nächsten Morgen trotz hohem Seegang und Nebel von einem niedergelassenen Boot gerettet werden konnte. Die südliche Entfernung vom Festland, in der man den Meridian des Kaps passierte, gibt Goes mit Castanheda auf 175 Leguas an, was auf die ganz unwahrscheinliche Breite von 45° führen würde, während Valentin Ferdinand 70 Leguas hat. Diese Beispiele, deren Zahl sich leicht vermehren ließe (vgl. oben S. 134), mögen genügen; ich kehre zu den Quellen erster Hand zurück.

Da ist an dritter Stelle unter denen, die die ganze Reise behandeln, der Brief des Gaspar da Gama an den König zu nennen (Cartas de Affonso de Albuquerque, Bd. III, S. 200—204). Er ist anscheinend in Cochin geschrieben und war wohl bestimmt mit den ersten Gewürzschiffen, die am 2. Januar 1506 von Cananor abfuhren, nach Portugal zu gehen. Die Person des Verfassers und seine rastlosen Bemühungen im Dienste des Königs sind etwas aufdringlich in den Vordergrund gestellt, aber der Bericht enthält mancherlei Einzelheiten über die Vorgänge in Quiloa, Melinde, Onor, Cananor und Cochin, die in den andern Quellen nicht enthalten sind, und ist daher nicht ohne Wert, zumal Gaspar Vertrauensmann des Vizekönigs war.

Von einer unleidlichen Breite, Pointelosigkeit und verhältnismäßigen Inhaltsarmut sind die Briefe des Pero Fernandes Tinoco an den König aus Cochin vom 18. und 21. November 1505. Im ersten berichtet er (Cartas de Affonso de Albuquerque, Bd. II, S. 335—341) über die Hinreise, im zweiten (ebd., S. 341—344) führt er wie in einem andern vom 15. Januar 1506 (ebd., Bd. III, S. 170—177) bittere Beschwerde über den Vizekönig, der ihn unterwegs schlecht behandelt habe und jetzt nicht als Gesandten nach Vijayanagar schicken wolle. Der letzte strotzt nur so von Anklagen und Verleumdungen gegen Almeida. Hier kommt bloß der erste der drei Briefe in Betracht und dessen kritischer Wert liegt besonders in den topographischen Einzelheiten, die er über Mombasa und den Sturm auf die Stadt gibt und die eine genauere Vorstellung von den Hergängen der Eroberung ermöglichen. Daneben gestattet der Bericht die Kontrolle von ein paar Datumsangaben der andern Quellen. Das Original ist zum Teil zerrissen und der Text lückenhaft.

Verloren ist der von Almeidas Sekretär Gaspar Pereira über die Ereignisse von der Ausfahrt aus dem Tejo bis etwa zum 17. Dezember an den König erstattete jedenfalls sehr umfangreiche Bericht, der in zwei Exemplaren ausgefertigt mit dem Geschwader des Fernão Suares nach Portugal ging, erhalten nur ein ihn ergänzender Bericht Almeidas, datiert von Cochin 16. Dezember 1505 (Torre do Tombo, gav. 20, maço 10, n. 33), leider auch teilweise zerrissen und lückenhaft. Für die Zeit vom 18. Dezember 1505 bis 12. Januar 1506 haben wir dagegen den des Gaspar Pereira, der mit der »Magdalena« am letztgenannten Tage von Cochin abging (Cartas de Affonso de Albuquerque, Bd. II, S. 354—369) und viel Interessantes bietet.

Ein paar auf Anteile an der Beute von Quiloa und Mombasa sowie auf die Ladung in Cananor bezügliche Angaben enthält die Urkunde des Vizekönigs vom 30. Oktober 1505 in Cartas de Affonso de Albuquerque, Bd. III, S. 177—181. Von Unterschlagungen, die an der Beute der zwei afrikanischen Städte durch portugiesische Kapitäne der Flotte von 1505 sowie den Kastilianer Guadelajara zum Nachteil der Krone verübt worden waren, und von unerlaubtem Handel der gleichen Leute mit gewissen der Krone vorbehaltenen Waren erfahren wir Genaueres durch den Brief des Gaspar da Gama an den König vom 16. November 1506 (Cartas de Affonso de Albuquerque, Bd. II, S. 371—380).

Von den Darstellungen der portugiesischen Historiker des 16. Jahrhunderts sind die des Castanheda und Goes im Anschluß an den Bericht von der »Rafael« bereits oben behandelt; Barros ist für die Hinreise einer andern, offenbar guten und ergiebigen Quelle gefolgt, die den João da Nova stärker hervortreten ließ und im übrigen manche Einzelheiten enthielt, die bei den andern nicht zu finden sind; so erfahren wir z. B. durch ihn allein, daß Almeidas Admiralschiff die »Jeronimo« war; anderseits macht er von der Heimreise der Gewürzschiffe — wie übrigens auch die andern — so unzutreffende und von der Entdeckung Madagaskars nur so flüchtige Angaben, daß man annehmen muß, er hat den Bericht von der »Rafael« nicht gekannt. Die Abweichungen von den zwei genannten Historikern sind nicht erheblich und erklären sich zum Teil aus seiner schriftstellerischen Eigenart, die auf schöne Erzählung und lückenlose Zusammenhänge und auf Verherrlichung der Taten seines Volkes ausgeht. So ist bezüglich der Einzelheiten Castanhedas minder schöner Bericht wohl der verlässigere.

Correas Darstellung in den Lendas da India ist auch für die Reise Almeidas nur mit großer Vorsicht zu benutzen; wo sie denen der andern bezüglich der Daten und Tatsachen widerspricht, verdient sie keinen Glauben, auch wenn die bestimmtesten Einzelangaben gemacht werden. Ein Musterbeispiel für die Art, wie er mit geschichtlichen Wirklichkeiten schaltet, ist seine Erzählung der Vorgänge in Mombasa (Bd. I, S. 544—561), zum großen Teil reines Spiel der Phantasie, »Legende«; bezeichnend auch die große Seeschlacht, die er den Vizekönig vor der Ankunft in Cochin bei Cananor der Flotte des Samorin liefern läßt (Bd. I, S. 595—605), anscheinend Verwechslung mit dem Seesieg, den über sie D. Lourenço am 16. März 1506 in der Bucht von Cananor errungen hat.

Im ganzen aber ist die Überlieferung der Reise reich und gut und das Bild, das von ihr gewonnen werden kann, bis in die Einzelheiten gesichert.

Druck von C. W. Haarfeld in Essen.

Druckfehler-Berichtigung:

S. 41 Z. 16 lies: »arische« statt »arabische«.
S. 44 Z. 5 lies: »Setubal« statt »Sebutal«.
S. 77 Z. 42 lies: »ander mer« statt »andermer«.